"十三五"高职院校公共课精品系列教材

思想政治理论课实践教程

（高职高专版）

主　编◎张文风　肖仁龙
副主编◎殷　鑫　魏　航　贵　芳

西南财经大学出版社
Southwestern University of Finance & Economics Press
中国·成都

图书在版编目(CIP)数据

思想政治理论课实践教程/张文风,肖仁龙主编．—成都:西南财经大学出版社,2020.3(2021.7 重印)
ISBN 978-7-5504-4304-4

Ⅰ.①思…　Ⅱ.①张…②肖…　Ⅲ.①思想政治教育—高等学校—教材　Ⅳ.①G641

中国版本图书馆 CIP 数据核字(2019)第 283709 号

思想政治理论课实践教程
主　编　张文风　肖仁龙
副主编　殷鑫　魏航　贵芳

责任编辑:李晓嵩
责任校对:杜显钰
封面设计:何东琳设计工作室
责任印制:朱曼丽

出版发行	西南财经大学出版社(四川省成都市光华村街 55 号)
网　　址	http://cbs.swufe.edu.cn
电子邮件	bookcj@swufe.edu.cn
邮政编码	610074
电　　话	028-87353785
照　　排	四川胜翔数码印务设计有限公司
印　　刷	郫县犀浦印刷厂
成品尺寸	185mm×260mm
印　　张	14.5
字　　数	327 千字
版　　次	2020 年 3 月第 1 版
印　　次	2021 年 7 月第 3 次印刷
印　　数	10001— 11000 册
书　　号	ISBN 978-7-5504-4304-4
定　　价	36.00 元

前言

QIANYAN

党的十八大以来，以习近平同志为核心的党中央高度重视思想政治理论课教学，继全国高校思想政治工作会议召开后，学校思想政治理论课教师座谈会举行。习近平总书记提出的要不断改革创新符合学生特点、适合时代需要的方式方法，沿用好办法，改进老办法，探索新办法以及“八个相统一”等一系列重要论述为创新思想政治理论课教学方法指明了努力的方向。

加强新时代思想政治理论课教学建设，夯实实践教学是关键一环。“05 方案”[《〈中共中央宣传部 教育部关于进一步加强和改进高等学校思想政治理论课的意见〉实施方案》(教社政〔2005〕5 号)] 实施以来，思想政治理论课在高职院校普遍得到重视，“模块化专题式”理论教学和“项目化菜单式”实践教学成为共识。对于思想政治理论课建设而言，理论教学与实践教学相结合，如“鸟之双翼，车之双轮”，不可偏废。《中央宣传部 教育部关于印发〈普通高校思想政治理论课建设体系创新计划〉的通知》(教社科〔2015〕2 号) 明确指出：实施高校思想政治理论课建设体系创新计划的基本原则是坚持理论与实际相结合，注重发挥实践环节的育人功能，创新推动学生实践教学和教师实践研修。各地各高校要积极推进专题教学，凝练教学内容，强化问题意识，构建重点突出、贴近实际的教学体系。

长久以来，如何有效开展思想政治理论课实践教学始终是众多高职院校探讨的焦点问题，主要存在以下一些困境：其一，实践教学的开展普遍存在流于形式的现象。囿于对思想政治理论课实践教学内涵认识不足、师资力量不强、课时紧张、经费有限等诸多因素，不少高职院校安于课堂教学，对实践教学

“大而化之”，或假借学工部门组织开展的寒暑假社会实践调研之名代之，或刻意模糊专业实习实训与思想政治理论课实践教学的界限，淡化实践教学的思想政治教育功能。其二，实践教学的规范性有待进一步加强。思想政治理论课实践教学存在普遍“同课异构”的现象，缺少课程标准和教学实施计划。实践教学没有较为统一的目标、内容、方式和要求，往往任由思想政治理论课教师“单兵作战”和“随性发挥”，导致思想政治理论课实践教学的效果参差不齐。此外，从微观组织实施层面看，被广泛认可与思想政治理论课相适应、学生可全员参与的实践教学方式偏少。鉴于此，《教育部关于印发〈新时代高校思想政治理论课教学工作基本要求〉的通知》（教社科〔2018〕2号）明确要求：从专科思想政治理论课现有学分中划出1个学分，开展思想政治理论课实践教学。其三，实践教学的考核评价方式相对单一。目前缺乏科学且系统化的思想政治理论课实践教学，对实践教学的考核和效果评价多以静态为主，常常简化为对学生所撰写的实践论文、调研报告、读书心得等直接评分，无法做到长期、综合、动态的考核。

如何加强新时代思想政治理论课实践教学，需要从以下两条主线展开探索：一是课程建设的主线。全国高校思想政治工作会议召开后，教育部出台了关于《高等学校思想政治理论课建设标准》《新时代高校思想政治理论课教学工作基本要求》等一系列引领新时代高校思政课建设的纲领性文件，我们要遵从其中关于思想政治理论课实践教学的方向性要求。二是高等职业教育改革创新的主线。2019年1月，《国务院关于印发国家职业教育改革实施方案的通知》（国发〔2019〕4号）明确指出：职业教育与普通教育是两种不同教育类型，具有同等重要地位；要把职业教育摆在教育改革创新和经济社会发展中更加突出的位置；职业院校实践性教学课时原则上占总课时一半以上，顶岗实习时间一般为6个月。此外，2019年高等职业教育当年要扩招100万人，培养更多高素质劳动者和技术技能型人才。因此，高职院校更要探索产教融合、校企合作、工学结合环境下思想政治理论课实践教学“从形式走向实质”之路。

在学校党委的重视以及教师们历经数年的精诚合作和努力下，广东交通职业技术学院以贯彻落实《教育部关于印发〈新时代高校思想政治理论课教学工作基本要求〉的通知》（教社科〔2018〕2号）等文件精神为契机，单独设立思想政治教育实践课，保证学时、学分和开展实践教学经费，并建设思想政治理论课实践教学体验馆探索体验式实践教学。目前，综合高职学生必修三门思想政治理论课实践教学环节，思想政治教育实践课主要设计“传递青春正能量，展示大学生活秀——大学生活微电影制作”“模拟法庭”“‘学宪法，讲宪法’演讲比赛”“校园文化热点问题调研”和“社会调查”等必修实践教学模块，将优秀的学生实践教学成果与大学生微电影大赛、“攀登计划”广东大学生科技创新培育专项等大型赛事对接，并做进一步培养。

本书的编写，主要是广东交通职业技术学院思想政治理论课实践教学经验的总结和宝贵教学资源的整理。我们希望通过本书，能够对高职院校开展思想政治理论课实践教学提供借鉴。由于编写水平和时间的限制，本书可能存在疏漏和不足之处，真诚希望广大读者批评、指正。

编者

2020年1月

目录

MULU

绪论 思想政治理论课实践教学导论

习近平总书记在党的十九大报告中强调："青年一代有理想、有本领、有担当，国家就有前途，民族就有希望。"青年最富有朝气、最富有梦想，青年兴则国家兴，青年强则国家强。大学生是民族的希望和祖国的未来，大学生的成长和培养方向是关系到中国特色社会主义事业成败的大事，也是事关社会主义中国前途和命运的大事。大学生参加社会实践，对于了解社会、认识国情，增长才干、奉献社会，锻炼毅力、培养品格，加深对中国特色社会主义理论体系的理解，深化对党的路线方针政策的认识，坚定在中国共产党领导下，走中国特色社会主义道路，实现中华民族伟大复兴的共同理想和信念，增强历史使命感和社会责任感，具有不可替代的重要作用，对于培养中国特色社会主义事业的合格建设者和可靠接班人具有极其重要的意义。

一、思想政治理论课实践教学概述

（一）思想政治理论课实践教学的基本类型

一般认为，思想政治理论课实践教学是对理论教学的延伸和补充，是对理论教学的实践验证和现实考察，是富含"社会实践性内涵"的教学。判定思想政治理论课实践教学的课程标准，主要不是从形式上看教学场所是否"在社会"，而是从教学理念和内容实质上看教学内容是否"在社会"。由此可知，实践教学不应片面被理解为"社会实践（活动）中的教学活动"，而应被理解为"教学内容中的社会实践问题"的教学。根据场域不同，思想政治理论课实践教学的形式可以划为四大基本类型：

1. 课堂实践教学

校园课堂开展实践教学活动，主要包括案例分析、讨论、演讲、辩论、模拟教学、道德小品表演等形式。高校思想政治理论课教育教学的特点决定了其最重要的落脚点仍是在课堂。课堂实践教学是与课堂理论教学相辅相成的一种教学方式，是一种实践教学资源的拓展。课堂实践教学注重以学生的发展为本，旨在突出课堂教学的实践性，使教学现实化、生活化，在课堂上通过视频和实物等形式"再现"图像、景观，创设与理论教学内容相契合的、与现实情况基本一致的情境，让学生换一种方式接触社会，实现学以致用。

2. 校园实践教学

校园课堂外开展实践教学活动，主要包括阅读实践、专题报告、模拟法庭、校内调查访谈、校园文化活动（如演讲比赛、辩论赛、纪念日主题教育活动、大学生素质拓展活动等）、社团活动（如政策理论专题学习交流、学术沙龙、征文比赛、知识竞赛等）。

3. 社会实践教学

走出校园到社会上开展实践教学活动，是指在教师的指导下，围绕课程的教学内容和目的，组织和引导大学生直接参与社会实践活动，在直接感受和体验中学以致用、拓宽视野、强化知识，提高大学生思想道德素质。思想政治理论课社会实践教学与一般意义上的社会性实践活动不同，需要在实践教学中找到联系实际的契合点，需要运用课堂教学的理论知识，通过走进社会，有计划地针对社会热点问题、焦点问题以及大学生普遍关心的其他社会问题，在观察、调查、讨论、交流、分析、整理等实践活动中实现提升。当前，思想政治理论课社会实践教学形式主要有学生情感体验的体验型实践教学，即组织学生直接走进企业、社区、农村或其他单位进行调查研究，直接了解国情、了解社会、体验生活；培养学生的研究兴趣和能力的研究型实践教学，即教师布置一些专题，学生在教师的指导下依据自己的兴趣进行选择，以小组形式承担研究课题；培养学生技能的技能型实践教学，即将实践教学内容设计与学生所学专业特点相结合，促进思想政治理论课实践教学与其他课程的专业性有机统一，包括参观考察、社会调查、志愿服务、公益活动、基地教育、法院庭审旁听、与专业实习实训相结合的实践活动等。

4. 网络实践教学（虚拟实践教学）

依托互联网新技术的支持进行的情境模拟实践活动，即在一定的时间与空间范围内，在充分利用现有教学资源的基础上，依托网络媒介，创设实践教学活动情景，实施实践教学，充分挖掘和显现活动的意义，完成实践教学目标。思想政治理论课虚拟实践教学是思想政治理论课实践教学与虚拟实践交叉融汇而成的，兼有两者所长，充分契合大学生这一网络社会实践的“天然”主体的学习主体性，为思想政治理论课教学师生互动开拓广阔的空间。当前，思想政治理论课虚拟实践教学应该积极探索有效教学载体，如建设网络在线课程和思想政治理论课实践教学体验馆等载体，围绕课程中的某一内容设置情境和实践任务，实施任务、开展讨论并及时解答学生的认识困惑，从而有效延伸课堂教学。思想政治理论课实践教学体验馆也能够实现学生足不出校园，通过虚拟现实技术（VR）等人机互动技术手段完成虚拟主题展馆的参观走访。

（二）开展思想政治理论课实践教学的主要理论依据

1. 马克思主义实践观

马克思主义对世界本质的解释与旧唯物主义、唯心主义不同，不仅在于提出了正确的哲学物质观，而且引入了实践的观点。在马克思主义哲学中，实践是指人能动地改造客观世界的物质活动，是人所特有的对象性活动，包含了两层相互联系的含义：其一，实践是人所特有的双重对象化活动；其二，实践是客观的、现实的、物质的活动。马克思认为："全部社会生活在本质上是实践的。"物质资料的生产是人类社会存在和发展的基础，生产活动是人类最基本的实践活动。马克思主义哲学以实践思维方式去思考相关的世界观问题，科学地回答了"人类世界的本质和发展规律"这一根本性问题，把造成思维与存在分化统一的现实根基——人类实践，作为解决思维和存在的对立统一问题的理论根基。

毛泽东指出："理论与实践的统一，是马克思主义的一个最基本的原则。"辩证唯物主义认识论认为，实践是理论的基础，理论来源于实践；实践是认识发展的动力，是检验真理的根本标准。因此，在高校思想政治教育教学工作中开展实践教学，既是提升学生思想政治理论课学习"获得感"的应有之义，也是马克思主义实践观的内在要求。

2."大学之道"的教育思想

2014 年 5 月 4 日，习近平总书记在北京大学师生座谈会上指出："古人说：'大学之道，在明明德，在亲民，在止于至善。'核心价值观，其实就是一种德，既是个人的德，也是一种大德，就是国家的德、社会的德。国无德不兴，人无德不立。如果一个民族、一个国家没有共同的核心价值观，莫衷一是，行无依归，那这个民族、这个国家就无法前进。""大学之道，在明明德，在亲民，在止于至善。"三个"在"层层递进，被称为大学之道的"三纲"。"明明德"，第一个"明"是动词，第二个"明"是形容词，意指不断地彰显人内在的光明的德行（仁、义、礼、智、信等），培养高尚的道德；"亲民"，是指亲和百姓，以百姓的好恶为好恶，爱护民众，这也是儒家"德治""仁政"思想的来源；"止于至善"，是指追求最高、最完美的意境，保持尽善尽美的境界。修己、安人两者结合，内圣、外王两者统一，才能达到至善的境界。一旦达成此目标，就要恪守这一目标而不移。知名教育家陶行知也提出："道德是做人的根本。根本一坏，纵然你有一些学问和本领，也无甚用处。"他还认为，学生要在"教授"的指导下，把学问与本领联系实际，放到群众中去修身体验，在小事中"做"起来，以便走向社会，找准并实现自己的社会角色。

3. 生活教育理论

陶行知的教育理论是中国教育思想史上的一次深刻的革命，主要包括生活即教育、社会即学校、教学做合一三个方面，其中，生活教育理论是陶行知教育思想的主线和重要基石。陶行知的生活教育理论标志着从"知行"到"行知"的转变，即认为传统的教学只注重单纯知识的传授，使教育游离于社会生活之外，导致了教育与人的疏离。陶行知提出了"生活即教育"的重要教育思想，认为教育要以生活为中心，将教育看成生活固有的内容，有什么样的生活就有什么样的教育。此外，他在"由行到知"认识论的基础上，提出了"教学做合一"的思想，主张教与学都要以"做"为基础，在"做"上教、在"做"上学。陶行知认为，在"做"上教的是先生，在"做"上学的是学生。从先生对学生的关系说，“做”便是教；从学生对先生的关系说，“做”便是学。先生拿“做”来教，乃是真教；学生拿“做”来学，方是实学。时至今日，越来越多的教育学者认识到，“教学做合一”是高等教育的根本方法，也是当前高职高专教育教学改革应该坚持的一项基本原则。

（三）开展思想政治理论课实践教学的主要现实依据

1. 思想政治理论课实践教学是高职高专院校培养应用型人才的需要

高职高专院校教育是以培养适应社会需要的高等技术应用型人才为根本目的的教育，学生应成为具备扎实理论知识和较强实践能力的专门人才。因此，实践能力是高职高专教育的核心内涵。思想政治理论课的实践教学就是体现提高学生实践能力、培养学生创新精神和完善学生综合素质的教学理念。实践教学在引导学生由质疑到解疑的思索过程中能够有效地提高学生发现问题、分析问题、解决问题的能力。实践教学引导学生学会熟悉新的环境，融入集体活动，明确自我在集体里的角色，在分工合作中锻炼与人的沟通能力和增强团队合作精神，在经历和体验中学到课堂里学不到的东西。同时，实践教学还能够帮助学生了解社会、认识国情、拓宽视野、锻炼毅力、培养品格，为未来做好职业准备。习近平总书记在全国高校思想政治工作会议讲话时指出：“许多学生正是在这样的社会实践和社会活动中树立了对人民的感情、对社会的责任、对国家的忠诚。”

2. 实践教学是提高思想政治理论课教学效果的需要

思想政治理论课的教学效果取决于多种因素，评价思想政治理论课的教学效果，不但要看其理论知识上的提高程度，而且更重要的是要看其在实践中的具体表现。长久以来，思想政治理论课教学的主导性环节是课堂讲授。事实证明，单有这一个环节是不够的，还必须有其他直观的、生动的、实践性的教学环节。在实际教学中，思想政治理论课教师常常感到理论与实际结合得不够密切，说教性强、教育性差。如果一味坐而论道，是很难取得较好的教学效果的，甚至会导致学生对理论的科学性产生怀疑和动摇。开展实践教学，有助于学生对思想政治理论课课堂上学习的基本理论知识的进一步理解、吸收、内化，实现对思想政治理论课基本理论、原理的应用，从而进一步树立马克思主义的世界观和方法论。《中央宣传部 教育部关于印发〈普通高校思想政治理论课建设体系创新计划〉的通知》（教社科〔2015〕2 号）指出：实施高校思想政治理论课建设体系创新计划的基本原则是坚持理论与实际相结合，注重发挥实践环节的育人功能，创新推动学生实践教学和教师实践研修。实践教学的引入和实施，把课堂从课内延伸到课外，从校内延伸到校外，从学校延伸到社会，从书本延伸到实际，突出了教学的实践性。学生的主体资格得到尊重，主体作用得到发挥，学习的主动性、积极性调动了起来，一种教学良性互动氛围就可以形成。

3. 实践教学是培养青年大学生社会责任感的有效形式

培养积极的社会责任感，是任何一个国家思想政治教育的重要目标。实践教学是对理论联系实际的积极回应，是理论内化为一种信念的重要环节，只有经过实践，学生才能自党理解、认同和接受科学理论，理解、吸收和内化思想政治理论课课堂知识。思想政治理论课实践教学正是通过丰富多彩的形式，运用马克思主义的立场、观点和方法，引导大学生接触社会、了解社会、认识社会，从而加深对中国历史和现状的了解，更好地认识国情和社会主义建设的客观规律。因此，实践教学可以充分激发和调动大学生的参与意识，让学生对社会现实产生理性认识，把个人理想和祖国发展紧密结合起来，把个人价值与社会价值结合起来，自觉实践中国特色社会主义的共同理想，勇于承担社会责任，“撸起袖子加油干”。

二、思想政治理论课实践教学的目的、内容和作用

（一）思想政治理论课实践教学的目的

思想政治理论课承担着对大学生进行系统的马克思主义理论教育的任务，是巩固马克思主义在高校意识形态领域指导地位、坚持社会主义办学方向的重要阵地，是全面贯彻党的教育方针、落实立德树人根本任务的主干渠道和核心课程，是加强和改进高校思想政治工作、实现高等教育内涵式发展的灵魂课程。实践教学作为课堂教学的延伸拓展，重在帮助学生巩固课堂学习效果，深化对教学重点、难点问题的理解和掌握。思想政治理论课实践教学的目标指向主要如下：

1. 立德树人

立德树人是高校思想政治理论课教学的永恒主题，也是思想政治理论课实践教学的重要目标之一。我们党历来重视“培养什么样的人”的问题，始终把培养时代新人作为重要任务。党的十九大报告明确指出：“要全面贯彻党的教育方针，落实立德树人根本任务，发展素质教育，推进教育公平，培养德智体美全面发展的社会主义建设者和接班人。”党的十九大报告强调“要以培养担当民族复兴大任的时代新人为着眼点”，要“广泛开展理想信念教育，深化中国特色社会主义和中国梦宣传教育，弘扬民族精神和时代精神”“培育和践行社会主义核心价值观”，引导青年“有理想、有本领、有担当”，更好地“构筑中国精神、中国价值和中国力量”。高校肩负着人才培养、科学研究、社会服务、文化传承与创新、国际交流与合作的重要使命，加强和改进高校思想政治工作，事关办什么样的大学、怎样办大学的根本问题，事关党对高校的领导，事关中国特色社会主义事业后继有人，是一项重大的政治任务和战略工程。思想政治理论课教师既要在教育教学中始终坚持马克思主义立场、观点、方法，在政治立场、政治方向、政治原则、政治道路上同党中央保持高度一致，更要创新教育教学方法，引导学生在“要力行，知行合一”中抓住理想信念铸魂这个关键环节，完成立德树人根本任务，从而“培养德智体美全面发展的社会主义建设者和接班人”。

2. 弘扬主旋律，传播正能量

习近平总书记明确指出："时代新人"的基本内涵是具备"当代中国精神"，核心内涵是"担当民族复兴大任"，并强调"中国梦是历史的、现实的，也是未来的；是我们这一代的，更是青年一代的"。客观而言，人的思想品质、灵魂塑造，说到底就是价值观的建设。社会主义核心价值观凝结着全体人民共同的价值追求，具备先进性、民族性和开放性的鲜明特征，正是当代中国精神的集中体现。《中央宣传部 教育部关于印发〈普通高校思想政治理论课建设体系创新计划〉的通知》中指出："世界范围内各种思想文化交流交融交锋更加频繁，如何发挥正能量，增强对重大理论和现实问题的阐释力，在多元中确立主导，给思想政治理论课提出新的挑战。"社会思潮越是复杂，越需要弘扬主旋律，越需要用马克思主义一元化思想引领多样化社会意识。思想政治理论课实践教学必须服务于弘扬主旋律、传播正能量，坚持弘扬当代中国精神，践行"四个自信"，引导和帮助学生深刻认识"四个全面"战略布局。

3. 推动大学生思想行为统一，在实践中提升综合素质

综合素质是指一个人的知识水平、道德修养、专业知识、法律素质、文化素质、人际交往与沟通能力、身体及心理素质等。实现思想和行为的绝对统一是思想政治教育的内在要求，思想政治教育的最终目的不能仅仅停留在思想层面，更重要的是能够影响大学生的实践活动，确保大学生行为举止的合理性和正确性，提升大学生的综合素质。思想政治理论课实践教学的开展，形成了一种由理论到实践再到理论的闭合式学习流程，增强了大学生对思想政治教育理论知识的认知，促使他们能够在理论知识的指导下形成相一致的行为，并最终在反复的实践中加深认识，形成习惯，做到知行融合，以思想引导行为，以行为彰显思想。

思想政治理论课实践教学着眼于形成"实践体验"和"内化践行"的学以致用能力，引导学生在实践中体验书本知识、理论学说，加深大学生的政治意识和国家认同，形成较高的社会责任感，养成合作、分享、积极进取和团结奉献的良好个性品质，塑造大学生的完美人格。

4. 促进大学生的全面发展

"人的全面发展"是马克思主义的基本原理之一，也是我国教育方针的理论基石。马克思主义从分析现实的人和现实的生产关系入手，指出了人的全面发展的条件、手段和途径。所谓人的全面发展，是指人的体力和智力的充分、自由、和谐的发展。马克思主义认为，人的全面发展是实践性的发展，这些发展的全面实现，不仅依赖于抽象的理论知识，依赖于表象的知识满足，还需要切实深入社会实践中去，在实践中培养能力，在实践中寻求真知。思想政治理论课实践教学，不仅是沟通思想政治理论学习与实际的桥梁，也是沟通思想教育与专业教育的桥梁，是将思想道德素质、科学文化素质、专业素质和创新素质融合在一起的媒介。

（二）思想政治理论课实践教学的内容

《教育部关于印发〈新时代高校思想政治理论课教学工作基本要求〉的通知》（教社科〔2018〕2号）指出："思想政治理论课承担着对大学生进行系统的马克思主义理论教育的任务，是巩固马克思主义在高校意识形态领域指导地位、坚持社会主义办学方向的重要阵地，是全面贯彻党的教育方针、落实立德树人根本任务的主干渠道和核心课程。"思想政治理论课实践教学主要包括爱国主义教育、道德素养教育、思想政治教育、法律素养教育和职业素养教育等。

1. 爱国主义教育

"不论树的影子有多长，根永远扎在土里。"若论中华民族根植最深、影响最大的精神品质，必定是爱国情怀。在中华民族几千年绵延发展的历史长河中，爱国主义始终是把中华民族团结在一起的精神力量，激励着一代又一代中华儿女为祖国发展繁荣而不懈奋斗。爱国主义教育是指树立热爱祖国并为之献身的思想教育。爱国主义是一面具有最大号召力的旗帜，是中华民族的优良传统。中国爱国主义教育的特点是：艰苦奋斗、辛勤劳动，不断丰富和发展中华民族的物质文化财富；反对民族分裂和国家分裂，维护各民族的联合、团结和国家的统一；在外敌入侵面前，团结对外，英勇抵抗，维护祖国的主权和独立；同一切阻碍历史发展和社会进步的势力与制度进行斗争，推动祖国的繁荣和进步。

爱国主义教育是提高全民族整体素质的基础性工程，是引导人们特别是广大青少年树立正确理想、信念、人生观、价值观，促进中华民族伟大复兴的一项重要工作。在社会主义初级阶段，爱国主义主要表现为热爱祖国壮丽的河山、悠久的历史、灿烂的文化，关心祖国的前途和命运，热爱社会主义制度和社会主义现代化建设事业，热爱中国共产党和各族人民，维护祖国的独立和统一。思想政治理论课实践教学要把爱国主义教育作为永恒的主题，通过丰富多彩的实践教学形式开展中华民族悠久历史教育、中华民族优秀传统文化教育、党的基本路线和社会主义现代化建设成就教育、中国国情教育、社会主义民主与法制教育、国防教育与国家安全教育、民族团结教育和"一国两制"方针教育。

2. 道德素养教育

道德素养通常指个人在道德上的自我锻炼以及由此达到的较高的道德水平和道德境界。道德素养教育对于个人、民族和国家具有重要的意义和价值。国无德不兴，人无德不立。习近平总书记指出，道德是社会关系的基石，是人际和谐的基础。我们要始终把弘扬中华民族传统美德、加强社会主义思想道德建设作为极为重要的战略任务来抓，为实现中华民族伟大复兴的中国梦提供强大精神力量和有力道德支撑。我们要加强全社会的思想道德建设，激发人们形成善良的道德意愿、道德情感，培育正确的道德判断和道德责任，提高道德实践能力尤其是自觉践行能力，引导人们向往和追求讲道德、尊道德、守道德的生活，形成向上的力量、向善的力量。我们要把培育文明道德风尚作为重要着力点，坚持正确的价值取向、舆论导向，坚持以文化人、以文育人，弘扬真善美、贬斥假恶丑，推动形成知荣辱、讲正气、做奉献、促和谐的社会风尚。我们要认真汲取中华优秀传统文化的思想精华和道德精髓，大力弘扬以爱国主义为核心的民族精神和以改革创新为核心的时代精神，深入挖掘和阐发中华优秀传统文化讲仁爱、重民本、守诚信、崇正义、尚和合、求大同的时代价值，使中华优秀传统文化成为涵养社会主义核心价值观的重要源泉。

当前，思想政治理论课实践教学核心工作和重要任务就是培育和践行社会主义核心价值观。社会主义核心价值观是社会主义核心价值体系的内核，体现社会主义核心价值体系的根本性质和基本特征，反映社会主义核心价值体系的丰富内涵和实践要求，是社会主义核心价值体系的高度凝练和集中表达。我们要以培养担当民族复兴大任的时代新人为着眼点，强化教育引导、实践养成、制度保障，发挥社会主义核心价值观对国民教育、精神文明创建、精神文化产品创作生产传播的引领作用，转化为莘莘学子的情感认同和行为习惯。

3. 思想政治教育

思想政治教育是社会或社会群体用一定的思想观念、政治观点、道德规范，对其成员施加有目的、有计划、有组织的影响，使他们形成符合一定社会要求的思想品德的社会实践活动。2018 年，习近平总书记在全国教育大会上指出：培养什么人，是教育的首要问题。我国是中国共产党领导的社会主义国家，这就决定了我们的教育必须把培养社会主义建设者和接班人作为根本任务，培养一代又一代拥护中国共产党领导和我国社会主义制度、立志为中国特色社会主义奋斗的有用人才。这是教育工作的根本任务，也是教育现代化的方向目标。

通过加强思想政治理论课实践教学，我们可以加深学生对思想政治理论课教学内容的理解，使学生客观、辩证地认识国情、认识社会，了解我国改革开放的历史、现状和发展趋势，增强运用马克思主义基本原理分析和解决思想认识问题的能力；引导学生确立科学社会主义信仰和建设中国特色社会主义的共同理想，树立社会主义核心价值观，增强执行党的基本路线和基本纲领的自觉性与坚定性。

4. 法律素养教育

法律素养是指个人认识和运用法律的能力，主要包括法律知识、法律意识和法律信仰等内容。青年学生法律素养的培养，是建设法治中国的基础性工程。在大学生中开展法律素养教育，是社会生活法制化、规范化的必然要求，也是实现依法治国的重要保证。思想道德修养与法律基础课是对大学生进行法律知识、法律意识和法律信仰教育的核心课程，可以帮助学生建立起清晰的法律知识框架，引导学生领会社会主义法律精神，树立社会主义法治观念，进而提高法律素养。实践教学具有开放性、多样性和灵活性的特点，可以充实、延伸和深化“法律基础”部分的课堂教学内容，邀请司法专家给学生做报告，组织学生开展法律辩论赛、模拟法庭活动，带领具有一定法律专业知识的学生参与法律咨询服务，等等。

5. 职业素养教育

职业素养是劳动者对社会职业了解与适应能力的一种综合体现，主要表现在职业兴趣、职业能力、职业个性以及职业情况等方面。思想政治理论课实践教学中的职业素养教育，主要包括职业道德教育、职业情感教育、法律知识教育、敬业精神教育、协调能力教育、团队意识教育和社交礼仪培训等。

“社会主义是干出来的，新时代也是干出来的。”党的十八大以来，在高校思想政治教育工作中大力弘扬劳模精神和工匠精神，营造劳动光荣的社会风尚和精益求精的敬业风气，就是要引导莘莘学子努力成为优秀的社会主义建设者。工匠精神是一种职业精神，基本内涵包括敬业、精益、专注、创新等方面的内容，它是职业道德、职业能力、职业品质的体现，是从业者的一种职业价值取向和行为表现。劳模精神基本内涵包括爱岗敬业、争创一流、艰苦奋斗、勇于创新、淡泊名利、甘于奉献。劳模精神和工匠精神都是实现伟大复兴中国梦的重要力量，也是引领学生职业素养培育的内在要求。

（三）思想政治理论课实践教学的作用

习近平总书记在学校思想政治理论课教师座谈会上强调：办好思想政治理论课关键在教师，关键在发挥教师的积极性、主动性、创造性。要坚持理论性和实践性相统一，用科学理论培养人，重视思想政治理论课的实践性，把思想政治理论小课堂同社会大课堂结合起来，教育引导学生立鸿鹄志，做奋斗者。思想政治理论课实践教学是高校思想政治理论课教学的重要组成部分，对于加深学生对马克思主义理论课程内容的理解，增强对中国特色社会主义理论和党的路线、方针、政策的理解，坚定在中国共产党领导下走中国特色社会主义道路，实现中华民族伟大复兴的共同理想，增强历史使命感和社会责任感，具有不可替代的作用。

1. 在实践中巩固马克思主义新时代意识形态领域的指导地位

习近平总书记强调，意识形态工作是党的一项极端重要的工作，事关党的前途命运，事关国家长治久安，事关民族凝聚力和向心力。当一种意识形态与一定时期的社会历史发展规律和人民群众的利益诉求相一致时，意识形态会成为引领社会变革发展的积极力量，推动社会历史发展。高校思想政治理论课教育教学，核心内容就是讲授马克思主义中国化的理论成果，引导学生认识中国共产党把马克思主义基本原理与中国具体实际和时代特征相结合的历史进程。开展思想政治理论课实践教学，理论和实践相结合，有助于引导学生更为全面把握和深入领会中国特色社会主义理论体系的精髓和内涵，更加深刻领会马克思主义和马克思主义中国化的理论成果，自觉坚持和践行马克思主义在新时代意识形态领域的指导地位。

2. 在实践中贯彻社会主义核心价值观

社会主义核心价值观是社会主义核心价值体系的内核，体现社会主义核心价值体系的根本性质和基本特征，反映社会主义核心价值体系的丰富内涵和实践要求。“高校思想政治工作关系高校培养什么样的人、如何培养人以及为谁培养人这个根本问题。要坚持把立德树人作为中心环节，把思想政治工作贯穿教育教学全过程，实现全程育人、全方位育人，努力开创我国高等教育事业发展新局面。”习近平总书记指出：“要坚持不懈培育和弘扬社会主义核心价值观，引导广大师生做社会主义核心价值观的坚定信仰者、积极传播者、模范践行者。”2014 年 5 月 4 日，习近平总书记在北京大学师生座谈会上指出：“在当代中国，我们的民族、我们的国家应该坚守什么样的核心价值观？这个问题是一个理论问题，也是一个实践问题。”这意味着社会主义核心价值观来自实践，在实践中总结升华为理论；而升华为理论的社会主义核心价值观，也必然要回到实践才能实现其应有的价值和意义。开展思想政治理论课实践教学，就是践行“加强道德修养，注重道德实践”。

3. 在实践中深刻认识和把握“五位一体”和“四个全面”两大“布局”，勇做中华民族伟大复兴的“追梦人”

党的十八大以来，我们党形成并积极推进经济建设、政治建设、文化建设、社会建设、生态文明建设“五位一体”总体布局，形成并积极推进全面建成小康社会、全面深化改革、全面依法治国、全面从严治党的“四个全面”战略布局。“五位一体”和“四个全面”两大“布局”统筹联动、协同推进，是党中央适应我国发展新要求，站在时代前沿做出的战略运筹。当代大学生要真正深刻认识和把握“五位一体”和“四个全面”两大“布局”，还必须深入社会，通过对社会的深入体察和了解，并根据实际情况参与社会建设，才能将书本上的理论知识“内化于心，外化于行”。

4. 在实践中培养中国特色社会主义合格的建设者和可靠接班人

培养社会主义建设者和接班人，是我们党的教育方针，是我国各级各类学校的共同使命。改进高校思想政治工作，目的是培养又红又专、德才兼备、全面发展的中国特色社会主义合格建设者和可靠接班人。思想政治理论课实践教学对于促进大学生了解社会、了解国情，帮助学生在实践教学中坚定理想信念、厚植爱国主义情怀、加强品德修养、增长知识见识、培养奋斗精神、增强综合素质具有积极的意义。在实践活动中，大学生能够深刻体会蕴含在各门思想政治理论课中反映人类文明成果、弘扬民族精神、体现科学精神、揭示事物本质规律的内容，促进形成理论与实践相结合的思维和行动方式。

三、新时代加强高校思想政治理论课实践教学的主要对策

（一）实践教学的基本方案

严谨的、可操作性强的实践教学方案是保障实践教学顺利进行、防止实践活动流于形式的关键。一个完整的实践教学方案应该包括但不限于以下几个方面：

1. 实践活动主题

主题是实践教学活动的中心，主题的好坏决定着实践教学活动的成败。一般而言，实践教学主题必须与理论教学内容密切相关，最好能够有效结合重要时间节点、重要活动和重大部署宣传教育活动开展，学生必须围绕实践活动主题完成实践教学任务。

2. 实践活动方式

活动方式一般要与实践主题相适应，能够有效实现实践活动的目的。实践活动方式的选择要与学生学习特点相结合，选择为学生所接受和喜欢的方式。

3. 实践活动目的

实践方案要说明为什么开展这次实践活动、通过实践活动学生能获得什么，让学生明白实践活动的目的和意义，引导学生积极主动地参加实践教学，在知识目标、能力目标、素质目标方面有所收获。

4. 实践活动具体安排与要求

实践方案应当明确实践活动要求，学生需要收集哪方面的资料、准备什么材料、如何进行人员分组等，明确活动计划如何制订、什么时候进行、如何进行、什么时候结束等。

5. 实践活动评分规则

实践方案要明确实践活动由谁主持、评委由哪些人员组成、评分细则等。

6. 实践活动总结

在实践活动结束后，指导教师应当对本次实践活动进行总结，要对学生的实践成果做出中肯的评价。各小组尽量用生动的形式将本组的实践结果呈现出来，可以选择学生代表汇报本组实践活动的体会，再由教师对每一组实践活动进行点评，最后公布每一组实践活动成绩。

（二）在实践教学中用好分类教学

分类教学是指以课程设置总体目标为指导，根据学生学科专业、知识构成、思维特点等因素进行分类，然后采取相应教育教学方法。在人才培养日益精细化发展的高职高专院校，思想政治理论课教育教学主要有两种分类方向：一是按照学生的学制进行分类，如二年制班级、三年制班级、现代学徒制班级、高本班（与本科院校合作人才培养，主要有四年制应用型本科和分段专升本等模式），除学时和学分有别之外，其教学计划、课程标准、教学方法也存在一定的差异性。二是按照专业群进行分类教学。相同学制不同专业群，其学时学分、教学计划、课程标准大致一样，但在思想政治理论课模块化专题教学内容和实践教学内容方面侧重点有所区别。对于二年制班级而言，学生理论素养普遍较弱，学制较短，课程设计应把握“够用”和“会用”的原则。“够用”，即理论上不必过于看重“高、深、全”，讲清基本理论就行，实践教学不必面面俱到，要求能够帮助学生更好地理解教材内容；“会用”则强调理论联系实际，会分析和解决现实问题。对于三年制班级和高本班而言，学生理论素养相对较强，课程设计在把握“够用”和“会用”原则的基础上，还要培养学生独立思考能力，加深学生的政治认同，实践教学内容的内涵会更为丰富。

根据《教育部关于印发〈新时代高校思想政治理论课教学工作基本要求〉的通知》（教社科〔2018〕2号）的要求，“从本科思想政治理论课现有学分中划出2个学分、从专科思想政治理论课现有学分中划出1个学分，开展本专科思想政治理论课实践教学。学生既可通过参加教师统一组织的实践教学获得相应学分，也可通过提交与思想政治理论课学习相关的实践成果申请获得相应学分。”结合目前高校思想政治理论课实践教学的实际开展情况，单列一门思想政治教育实践课更能够保障学时、学分和教育教学效果，也更符合思想政治教育教学规律。

三年制班级和高本班可以通过单列思想政治教育实践课、制定思想政治教育实践课学生手册的方式分学期推进实践教学项目。在吃透思想政治理论课教材的基础上，教师应联系理论教学制定思想政治教育实践课学生手册，将课内实践和课外实践相结合，将思想政治理论实践课设计为“传递青春正能量，展示大学生活秀——大学生活微电影制作”“模拟法庭”“‘学宪法，讲宪法’演讲比赛”“校园文化热点问题调研”和“社会调查”等模块，对应毛泽东思想和中国特色社会主义理论体系概论（以下简称“概论”课）、思想道德修养与法律基础（以下简称“基础”课）以及形势与政策课，并明确具体的操作实施细则。二年制班级因为学制较短、学时有限，可以不单列思想政治教育实践课，通过采取课内实践教学的方式展开，在课程总学时中划拨一定比例的课内实践教学学时。其中，“基础”课中可以设计“模拟法庭”模块，“概论”课中可以设计“不朽的华章——毛泽东诗词鉴赏”“从‘心’出发：改革就在我身边”等课内实践教学模块，学生通过分组在课堂内推进实施，主要提升说、写、认知和思辨能力，提升道德涵养并加强政治认同。

（三）实践教学资源与平台建设

思想政治理论课实践教学效果好不好，资源与平台建设是关键。《关于加强和改进新形势下高校思想政治工作的意见》（中发〔2016〕31号）明确指出：“要强化社会实践育人，提高实践教学比重，组织师生参加社会实践活动，完善科教融合、校企联合等协同育人模式，加强实践教学基地建设，建立健全国家机关、企事业单位、社会团体接收大学生实习实训制度，开设创新创业教育专门课程，增强军事训练实效，建立健全学雷锋志愿服务制度。”实践教学资源与平台建设，能够改变思想政治理论课教师在实践教学中“单兵作战”和“各自为政”的无序状态。

1. 实践教学课程标准的制定

由于缺乏科学性和实用性的教材，教师在教学过程中难免存在教学内容零散、对教学目标把握有偏差、考核评价尺度不一等问题，在一定程度上影响了教学效果。在“无标可依”的情况下，思想政治理论课教师常常“单兵作战”“各自为政”，致使思想政治理论课实践教学总体上处于一种无序状态，教学质量很难保证。还有一些高校简单潦草地把实践活动当作思想政治理论课实践教学本身，致使思想政治理论课实践教学有活动无教学、有形式无内容、有体验无思想，这种“浅化”思想政治理论课实践教学的做法，更谈不上所谓的教学质量了。实践教学的开展，同样“要遵循思想政治工作规律，遵循教书育人规律，遵循学生成长规律”，要严格制定课程标准与授课计划，主要包括内容标准、课时标准、考核标准等，具体到课程性质与定位、课程设计思路、课程目标、课程内容与要求、课程实施建议、推荐教材和教学参考书等方面。

2. 从“模块化专题式”理论教学到“菜单式项目化”实践教学

具体而言，对于实践教学，总体原则是根据思想政治理论课教材重点内容与教学目标，有所侧重，设计不同的实践教学模块，再根据不同学制不同专业人才培养方案进行取舍选定，做到“菜单式项目化”教学。实践教学的主流项目类别大致可以划分为几种：一是观读类，包括学生阅读马克思主义经典原著、观看具有思想政治教育意义的影视资料、参观当地爱国主义教育基地等，主要要求学生撰写读书心得、观后感。二是调研类，主要是深入农村、社区、企业，就我国的经济社会发展重点、热点、难点和疑点等实际问题进行调研，要求学生在分组的基础上撰写调研报告。三是社会服务活动类，如社区服务和志愿者活动等。此外，实践教学项目还有专题研讨、演讲辩论、微电影拍摄等。具体到高职院校，我们可以参照表 0-1 设计“菜单式项目化”实践教学内容。

表 0-1　“菜单式项目化”实践教学内容

课程	主要内容模块	目标与能力要求	实践教学设计指向	实践方式
“概论”课	1. 毛泽东思想	1. 掌握马克思主义中国化的理论成果； 2. 正确认识近现代中国社会发展的规律，认识中国社会主义现代化建设发展的规律	1. 革命传统教育； 2. 中国共产党党史教育	1. 参观红色教育基地； 2. 印象中国讨论； 3. 重读经典与撰写读书笔记
	2. 中国特色社会主义理论体系	1. 学习中国特色社会主义理论体系，深入理解和把握习近平新时代中国特色社会主义思想； 2. 学会运用马克思主义世界观和方法论去认识和分析问题，坚定在中国共产党的领导下走中国特色社会主义道路的理想信念	1. 中国特色社会主义理论教育； 2. 坚持“四个自信”、树立社会主义核心价值观； 3. 社会时政热点教育	1. 社会调查； 2. 主题演讲

表0-1(续)

课程	主要内容模块	目标与能力要求	实践教学设计指向	实践方式
“基础”课	1. 思想道德修养	1. 以理想信念教育为核心，帮助学生树立起正确的世界观、人生观和价值观； 2. 以爱国主义教育为重点，深入进行弘扬和培育民族精神教育； 3. 以基本道德规范为基础，深入进行公民道德教育	1. 爱家爱国教育； 2. 革命传统教育； 3. 职业道德教育	1. 道德小品表演与征文比赛； 2. 模拟“微型社会”与团队辅导教育； 3. 志愿服务与公益活动
	2. 法律基础	培养和提高大学生的法律素养	法律素养教育	模拟法庭
形势与政策课	形势与政策	1. 正确的价值导向； 2. 关注国际国内形势，把握国家大政方针和相关政策	形势与政策教育	1. 时事辩论； 2. 时事专题报告与知识竞赛

需要说明的是，由于学生专业背景、兴趣爱好存在广泛的差异，真正落实“菜单式项目化”实践教学，要注意必选项目和任选项目相结合、课内实践与课外实践相结合，要给学生相对的选择空间和“话语权”。

但是，不同的实践教学项目，其培养目标功能也有差异，对于同一专业的学生还应限制其选择同质化的实践教学项目。换句话讲，同一专业的学生要选择更多样化的实践教学项目，不能是实践活动简单的叠加，重数量而忽视效果。例如，爱国主义基地教育主要是增强学生的忧患意识，提高学生的历史使命感和责任感；模拟法庭主要对大学生进行法制教育，培养大学生的法律意识，使其做知法、懂法、守法的合格大学生；校园采访调查活动通过校园调查、问题分析、总结，培养学生主动与人沟通的能力、分析写作的能力、团体协作的能力，提高解决实际问题的能力；志愿者活动是利用实践教学活动，帮助学生有计划地提高自己的组织能力、表达能力、社交能力等。

3. 实践教学基地建设

为开展实践教学提供活动平台，必须整合教育教学资源，建立多个相对稳定的社会实践教学基地，实践教学基地是思想政治理论课实践教学开展的重要场所和依托。《教育部关于印发〈新时代高校思想政治理论课教学工作基本要求〉的通知》(教社科〔2018〕2号) 明确提出：要制定实践教学大纲，整合实践教学资源，拓展实践教学形式，注重实践教学效果。

其一，要充分挖掘和利用当地的特色教育资源，充分利用当地丰富的人文、历史、革命传统等社会开放性资源。例如，爱国主义教育基地、红色教育基地以及中华优秀传统文化传承基地等资源可以满足全体学生共同开展思想政治理论课实践教育。在实践教学开展过程中，教研室可以确定实践活动内容，明确指导教师，以班为单位组织学生实施。

其二，要寻求多方支持建立相对稳定的校内校外实践教学基地。在校内，我们可以探索建设思想政治理论课实践教学体验馆等实践教学基地，也可以建设与专业实习实训相结合的实践教学基地（“双基地”）。在校外，本着合作共建、双向受益的原则，我们应寻求多方支持，共建相对稳定的长期实践基地并签订合作协议，如依托革命烈士陵园、革命纪念馆、地方特色民俗馆、主题博物馆、特色城市社区等优质资源，为实践教学的开展提供便利条件。

校外实践教学基地要改变“重挂牌，轻建设”的情况，切忌走“形式主义”。思想政治理论课实践教学基地机制的建设，在顶层设计上，需要教育主管部门和高校将其纳入课程建设的范畴，深度解决实践教学基地建设标准、建设数量、经费投入、教学管理、人员配套等方面的问题。

此外，我们还应总结实践教学活动并展示学生成果。例如，在社会调研和校园文化调研等实践活动中，教师应对学生完成的论文进行评选，优秀的调查论文或调查报告将汇编成册，向入选优秀调查报告论文集的作者颁发证书；也可以组织专场成果报告会，让优秀学生向全校同学介绍感受和经验。对于思想政治理论课实践教学整体成果，我们可以设计学校层面的“思想政治理论课实践教学周”系列教育活动，对学生获奖的实践教学作品在校园内进行展示。

本章附录：思想政治教育实践课课程标准

思想政治教育实践课课程标准

课程名称：思想政治教育实践课
课程性质：公共必修课
总 学 时：16 学时
学　　分：1 学分
适用专业：三年制各专业（不含现代学徒制）

一、课程性质与定位

思想政治教育实践课是三年制（不含现代学徒制）各专业学生必修的一门公共基础课。为全面落实《关于加强和改进新形势下高校思想政治工作的意见》（中发〔2016〕31 号）、《教育部关于印发〈新时代高校思想政治理论课教学工作基本要求〉的通知》（教社科〔2018〕2 号）、《中央宣传部 教育部关于印发〈普通高校思想政治理论课建设体系创新计划〉的通知》（教社科〔2015〕2 号）、《教育部关于印发〈高等学校思想政治理论课建设标准〉的通知》（教社科〔2015〕3 号）和《教育部等部门关于进一步加强高校实践育人工作的若干意见》（教思政〔2012〕1 号）等文件精神，加强高校思想政治理论课实践教学，在全面整合思想政治理论课实践教学资源的基础上，开设思想政治教育实践课。思想政治教育实践课对于不断增强学生服务国家和人民的社会责任感、勇于探索的创新精神、善于解决问题的实践能力，具有不可替代的重要作用；对于坚定学生在中国共产党领导下，走中国特色社会主义道路，为实现中华民族伟大复兴而奋斗，自觉成为中国特色社会主义合格建设者和可靠接班人，具有极其重要的意义。

思想政治教育实践课是在综合思想道德修养与法律基础、毛泽东思想和中国特色社会主义理论体系概论、形势与政策三门课程实践教学环节的基础上设立的。思想道德修养与法律基础旨在培养学生具有良好的思想道德修养，科学理性的思辨能力，较强的法治观念以及法律素养等。毛泽东思想和中国特色社会主义理论体系概论旨在帮助学生树立科学的世界观、人生观和价值观，并以中国化的马克思主义为指导，使学生能够运用马克思主义的立场、观点和方法分析问题和解决问题，培养对中国共产党领导的中国特色社会主义现代化事业的认同感和坚定信念，全面提高马克思主义理论素养和综合素质。形势与政策旨在帮助大学生正确认识新时代国内外形势，深刻领会党的十八大以来党和国家事业取得的历史性成就、发生的历史性变革、面临的历史性机遇和挑战。三门思想政治理论课为思想政治教育实践课（以下简称本课程）提供了理论储备和支撑，思想政治教育实践课旨在增进学生对思想政治理论课的理解和认识。

二、课程设计思路

本课程综合高职学生必修三门思想政治理论课实践教学环节设立，主要设计“传递青春正能量，展示大学生活秀——大学生活微电影制作”“模拟法庭”“‘学宪法，讲宪法’演讲比赛”“校园文化热点问题调研”和“社会调查”等实践教学模块。实践教育活动使学生提升思想认识，引导学生提高分析社会问题的能力，增强社会责任意识，自觉成为中国特色社会主义事业的合格建设者和可靠接班人。

本课程对于优秀学生作品做进一步培养，进一步对接“全国大学生微电影大赛”“国家宪法日主题教育活动”和“挑战杯”全国大学生课外学术科技作品竞赛与“攀登计划”广东大学生科技创新培育专项。

三、课程目标

（一）总体目标

本课程通过实践教学引导学生树立建设中国特色社会主义的共同理想、坚定“四个自信”；树立社会主义核心价值观，形成正确的世界观、人生观和价值观；培养学生运用马克思主义的基本立场、观点、方法分析和解决现实问题的能力；促进大学生了解社会、了解国情、增长才干、奉献社会、锻炼实践能力、养成高尚品格以及增强大学生的社会责任感，全面提高思想政治理论课教育教学效果。

（二）具体目标

1. 知识目标

本课程通过思想政治理论课实践教学，开展爱国主义教育、道德素养教育、思想政治教育、法律意识教育和职业素养教育，加深大学生对马克思主义理论基本内容、观点和方法的理解，深刻领会马克思主义理论的精神实质，深刻认识马克思主义理论的指导意义；帮助大学生正确认识新时代国内外形势，深刻领会党的十八大以来党和国家事业取得的历史性成就、发生的历史性变革、面临的历史性机遇和挑战，引导大学生准确理解党的基本理论、基本路线、基本方略。

2. 能力目标

本课程培养大学生运用马克思主义立场和观点发现实际问题、分析实际问题以及解决实际问题的能力，提高大学生认识能力、思辨能力和实践能力；引导大学生深入实际、了解社会、认识国情，增强大学生的社会责任感和历史使命感，在实践中学会做人、学会做事、懂得合作。

3. 素质目标

本课程促进大学生深入实际、了解社会、认识国情，培养大学生人格品格，增强大学生社会责任感，帮助大学生形成理论与实践相结合的思维和行动方式；引导大学生全面把握和深入领会中国特色社会主义理论体系的精髓和内涵，在实践中牢记“四个意识”，坚定“四个自信”，积极贯彻社会主义核心价值观，认同马克思主义在意识形态领域的指导地位。

四、课程内容与要求

本课程遵循思想政治工作规律、教书育人规律和学生成长规律，研究、掌握思想政治理论课实践教学的内容、方法、形式和规律，根据思想政治理论课教学重难点精心设计实践主题，合理选择实践形式。实践内容由必选项目和可选项目构成，按照课程分学期推进，可对接全国性系列大学生文化素质常规教育和技能竞赛等活动，既能够有效鞭策专任教师在组织实践教学活动中实现“教学相长”，也能够在突出学生实践教学主体性的基础上提升思想政治理论课学习“获得感”。主要实践教学内容如表0-2所示。

表0-2　主要实践教学内容

序号	学期	实践教学项目	基本要求	备注	对接
1	2	传递青春正能量，展示大学生活秀——大学生活微电影制作	以8~10人小组团队合作完成“大学生活微电影”制作	必选	全国大学生微电影大赛
2	2	模拟法庭	由“基础”课教师指导实施	必选	
3	3	“学宪法，讲宪法”演讲比赛		可选	国家宪法日主题教育活动
4	3	校园文化热点问题调研	由“概论”课教师指导实施	4、5项二选一	“挑战杯”全国大学生课外学术科技作品竞赛、“攀登计划”广东大学生科技创新培育专项
5	3	社会调查	由“概论”课教师指导实施	4、5项二选一	“挑战杯”全国大学生课外学术科技作品竞赛、“攀登计划”广东大学生科技创新培育专项
6	3	坚定“四个自信”，放飞青春梦想——海报制作，原创歌曲、舞台剧表演	实践教学经费支持		“思政课实践教学周”学生成果展示活动
7		“思政课实践教学周”系列教育活动	每年一次，成果作品展示	对优秀学生适当加分和奖励	

对思想政治教育实践课教学方案的进一步说明如下：

（1）本门课程为必修课程，16 学时，计 1 学分。学生要取得本课程学分必须同时满足两个条件：一是总课程的成绩满足 60 分，二是序号 1、2、4、5 为必选完成项目。

（2）“思政课实践教学周”系列教育活动于每年的 5 月份举行，对优秀学生适当加分和奖励，具体加分学生名单和奖励细则以马克思主义学院当年公布的活动方案为准。

（3）部分实践内容会根据教育教学新形势微调。其他未尽事宜，以马克思主义学院最新解释为准。

五、课程实施建议

（一）各教学环节学时分配

本课程具有很强的实践性，突出学生主体、知行统一，各教学环节学时分配如表 0-3 所示。

表 0-3　各教学环节学时分配

序号	实践教学项目	学时	
		讲授	训练
1	传递青春正能量，展示大学生活秀——大学生活微电影制作	/	2 学时
2	模拟法庭	2 学时	4 学时
3	校园文化热点问题调研、社会调查	4 学时	4 学时

（二）教学方法

（1）教研室要依据马克思主义理论研究和建设工程统编思想政治理论课最新版教材和教学大纲定期组织集体备课，准确把握教材基本精神，整合实践教学资源，确定实践教学进度和内容。

（2）思想政治理论课实践教学应突出实践指导为主、理论讲授为辅。实践指导体现在各项实践活动的各个环节上，授课教师要认真讲授“微电影制作”“模拟法庭”以及社会调查等实践教学方面的知识与技巧。

（3）拓展实践教学形式，注重实践教学效果。在实践教学过程中，授课教师应通过电话、短信、QQ 和微信公众平台等多种方式指导学生实施实践活动，对学生进行个性化指导。

（4）统一批阅学生实践作业，总结并汇编优秀学生作品。

（三）教学评价

总成绩=必选实践教学项目成绩+可选实践教学项目成绩+优秀学生展示作品加分。评分采用百分制，最高分为 100 分。

必选实践教学项目成绩=“传递青春正能量，展示大学生活秀——大学生活微电影制作”成绩×30%+“模拟法庭”成绩×35%+“校园文化热点问题调研、社会调查”成绩×35%。

可选实践教学项目成绩=“学宪法，讲宪法”演讲比赛成绩×20%。

“思政课实践教学周”系列教育活动中展示的学生实践教学优秀作品，给予5~10分的总成绩奖励加分。

（四）师资条件

本课程主要由思想政治理论课专任教师组织实施。本课程教师必须具有扎实的马克思主义理论功底和理论素养，具备过硬的思想政治素质和教学能力，真正热爱社会主义思想政治教育事业，真正关爱学生成长成才，自觉遵守各项党纪法规，能够以多种方式指导学生实施实践教学活动。

（五）教学条件

（1）主要以小班、中班集中讲授为辅，学生分组实施实践教学为主，教学场地需能同时满足100人左右的中等以上规模班级教学需要。

（2）建立稳定的思想政治理论课实践教学基地。

（3）完善社会调查参考选题库。

六、推荐教材和教学参考书

本课程校本教材。

第一章 道德微电影制作

党的十九大报告指出，要加强思想道德建设，“要广泛开展理想信念教育，深化中国特色社会主义和中国梦宣传教育，弘扬民族精神和时代精神，加强爱国主义、集体主义、社会主义教育，引导人们树立正确的历史观、民族观、国家观、文化观”。高校思想道德修养与法律基础课是对大学生进行意识形态教育的核心课程，是加强大学生思想道德建设的主阵地。习近平总书记在全国高校思想政治工作会议上进一步强调了新媒体、新技术在加强和改进高校思想政治工作中的重要作用。教育部相关文件也强调教学方式和方法要努力贴近学生实际，符合教育教学规律和学生学习特点，提倡启发式、参与式、研究式教学，用生动鲜活的事例、新颖活泼的形式，活跃教学气氛，启发学生思考，增强教学效果。在高校德育课中引入大学生自创道德微电影（以下简称道德微电影）就是在以上指导思想下的教学改革和探索。本章在道德微电影融入道德教育教学理论基础上，旨在对道德微电影作为道德教育的创新方式进行细致解析。

一、道德微电影简介

（一）道德微电影的概念

道德微电影是指专门运用在各种新媒体平台上播放的、适合在移动状态和短时休闲状态下观看的、有完整策划和系统制作体系支持的、具有完整道德故事情节的“微时”放映、“微周期”制作的视频短片。其内容融合了道德教育的主题，可以单独成篇，也可以系列成剧。微电影具备电影的所有要素，包括时间、地点、人物、主题和故事情节。微电影是一种校园道德教育中新兴的教学手段，成本低但自由度高，片时短但内涵丰富，契合了当下信息时代的发展传播趋势，也以其“短、平、快”的特点越来越被学生接受和喜爱。

（二）道德微电影的理论基础

1. 嵌入性认知理论

按照学科划分，道德教育本质上属于认知学科，因此探索道德教育的创新方式离不开“认知”二字。道德微电影作为道德教育的创新方式，就是从认知开始，从学生角度出发，把具有影响力和贴近性的道德内容的典型案例进行剪辑，加入行业、职场、家庭、亲人等元素，通过一个个生动的场景，将道德教育教学由课堂说教变得生动、具体，以加深课本和道德教育在学生生活中的影响，力求做到润物无声，以电影镜头产生情感共鸣，最终实现潜移默化的教育效果。

2. 理解性输入学说

德育教育作为教育的一部分，一直以来被认为只要把道德观念和道德价值概念讲给学生，学生就能获得相应的道德素养。实际上，道德素养的形成是一个长期复杂的过程，必须伴随受教育者的主体性认可，身体力行，进而形成道德行为，道德素养才会养成。电影是时代文化价值的塑造者，作为对道德教育的一次重大探索，道德微电影有连续的情节、发展的故事主线，注重教学内容与行业、工作的具体情境的渲染，让学生在富于趣味性的情节变化中掌握理论授课内容，通过视觉辅助，让学生眼见为实，将抽象理论形象化、简单化，增加学生对道德的感性认识，提高学生道德水平，提高学生核心竞争力。

3. 建构主义理论

建构主义学习理论认为，学习过程不是学习者被动地接受知识，而是积极地建构知识的过程①。道德微电影教学方法是一种以现实中的、学生在以后的工作生活中可能会遇到的道德内容为素材的教学方法，它将学生置身于一个映射真实情境的结构情景之中，预设道德冲突，让受教育者通过微电影演绎的每个情节，体会到某些角色的社会地位、作用、知识要点，利用自己所学的道德教育基本理论对情节进行思考、分析和辩论，提出自己的见解和对策，从而增强对实际问题的预测与处理能力，提高自身道德素养。

（三）道德微电影的必要性与可行性分析

针对高职院校学生特点，结合“基础”课的教学目标，将道德微电影作为本门课程实践教学活动的新载体，不仅符合新生代大学生的心理认知，且具有广泛参与性、创新性、持续性特点，在实践中将课堂理论学习认知与实践活动体验相结合，学生个性发展与全面发展相结合，是思想政治理论课实践教学模式的新突破，是增强学生学习主动性的有益尝试。

1. 道德微电影的必要性分析

当前，大众媒体迅猛发展，网络中的新事物层出不穷，微时代语境下应运而生的微电影开辟了影视文化的新形式。微电影不仅具有电影的时间、地点、人物、主题、故事情节等要素，更具有微时长、微制作、微投资等特征，并以其短小、精炼、灵活的形式吸引了众多新生代去体验与尝试。把道德微电影引入道德教育作为课程的实践教学活动载体，其必要性可以体现在以下几个方面：

---

① 孙丽艳，高职院校职业道德教育的创新方式——微电影可行性分析［J］. 黑龙江教育（高教研究与评估版），2014（6）：107-108.

（1）道德微电影是强化教学内容，链接学生日常行为的有效桥梁。“基础”课是高校思想政治理论课的重要组成部分。其主要任务是以马克思列宁主义、毛泽东思想、邓小平理论、“三个代表”重要思想、科学发展观和习近平新时代中国特色社会主义思想为指导，针对大学生成长过程中面临的思想、道德和法律问题，有效开展马克思主义世界观、人生观、价值观、道德观和法律观的教育，帮助大学生提高思想道德素质与法律素质，使大学生成长为德智体美全面发展的社会主义事业的合格建设者和可靠接班人。我们通过教学实践发现，仅局限于课堂的理论教学，即便教师讲授得很精彩，也无法避免会出现“课堂感动、课后不动”“课堂思考、课后麻木”的现象。表面上看，教学主题学生听懂了、明白了、入脑了，但实际上是学生走出课堂回到自己的现实生活中时受大小环境以及自身问题的影响，课堂上所学的促其成长成才的道理的驱动力明显弱化。因此，教师在注重教材、教学、教法研究的同时，还需要搭建由理论教学到学生日常行为思考与行动的桥梁。以新电子产品介入的道德微电影实践活动不仅符合了青年学生对新电子产品及相关软件的运用掌握需求，更将大学生的生活实际或关注的社会现象以道德微电影“艺术化”的形式呈现，生动地成为链接理论教学与学生日常行为思考与行动的有效桥梁。

（2）道德微电影实践活动是检验教学目的达成与否的重要手段。由“基础”课的教学内容可知，所有教学手段不是为了单一地向学生传授思想、政治、道德、法学上的基本知识内容，而是以思想政治理论内容为载体，去指导学生如何做思想丰富的人、生活中有道德的人、政治上正确的人、法律上合法的人。这是“基础”课程教学的核心要义，也是我们思想政治理论课教师尽己所能要达成的教育教学目标。然而目标的达成与否是要以社会实践来评价和考验的。因此，校园内的思想政治理论课学习应紧密与学生的校内生活实际和校外社会实践相结合。以拍摄道德微电影为载体的实践教学活动正是体现学生将课堂所学、课堂所思运用到日常生活中去分析问题、解决问题的重要手段。

（3）道德微电影是学生以角色扮演方式体验生活、获取深刻认知的重要途径。课程教学是为了实现教学目的。以道德微电影拍摄为载体的实践活动将原本自发的扮演转变为经过创作之后的自觉扮演，让学生在真实生活的基础上创造，并进一步通过学生自己来演绎，不仅符合当前大学生利用电子产品来学习的需求，而且避免了外在的说教。在围绕主题进行资料收集、剧本创作、拍摄、成果展示、分享交流的实践过程中，无论学生在道德微电影里担任的是演员还是策划、参与、制作微电影的工作人员，无一例外地都一直占据实践教学活动的主体位置，充分发挥了学生的学习主动性、创造性、参与性。同时，以拍摄道德微电影为载体的实践教学活动是对理论与实践相结合的辩证关系规律的有效遵循。学生拍摄道德微电影的过程就是学生将课堂所学理论运用于发现问题、分析问题和解决问题的实际生活中，通过对演员、导演、其他工作人员等不同角色的体验，学生能从不同角度获取到将课堂上的理性认知和实际生活中的感性认知相结合的深刻认识，有助于将理性知识、感性知识内化，将思考转化为行动，从而在轻松愉悦的体验式学习环境中实现将理论与实践有机融合的教学目的。

2. 道德微电影的可行性分析

（1）借助影像，以网络为平台发布。当代高职院校的学生大都是“90后”和“00后”，是伴随网络成长起来的一代，对网络有很强的依赖性，学生的思维正处于由形象思维向抽象思维过渡的时期，直观形象思维能力较强。道德教育教师可以根据教学内容适时地创设情节，有意识地把繁杂的知识变得具体直观，同时以形成道德为主线，把零碎的德育知识串联起来，通过直观影像的再现，使抽象的知识具体化、形象化，有助于学生产生感性认识的共鸣，并促进理性认识的发展。

（2）短片制作和教学利于学生专业实践能力的培养。一方面，道德微电影微时长、低成本、短周期的制作特点，利于配合课堂教学，在以往短片制作的基础上进一步放宽界限，把丰富灵活的拍摄、剪辑模式引入教学。这意味着教师可以充分尝试道德微电影剧本征集、道德微电影拍摄比赛等丰富多元的教学活动，提高教学质量，丰富教学内容。另一方面，传统影视短片教学由于传播平台的限制，基本难以进入市场流通，而道德微电影的跨平台传播彻底改变了这种现象，一些制作精良、创意新颖的作品上传至网络后可以迅速获得大众关注，这不仅能够提升学生的学习热情，还能为学生从事相关职业工作打下良好基础。

（3）主题明确，内容贴近生活。道德微电影教学是一种与创新教育相适应的教学模式。这种教学模式可以通过教师明确主题任务，创设与教材内容相符合的教学情境，以生动的情节演绎，激发学生的学习情趣和求知欲望。道德微电影在内容编排上，紧密贴合道德的基本规范，反映工作环境、人际关系。学生观赏道德微电影时，会主动接受视频中的信息，引起情感上的共鸣，有所感悟，使外在的道德要求与学生内部的思想、情感发生相互作用，内化为学生的需要和行为动机。这样道德教育才真正走进学生的内心世界，实现精神构建。

（4）教、学、做一体，学生综合能力得到提升。道德微电影作为道德教学手段，从学生的认知心理出发，用图、文、声并茂的三维方式呈现教学内容，激发学生的情感和想象力。在道德微电影制作过程中，以学生为主体，教师对其加以引导。在选材、剧本编辑、视频拍摄、剪辑等方面都是由学生全程参与，这就需要学生花时间收集资料、整合素材、研究讨论等。整个道德微电影的编制过程，就是学生学习的过程，学生在深化了道德认知的同时，也锻炼了逻辑思维能力、创新能力、团结协作能力、语言表达能力、表演能力，学生的综合能力得到全面提升。

二、道德微电影的制作原则

道德微电影作为道德教育的载体，把影视和网络平台以及其他社会、行业、职场资源真正对接，让师生的创意和能力凝聚成具体的影像作品，吸引广大师生。这既强化了师生的动手意识和对道德素质的把握能力，也避免了道德教育课堂教学的僵化呆板。为了更好地为道德教育服务，制作道德微电影必须遵循以下原则：

（一）思想性原则

微电影作为一种传播手段，以其制作门槛低、监管力度小，被广大民众接受，作品层出不穷，但反映主流价值观的作品不多，很多微电影在制作过程中过于渲染功利主义、极端个人主义、拜金主义，还有一些微电影作品为了追求“眼球”效应，传递负面道德观，使得学生在观看后容易受到不良影响，对世界观、人生观、价值观尚未成熟的学生有很大的危害，有可能形成错误的“三观”，给道德教育工作也带来了很大的冲击。因此，道德微电影作为高职院校道德教育的创新方式，在制作过程中要遵循思想性原则，寻找好道德教育和微电影的契合点，把社会主义核心价值观、道德基本规范变得感性化、具象化、故事化，促进高职学生道德习惯的养成。

（二）情感性原则

一部好的道德微电影，作为道德教育的创新方式，无论是以校园生活还是职场生活为素材，最终的目的都是要学生了解道德的基本规范，为学生素养的形成服务。道德微电影的制作要遵循情感性原则，有限的镜头需要靠情感来渲染，塑造的形象及感染力是情节持续发展的关键要素。故事化的情节发展、跌宕起伏的感情脉络铺设，都要以情动人，符合受教育者的意愿，以此来引发受教育者进行情感体验，使受教育者在一种轻松愉悦的氛围中接受道德微电影的诉求，在精神上和情感上获得满足。

（三）倡导性原则

道德教育在开展的过程中围绕着既定主题来编写故事，创作者很自然地会将叙事的重心置于其宣传的道德行为本身的价值上，这也就决定了道德教育在实施上，难以完全摆脱“说教”的意味。但是这并不意味着“说教”的实现就一定要采用“说教”的方式，道德教育以微电影为载体，就是方式上的一种创新。利用微电影直观、形象、声情并茂的特点进行传播，教师向学生传授的是一种行为准则，教师和学生双方是平等地开展交流。道德微电影在制作的过程中有明确的主题，应以倡导方式进行，把道德标准隐形于情节之中，潜移默化地对学生良善道德的确立施加影响，指引学生向着有利于社会需求和社会利益的方向健康发展。

（四）创意性原则

现代社会可以说是新媒体社会，个人电脑、智能手机、平板电脑等一个个“小屏”分割着我们的视觉和注意力，使我们处于注意力稀缺的时代。高职院校以道德微电影为载体进行道德教育，道德微电影的创作要遵循创意性原则。从受教育者的关注点切入，将关爱他人、诚信友善、道德规范等主题融入生动感人的故事和镜头之中，同时不露声色地将道德基本规范融入其中，让观众深受感染，这是道德微电影创意的根本所在。创作人在拍摄前需要对道德主题有深刻而到位的认识，对学生的接受心理有比较准确的把握，选取合适的题材，艺术化地展开情节，巧妙、合理布局情节进展，提炼出创意点，通过创意的裂变来引导学生用数字影像的形式反映内容。

（五）精炼性原则

从时间和精力投入方面来看，学生在自己能力范围内只能搞一些“微”创作，没有能力和精力，也没有必要搞一些“大”创作。从创作题材选择方面来看，学生选择那些典型的、简短的“小”故事作为题材既是道德微电影的“微”的要求，也是精练性的要求。从剧情特点方面来看，简短的故事虽然小，但能说明大道理。从道德微电影的课堂欣赏方面来看，微电影的短而精、少而优更符合学生情趣跳跃的欣赏心理需求。从道德微电影的创作与课堂衔接方面来看，道德微电影在课堂上播放，时间可控，不会冲淡课程主体。道德微电影要突出思想性而不必过分强调制作的精美性和经费的大量投入。突出思想性首先强调道德微电影必须与德育课程精神相契合，也就是遵从教学大纲；其次是道德微电影要通过一个个生活化的、简短的故事，并通过其特定的情节和矛盾冲突反映出人们公认的道德理性；最后是这种思想性体现在现实社会每个人的具体生活中。因此，道德微电影绝不是“高、大、上”的形式。

三、道德微电影的实施步骤

（一）结合课程教学内容和学生实际，挖掘微电影主题

“基础”课以思想修养、道德修养、法律修养为核心主题。各主题之下，思想道德部分可以加以细化，理想信念、爱国、人生价值为思想修养范畴，社会公德、家庭美德、职业道德为道德修养范畴。根据这些基本内容，聚焦学生对大学生活、社会现象的思考实际，可以挖掘出丰富的道德微电影主题。我们发现，在以往的道德微电影实践活动中，虽然在制订实践活动方案时确定了道德微电影的主题方向，即以道德为主题，但是学生呈现出来的成果大大地拓展了主题，充分发挥了发现问题、分析问题、解决问题过程中的主体性思考功能。

选择道德微电影的主题要从两个方面分析：一是要保证道德微电影内容的教育性和明确性，即微电影内容必须为学生服务，具有一定的启发性和教育性，学习者在学习过程中能受到一定的感染与熏陶，系统完整地学习相关知识内容。二是道德微电影主题要精彩、

丰富。在实际教学过程中，道德微电影的内容与教学内容是密切相关的，微电影的内容以教学内容为基础展开，在制作微电影时，增加片头、片尾以及特效效果会特别好，并且可以用字幕提示、字体放大、音效增强以及播放慢动作等将重要的知识点呈现出来，这样的应用效果会比直接呈现内容好很多。

（二）对授课班级学生进行分组，指导完成角色任务分工

在课堂教学过程中，教师在交代课程内容、教学方式、微电影教学的任务与要求后，可充分地运用分组分享教学法，课堂上的学习小组自然成为完成道德微电影实践活动的小组单位。教师可以将课堂教学过程中的考核与实践活动过程中的考核进行有效对接。

（三）小组独立完成选题、编写剧本，指导教师审核

道德微电影拍摄主题的选择需要依据课程教学理念，符合教学规律，体现教育目的和意义。学期初始，任课教师依据学科、教材、教学计划要求对教学内容进行划分，对教学主题和重要知识点进行归类整理，选取其中实践性强、能够引发学生思考和分析的理论知识作为主题，主题的选择要鲜明地体现知识点，并且有利于内容的扩展和吸收①。例如，“基础”课坚定理想信念部分，理想信念教育是引导大学生健康成长、成就事业的精神支柱和前进动力，如何才能让大学生亲身感受和体会理想信念对自身的重要性是难点。因此，理想的美好与现实的残酷、现实中的挫折与困惑、理想的缺失对大学生的影响等就可以作为微电影拍摄的主题。值得注意的是，在这个过程中，考虑到学生编写剧本的能力问题，笔者认为学生可以借鉴网络资源，但绝不能侵权，要有独立性、创新性。指导教师可以与学生互动，把握好学生创作的剧本的“思想关”和“价值取向关”，做好审核把关的工作。在拍摄过程中，教师可以随时参与其中。

（四）自主完成微视频拍摄

道德微电影拍摄要求小组成员自编、自导、自拍、自演、自制，不仅是能力的考验，更是展示才华和提升综合能力的机会。准确地表达感想和更好地体现主题对学生的创作能力和表达能力提出了更高的要求。自己导演，需要从整体入手，把握全局，决定呈现形式、拍摄视角、角色分配及扮演等。自己拍摄和制作是一个全新的尝试，一部作品的完成考验的是学生的技术水平、审美能力、表演技巧、表达能力等。学生完成此项任务，需要认真学习并掌握视频拍摄的技术，以达到视频整体清晰、流畅的效果。

---

① 张夏青. 高校思修课信息化教学模式的探索和运用：以原创微视频教学为例［J］. 广西青年干部学院学报，2019（1）：69-71.

（五）小组通力合作，完成后期制作

在制作过程中，最难的是完成后期制作。当我们通过各种途径获取了想要的视频资源后还需要进行精心的加工处理才能在道德微电影中运用，通常的操作就是对视频文件进行剪辑、合并、添加文字或效果、转换格式等。经过这些处理，作品才能成为我们在课堂上用的道德微电影。通过整理与分析，常用的视频编辑、播放软件有“Adobe Premiere”“Movie Maker”“Ulead Media Studio Pro”“Ulead Video Studio”等。在完成道德微电影的剪辑处理后，为保证道德微电影的质量，我们还要进行最后的处理，比如视频画面要清楚，不抖动、不斜视，视频格式尽量采用最常用的格式；录制的音频除了要求是普通话外，还要求音质清晰；等等。作为课堂教学播放的道德微电影，每个微电影的时间最好控制在5~8分钟，并且尽量在形式、内容、技术方面有所创新。道德微电影从效果上要注意细节的调整，比如字体大小、颜色对比、整体布局等。总而言之，后期制作对道德微电影和教学资源的质量起着重要的作用。

（六）成果展示分享，交流心得体会，教师点评

当课堂教学进行到最后一次课时，既是作品的展示，又是对完成实践活动的心得体会的交流。各小组代表进行总结发言，教师和其他学生都可以对某个小组的成果进行提问和点评，由小组成员回答问题。提问与回答是一个循环渐进的过程，直到疑问解决，或者留下思考的空间供课外继续探讨①。在分享交流过程中，一方面，教师要让学生去感悟团结合作、坚持、努力的重要性；另一方面，教师要注重对微电影成果中出现的主题、存在的问题、有待进一步完善的地方进行有针对性的点评。

（七）教师课堂总结提升

经过各个小组研讨之后，教师将优秀道德微电影放于课程网站上供大范围分享，同时在课堂讲授时将道德微电影和学生体会作为教学案例的一部分，进行理论阐述和升华。学生由于有“演”的切身体验，因此与课程很贴近，对“知行统一”有很大的促进作用。

四、道德微电影的实施保障

（一）教学理念的保障——培育复合型人才

思想道德修养与法律基础课除了承担学生思想政治教育的主渠道和主阵地作用，还体

① 张红星. 高职院校思政课“互联网+微电影”教学模式探究：以《思想道德修养与法律基础》课为例［J］. 内蒙古电大学刊，2018（4）：69-72.

现出通识教育的核心课程功能。因此，教学理念需要不断与时俱进，将课程视为传承文化、矫正行为、塑造人格的重要载体，将课程目标定位于复合型人才培养的高度。只有具有这样的教学理念，才能顺利实施道德微电影教学法。

（二）教学模式的保障——“三三制”教学模式

开展道德微电影教学法必须以相应的教学模式为依托①。思想道德修养与法律基础课的教学，分课堂教学、研讨教学、自主学习三大块内容可以实行“三三制”教学模式，开展多层次教学。

（1）将 1/3 的教学时间用于课堂教学，实行大班理论授课。在教学内容方面，教师必须根据教学大纲和教材调整教学内容，充实案例，注重教学效果。

（2）将 1/3 的教学时间用于能力训练，实施小班研讨。每个大班分 3~4 个小班，每个小班安排两次研讨，采用道德微电影课堂辩论、情理法论坛、课堂实训等多种形式来演绎大学生关注的道德问题、心理问题等主题。实施小班研讨需要加强课堂讨论和交流环节，以提高学生的辩证思维能力、语言表达能力以及分析问题的能力。

（3）将 1/3 教学时间用于自主学习能力培养，实行课外小组自主学习。自主学习不但是学生对课程（教材、参考资料）的系统学习，也是小班研讨课的准备工作，由教师监控并随堂指导或远程指导。

（三）教学内容的保障——专题式教学

专题式教学更具有针对性，以“三三制”教学模式为依托的道德微电影情景体验式教学，必须将教材内容进行调整，按主题编排教学专题，妥善安排教学时间。

五、道德微电影的评价标准与方法

教师针对所有作品分别从内容主题、创意性、技术效果、整体效果、剧本和讲解六个方面进行评价。具体评价标准如下：

（一）内容主题

道德微电影的内容主题应是思想健康、积极向上，具有青春的气息，能够较好地反映大学生的精神面貌以及拍摄水平的主题。道德微电影的内容主题应有一定的思想深度，不得含有色情、暴力、低俗因素，不能与中华人民共和国法律相抵触。内容主题具体要求如下：

---

① 孙叶飞. 微电影教学法在思政理论课中的应用：以思想道德修养与法律基础课为例 [J]. 浙江万里学院学报，2013（4）：98-102.

（1）内容健康积极，价值观导向良好。
（2）展现当代大学生风貌，体现时代精神。
（3）主题鲜明，具有一定的思想性、逻辑性，有较强的表现力、感染力。

（二）创意性

所有作品必须为制作者原创（注：仅增加简单配音、配乐不属于原创），具有著作权并承担相应的法律责任。主题内容、拍摄剪辑或故事情节不拘一格，匠心独运。

（三）技术效果

（1）画面流畅自然，构图富有美感。
（2）镜头运用合理，衔接顺畅，剪辑精炼，字幕清晰。
（3）声音不嘈杂混乱，配乐合理，能够渲染主题。

（四）整体效果

整部影片风格统一，紧扣主题，给人耳目一新与别具一格的视听享受。

（五）剧本

剧本内容与道德微电影内容一致，逻辑清晰，能够用文字表达一连串的画面，主要包括剧中人物的对话、独白、旁白和舞台指示。

（六）讲解

道德微电影的负责人对制作的微电影进行简单的介绍和讲解，要求语言流畅，简明扼要。

六、道德微电影的教学效果

（一）课堂效果

道德微电影大大提高了课堂教学效果。道德微电影赋予德育课人文气息，使课堂教学内容充实、生动，从而满足德育课的内在要求。道德微电影就是让大学生将自己在具体的社会生活中观察到的、体验到的道德现象，以典型的、概括的短剧形式和银幕形式加以再现。在课堂上播放学生自己饰演并剪辑制作的道德微电影将会极大地激发学生的兴趣，调动学生对人生的真实感悟，从而实现对大学生进行思想政治教育的目的。

教师在指导、参与、欣赏和评判道德微电影过程中自觉不自觉地融入情节中，容易与学生打成一片。师生交流不是直接发生在某一理论层面，而是体现在道德微电影的具体故事中，这种交流大大促进了师生感情。学生自主创作的道德微电影也丰富了教师的教学资料。教师通过不断调整自我知识、能力结构和角色定位，可以适应新的教学结构。

（二）教育效果

道德微电影的自主创作过程也是自我道德教育的过程。道德微电影的创作是学生具体道德行为的模拟、评判与塑造过程①。将每个人拥有的模仿和表演欲望激发出来，并加以正确的引导和指导既符合潜在的人性规律，又能在指导中加以矫正。大学生自己饰演并剪辑制作的道德微电影也是他们道德角色的模拟、复归与升华。他们在角色中体会道德高尚与缺失，进而自我克服不文明习惯，最终提高道德认知、理念矫正、品格升华、价值巩固能力。

道德微电影的自主创作过程也是大学生综合能力提升的过程。道德微电影的自主创作过程提高了学生的组织策划、主体性认知等综合能力。虽然道德微电影与电视中播放的成品视频在录制质量上并不存在可比性，但是它们却是学生自己观察、选题、策划、表演、录制、剪辑、合成的作品，学生在创作中会潜移默化地提升组织策划、角色分配、整体合作、人际交往、语言表达、创新与实践等各方面的能力。

（三）教学效果拓展

1. 道德微电影可以为团委组织的文艺汇演服务

道德微电影不仅可以成为大学生课后的谈资，还可以为团委组织的各类文艺汇演服务。部分优秀的道德微电影作品可以转化为道德小品短剧，并为各种文艺汇演提供节目资源。

2. 道德微电影作品成为道德理念良性辐射的媒介

当学生把这些道德微电影给他们的亲人、朋友等阅览时，不仅会继续固化他们自身的道德理念、政治理念，而且还会形成“跟从”效应，最终形成社会的辐射教育效果。部分道德微电影被上传到网络上，产生了广泛的社会影响，传播了正能量。

七、深化实施道德微电影教学法的思考

（一）思考一

通过一段时间的尝试，道德微电影教学法已取得了阶段性成果，得到了学生的普遍认可，获得了许多同行的好评。但是，一些问题也随之出现，如刚入校的新生对教学方式需

---

① 吕丽莉. 大学生“微电影”在高校思想政治理论课中的应用研究［J］. 学校党建与思想教育，2018（14）：24-26.

要有一定的适应期，学生检索资料能力较弱，拍摄微电影花费的时间和精力较多，学生使用相关软件进行后期剪辑的能力不高，存在个别学生“搭便车”现象……这些都给道德微电影教学方法的改进留下了很大的空间。

1. 充分重视教师为主导、学生为主体的教学地位

教师作为“合作研究性学习”的组织者、引导者和评价者，在教学过程中起着很重要的主导作用。对于学生的课外研讨活动，教师一方面要激发学生的学习和探索热情，放手让学生去尝试，不能越俎代庖而直接干预小组活动，要尊重学生的学习主体地位；另一方面又不能完全放任不管，需要进行过程管控和技术指导。

2. 充分重视微电影拍摄主题与教学内容的紧密结合

虽然学生喜欢微电影，但并不是所有的教学内容都适合拍摄道德微电影。微电影的拍摄只是情景体验和研讨方式的一种，不是全能的。因此，教师对学生道德微电影拍摄主题要认真把关，避免研究性学习活动流于娱乐化形式。

3. 加强教学效果的考核与评估

由于学生个体间存在差异，能力、兴趣、对事物的理解等不尽相同，甚至学习热情也有高低之分，因此采用拍摄道德微电影方式的合作研讨学习活动的评价体系需要多元化和细化，不能简单地以小组最后成果“一刀切”地给每位组员做相同的评价。

（二）思考二

1. 关注学生的学习体验

学生是学习的主体，是学习的主人，教师不论采取何种教学方法都是为了学生的学习，教师在运用道德微电影时要关注学生的学习体验。课堂教学运用道德微电影是为教学内容服务的，道德微电影是为了解决某一个知识点而呈现的。教师要掌握好道德微电影内容的难易，对于比较困难的知识点在视频播放结束后有必要进行一定的讲解。不是所有的内容都适合用道德微电影来呈现，对于那些简单易学的知识学生完全可以通过先自学之后教师稍加点拨来获得，因此简单的知识是不需要用道德微电影辅助的，这样反而浪费了时间。另外，教师要综合考虑学生的学习节奏，切忌揠苗助长，得不偿失。道德微电影结束后师生要有交流总结，并提出一定的问题，不能看完就结束，避免让学生产生一种内容不重要的感觉，学生所学的知识也得不到深化。

2. 教师应善于指导

现代学生观认为，学生是发展中的人，是具有独立意义的人，教师应该成为学生学习的指导者、帮助者[①]。现在的课堂学习强调学生自主、合作、探究式的学习方式，教师必须摒弃照本宣科式的教学方法。在使用道德微电影时，教师一定要避免出现讲授过多的现

---

① 王超. 微视频资源在初中道德与法治课教学中的运用［D］. 济南：山东师范大学，2018.

象，要把课堂交给学生。在观看道德微电影之前，教师应先将问题抛给学生或者让学生自己去寻找问题，带着问题去观看、去思考，培养学生独立思考的能力和观察记忆的能力。道德微电影观看结束后，教师留给学生独立思考或者合作讨论的时间，在这一过程中锻炼学生的人际交往能力和口头表达能力。教师指导的结果就是学生不仅掌握了所学知识，而且在学习知识的过程中能够锻炼发现问题、解决问题的能力，这就完成了知识的传授和能力的培养。需要注意的是，一些道德微电影是非常具有教育意义的，这时候教师就要帮助学生挖掘道德微电影背后的深刻含义，让学生体会到道德微电影传达的精神，培养学生正确的价值观，从而发挥出道德微电影最大的效用。

3. 考虑学科特点

情感影响人的行为，行为改变人一生，因此教师在讲授课程时必须要考虑到对学生情感的影响。都说好的开端是成功的一半，一堂好课，导入是非常重要的。为了使学生能快速地进入学习情境，在用道德微电影作为导入时教师必须要让学生感兴趣，并且要让学生带着问题去观看道德微电影，不能播放完就结束了。

全媒体时代背景下，微电影作为一个传播速度快、制作周期短、时效性强的传播媒介，无形当中有意或无意地影响着人们的生活和行为，在传播正能量、树立正确的观念上，起到了很大的作用，也为道德建设做出了很大的贡献。

从表面上看，微电影和道德观之间似乎没有什么关系，可是在社会生活中，伦理道德、传统道德是无处不在的。微电影凭借短小精干的特点无疑比电影更具广泛的表现力。电影作为正统的艺术在展现社会道德方面还有局限性，存在着某些盲区，微电影与之相比显然更具优势。

教育工作者应善用微电影的方式唤醒人性，让人性和道德回归自然，让中华传统道德之光薪火相传，使全社会道德高地的根基越发厚实。

本章附录：道德微电影剧本

勿蹉跎

高考落榜的小林与妈妈吵了一架，在离家出走的时候遇见了“平行时空”中颓废的自己，看见自己即将发生的事情后，幡然醒悟，认真学习，最后成长为一名优秀的工程设计师，肩负了青年对国家的一份担当。

1. 第一幕

夜幕降临，高考落榜的小林在房间里一边听着歌，一边画着画，到了吃饭的时间，小林的妈妈去叫儿子吃饭，却发现儿子在画画，一番谈话后两人就吵起来了……

妈妈：儿子，出来吃饭了，怎么还不出来吃饭？吃饭了，这么久了怎么还不出来？

小林：（坐到桌前）妈，我不想去读书了。

妈妈：（拿凳子坐下）不想读书了？什么情况啊，怎么突然不想读书了？

小林：（迟疑）我成绩没有上线，我不想去读书了。

妈妈：不想读书了，那你以后干什么呢？

小林：我想画画啊，我想当画家啊！

妈妈：画画？你高考以前是不是天天都在画画？

小林：我落榜和画画有什么关系？你不要强词夺理好不好？

妈妈：（站起来）强词夺理？你天天在学校不好好读书，是不是天天都在画画，不好好读书，以后有什么前途？画画能赚到钱吗？

小林：钱钱钱，你就知道钱，并不是什么东西都是可以用钱来代替的，再说了，你怎么知道我画的画就不值钱呢？

妈妈：（平复了一下心情）儿子啊，你好好读书吧，不要想这些没用的东西，好不好？

小林：画画怎么就没用了？（站起来）你不要管我了！

妈妈：我不管你，我让你画，我让你画（抢过画纸撕了起来）！

小林：（把书推倒）全部给你，不要管我（冲出门，大力关上门）！

妈妈：唉（看了一眼门口，默默把书本捡起来放到书桌上，收拾起来）！

旁白：小林气愤地破门而出，母亲的这一声叹息又包含了多少无奈。

2. 第二幕

跑出去的小林累了停下来，一抬头就看到了一个戴着帽子的人（一个颓废的小林拿着画），两人双目对视，小林在对方的眼睛里看到了即将会发生在自己身上的事。

小林：（看着对方）你是谁，为什么跟我长得那么像？

颓废的小林：（看着对方）……

3. 第三幕

那个“小林”也曾跟妈妈吵架后离开了家，而且抱着一腔热血拿着画到处碰壁，最后放纵自己，整天醉酒。

小林拿着画进入了一个又一个画廊、公司，到处碰壁，小林浑浑噩噩地从最后一个公司出来，脑海里想的都是那位老板说的话。

老板走在前面（助理 1 讲着日程安排），小林走过来。

小林：老板您好，我是小林，这是我的画（微笑）。

助理 2：不好意思，我们老板很忙，请让一下（用手挡住小林，老板继续走）！

小林：老板，不会打扰您太多时间的，请给我 1 分钟，1 分钟就好，肯定会让您满意的（再跟上去）。

助理 1：老板，9 点到 10 点我们还有一个会议。

老板：（停下）算了算了，给你几分钟吧，反正也不差这几分钟。

进入办公室，小林恭敬地把画递给老板。

老板：年轻人，你这个设计很普通啊，看你的样子还是学生吧？回去再看看书吧，设计不是你想象得那么简单的，设计是创造，要创造就需要灵感，这灵感不是天生的，而是来自长期的积累。我若是用了你这个图怕是不会有人来找我合作的，不和你耽误时间了，我还有事（淡然一笑，看了看手表）。

老板离开后，小林看了一下自己的画后也离开了。

小林：（喝酒）我就想当个画家，为什么这样都不行啊？（丢酒瓶）是不是不想让我活了？（冷笑）这日子怎么过啊！

4. 第四幕

两个“小林”对视后擦肩而过，小林回头看了一眼。

旁白：两个“小林”的碰面，似乎让小林明白了这一切，小林开始努力学习，一天、一天、又一天……

5. 第五幕

突然醒悟的小林从此努力学习，在努力学习的同时也认真画画，最终成为一名优秀的工程设计师，为祖国的建设贡献了一份力量。

旁白：一段说不完的故事，一首播不完的旋律，一段被蹉跎的岁月，谨以此片告诫那些迷茫的花季少年，岁月如歌，请勿蹉跎。

第二章　模拟法庭

一、模拟法庭简介

（一）模拟法庭的概念

模拟法庭是指在教师的指导下，由不同的学生扮演法官、检察官、当事人、诉讼代理人以及其他诉讼参与人等不同的诉讼角色，在模拟法官的主持下，由模拟法官按照严格的法定程序在虚拟法庭对真实或虚拟的案件进行模拟审判的一种教学活动①。

模拟法庭是法律实践性教学的重要方式之一，是通过案情分析、角色划分、法律文书准备、预演、正式开庭等环节模拟刑事、民事、行政审判的过程。

学生在教师的指导下，通过选择典型案例，模拟担当法官、公诉人、原告、被告、代理人、证人、书记员等各种角色，参与案件的审理与裁判，从而了解庭审程序，掌握法律文书的写作技巧。

（二）模拟法庭的分类

根据诉讼程序类型的不同模拟，法庭主要包括民事诉讼模拟法庭、刑事诉讼模拟法庭、行政诉讼模拟法庭。

民事诉讼模拟法庭指的是由学生扮演审判长、审判员、人民陪审员（组成合议庭），原告及其诉讼代理人，被告及其诉讼代理人，证人、鉴定人等诉讼参与人，书记员、法警等司法工作人员，按照《中华人民共和国刑事诉讼法》规定的程序，模拟公民之间、法人之间、其他组织之间以及它们相互之间因财产关系和人身关系提起的民事诉讼案件的庭审过程。庭审过程主要包括民事一审普通程序、简易程序、第二审程序等。

刑事诉讼模拟法庭指的是由学生扮演审判长、审判员、人民陪审员（组成合议庭），公诉人、被害人、委托代理人、刑事附带民事诉讼的诉讼代理人，被告及其辩护人，证人、鉴定人、勘验人、翻译人员等诉讼参与人，书记员、法警等司法工作人员，按照《中

① 刘晓霞. 模拟法庭［M］. 北京：科学出版社，2013：1.

华人民共和国刑事诉讼法》规定的程序，模拟公诉人、被害人、犯罪嫌疑人等主体之间因被告侵犯公民的人身权利、财产权利、民主权利和其他权利，侵犯国家及社会公共利益，扰乱社会公共秩序等行为而触犯《中华人民共和国刑法》，涉嫌构成刑事犯罪的刑事诉讼案件的庭审过程。庭审过程主要包括刑事第一审程序、简易程序、第二审程序等。

行政诉讼模拟法庭指的是由学生扮演审判长、审判员、陪审员（组成合议庭），原告及其诉讼代理人，被告及其诉讼代理人，证人、鉴定人、翻译人员、勘验人员等诉讼参与人，书记员、法警等司法工作人员，按照《中华人民共和国行政诉讼法》规定的程序，模拟因公民、法人或者其他组织认为行政机关和行政机关工作人员的行政行为侵犯其合法权益，向人民法院提起诉讼的庭审过程。庭审过程主要包括行政第一审普通程序、简易程序、第二审程序等。

二、模拟法庭的组成

（一）法院与检察院

1. 法院

人民法院是中华人民共和国的审判机关。我国设立最高人民法院、地方各级人民法院和军事法院等专门人民法院。专门人民法院包括军事法院和海事法院、知识产权法院、金融法院等。2014 年 8 月 31 日，我国在北京、上海、广州分别设立了知识产权法院。人民法院依照法律规定代表国家独立行使审判权，不会受任何行政机关、社会团体和个人干涉。

2. 检察院

人民检察院是中华人民共和国的法律监督机关。我国设立最高人民检察院、地方各级人民检察院和军事检察院等专门人民检察院。专门人民检察院主要包括各级军事检察院、铁路运输检察院和水上运输检察院等。

根据《中华人民共和国人民检察院组织法》第二十条的规定，人民检察院行使下列职权：

（1）依照法律规定对有关刑事案件行使侦查权。

（2）对刑事案件进行审查，批准或者决定是否逮捕犯罪嫌疑人。

（3）对刑事案件进行审查，决定是否提起公诉，对决定提起公诉的案件支持公诉。

（4）依照法律规定提起公益诉讼。

（5）对诉讼活动实行法律监督。

（6）对判决、裁定等生效法律文书的执行工作实行法律监督。

（7）对监狱、看守所的执法活动实行法律监督。

（8）法律规定的其他职权。

人民检察院通过行使国家检察权来完成自己的任务。人民检察院对于危害国家安全案、危害公共安全案、侵犯公民人身权利和民主权利案以及其他重大犯罪案件，行使检察权；对于公安机关侦查的案件进行审查，决定是否逮捕、起诉或者不起诉；对于刑事案件提起公诉、支持公诉；对于公安机关、人民法院和监狱、看守所、劳动改造机关的活动是否合法，实行监督。

（二）级别管辖

学生在准备庭审过程之前，要先了解我国法院的级别管辖问题，清楚其选择的案件一审由哪一级别的法院来负责管辖。例如，如果学生选择的案件是一起故意杀人案，被告有可能被判处无期徒刑、死刑，该案件的一审由中级人民法院来负责审理，基层人民法院对该案件没有管辖权。

1. 最高人民法院一审案件

根据《中华人民共和国民事诉讼法》（以下简称《民事诉讼法》）第二十条的规定，最高人民法院管辖下列第一审民事案件：第一，在全国有重大影响的案件；第二，认为应当由本院审理的案件。

根据《中华人民共和国刑事诉讼法》（以下简称《刑事诉讼法》）第二十三条的规定，最高人民法院管辖的第一审刑事案件，是全国性的重大刑事案件。

根据《中华人民共和国行政诉讼法》（以下简称《行政诉讼法》）第十七条的规定，最高人民法院管辖全国范围内重大、复杂的第一审行政案件。

2. 高级人民法院一审案件

根据《民事诉讼法》第十九条的规定，高级人民法院管辖在本辖区有重大影响的第一审民事案件。

根据《刑事诉讼法》第二十二条的规定，高级人民法院管辖的第一审刑事案件，是全省（自治区、直辖市）性的重大刑事案件。

根据《行政诉讼法》第十六条的规定，高级人民法院管辖本辖区内重大、复杂的第一审行政案件。

3. 中级人民法院一审案件

根据《民事诉讼法》第十八条的规定，中级人民法院管辖下列第一审民事案件：第一，重大涉外案件；第二，在本辖区有重大影响的案件；第三，最高人民法院确定由中级人民法院管辖的案件。

根据《刑事诉讼法》第二十一条的规定，中级人民法院管辖下列第一审刑事案件：第一，危害国家安全、恐怖活动案件；第二，可能判处无期徒刑、死刑的案件。

根据《行政诉讼法》第十五条的规定，中级人民法院管辖下列第一审行政案件：第一，对国务院部门或者县级以上地方人民政府所做的行政行为提起诉讼的案件；第二，海关处理的案件；第三，本辖区内重大、复杂的案件；第四，其他法律规定由中级人民法院管辖的案件。

4. 基层人民法院一审案件

根据《民事诉讼法》第十七条的规定，基层人民法院管辖第一审民事案件，但《民事诉讼法》另有规定的除外。

根据《刑事诉讼法》第二十条的规定，基层人民法院管辖第一审普通刑事案件，但是依照《刑事诉讼法》由上级人民法院管辖的除外。

根据《行政诉讼法》第十四条的规定，基层人民法院管辖第一审行政案件。

（三）法院合议庭的组成

1. 一审普通程序合议庭的组成

根据《民事诉讼法》第三十九条的规定，人民法院审理第一审民事案件，由审判员、陪审员共同组成合议庭或者由审判员组成合议庭。合议庭的成员人数，必须是单数。

根据《刑事诉讼法》第一百八十三条的规定，基层人民法院、中级人民法院审判第一审案件，应当由审判员三人或者由审判员和人民陪审员共三人或者七人组成合议庭进行。高级人民法院审判第一审案件，应当由审判员三人至七人或者由审判员和人民陪审员共三人或者七人组成合议庭进行。最高人民法院审判第一审案件，应当由审判员三人至七人组成合议庭进行。

根据《行政诉讼法》第六十八条的规定，人民法院审理行政案件，由审判员组成合议庭，或者由审判员、陪审员组成合议庭。合议庭的成员，应当是三人以上的单数。

2. 简易程序的审判人员

根据《民事诉讼法》第三十九条的规定，适用简易程序审理的民事案件，由审判员一人独任审理。

根据《刑事诉讼法》第一百八十三条的规定，基层人民法院适用简易程序、速裁程序的案件可以由审判员一人独任审判。根据《民事诉讼法》第二百一十六条的规定，适用简易程序审理案件，对可能判处三年有期徒刑以下刑罚的，可以组成合议庭进行审判，也可以由审判员一人独任审判；对可能判处的有期徒刑超过三年的，应当组成合议庭进行审判。

根据《行政诉讼法》第八十三条的规定，适用简易程序审理的行政案件，由审判员一人独任审理，并应当在立案之日起 45 日内审结。

3. 二审程序合议庭的组成

根据《民事诉讼法》第四十条的规定，人民法院审理第二审民事案件，由审判员组成合议庭。合议庭的成员人数，必须是单数。

根据《刑事诉讼法》第二百三十四条的规定，第二审人民法院对于下列案件，应当组成合议庭，开庭审理：第一，被告人、自诉人及其法定代理人对第一审认定的事实、证据提出异议，可能影响定罪量刑的上诉案件；第二，被告人被判处死刑的上诉案件；第三，人民检察院抗诉的案件；第四，其他应当开庭审理的案件。

根据《行政诉讼法》第八十六条的规定，人民法院对上诉案件，应当组成合议庭，开庭审理，即由审判员组成合议庭，或者由审判员、陪审员组成合议庭。合议庭的成员，应当是三人以上的单数。

（四）当事人、公诉人、诉讼代理人、辩护人以及其他诉讼参与人

1. 民事诉讼的当事人

根据《民事诉讼法》第四十八条的规定，公民、法人和其他组织可以作为民事诉讼的当事人。民事诉讼的当事人主要包括原告与被告。其中，民事诉讼原告是指认为自己的民事权益受到侵犯或与他人发生争议，以自己的名义向人民法院提起诉讼，从而引发诉讼程序的人。原告是与本案有直接利害关系的公民、法人和其他组织，民事诉讼的被告是指被提起诉讼，经人民法院通知应诉的人。根据《民事诉讼法》第五十七条的规定，无诉讼行为能力人由他的监护人作为法定代理人代为诉讼。法定代理人之间互相推诿代理责任的，由人民法院指定其中一人代为诉讼。

2. 刑事诉讼的公诉人与当事人

根据《刑事诉讼法》第三条的规定，检察、批准逮捕、检察机关直接受理的案件的侦查、提起公诉，由人民检察院负责。除法律特别规定的以外，其他任何机关、团体和个人都无权行使这些权力。根据《中华人民共和国检察官法》第七条的规定，检察官的职责包括对刑事案件进行审查逮捕、审查起诉，代表国家进行公诉。由此，刑事案件的公诉人为人民检察院。

根据《刑事诉讼法》第一百零八条的规定，当事人是指被害人、自诉人、犯罪嫌疑人、被告人、附带民事诉讼的原告人和被告人。其中，被告人是指对涉嫌犯罪而受到正式刑事控诉的人。被害人是指刑事案件中其人身、财产及其他权益遭受犯罪行为侵害的人。自诉人是指以自己的名义直接向人民法院提起诉讼，要求追究某人刑事责任的当事人。刑事附带民事诉讼的原告主要指被害人，被害人死亡或者丧失行为能力的，被害人的法定代理人、近亲属有权提起附带民事诉讼。如果是国家财产、集体财产遭受损失的，人民检察院在提起公诉的时候，可以提起附带民事诉讼。

3. 行政诉讼的当事人

行政诉讼的当事人是指因具体行政行为发生争议，以自己的名义到法院涉诉、应诉和参加诉讼，并受法院裁判约束的公民、法人、其他组织以及行政机关。行政诉讼的当事人包括原告与被告，其中原告指的是因具体行政行为发生争议的行政行为的相对人以及其他与行政行为有利害关系的公民、法人或者其他组织。根据《行政诉讼法》第二十六条的规

定，行政诉讼的被告为作出行政行为的行政机关。如果是经复议的案件，复议机关决定维持原行政行为的，作出原行政行为的行政机关和复议机关是共同被告；复议机关改变原行政行为的，复议机关是被告。如果复议机关在法定期限内未作出复议决定，公民、法人或者其他组织起诉原行政行为的，作出原行政行为的行政机关是被告；起诉复议机关不作为的，复议机关是被告。两个以上行政机关作出同一行政行为的，共同作出行政行为的行政机关是共同被告。

4. 诉讼代理人

根据《民事诉讼法》第五十八条及《行政诉讼法》第三十一条的规定，当事人、法定代理人可以委托一至二人作为诉讼代理人。诉讼代理人主要包括：第一，律师、基层法律服务工作者；第二，当事人的近亲属或者工作人员；第三，当事人所在社区、单位以及有关社会团体推荐的公民。

根据《刑事诉讼法》第一百零八条的规定，诉讼代理人是指公诉案件的被害人及其法定代理人或者近亲属、自诉案件的自诉人及其法定代理人委托代为参加诉讼的人和附带民事诉讼的当事人及其法定代理人委托代为参加诉讼的人。

5. 辩护人

刑事诉讼中犯罪嫌疑人、被告聘请的律师被称为辩护人。根据《刑事诉讼法》第三十三条的规定，犯罪嫌疑人、被告人除自己行使辩护权以外，还可以委托一至二人作为辩护人。下列的人可以被委托为辩护人：第一，律师；第二，人民团体或者犯罪嫌疑人、被告人所在单位推荐的人；第三，犯罪嫌疑人、被告人的监护人、亲友。

6. 其他诉讼参与人

其他诉讼参与人主要包括证人、鉴定人、勘验人、翻译人员等。其中，证人是指通过自身直接了解案件情况并接受法庭传唤到庭作证的人。鉴定人是指受司法机关指派或聘请，运用专门知识或技能对案件的专门性问题进行鉴别和判断的人。勘验人是对案件的诉讼标的物和有关证据进行现场勘验、调查，进行取证或固定证据的人员。

三、模拟法庭的内容与形式

（一）民事诉讼一审庭审程序

民事诉讼一审庭审程序主要包括开庭准备、法庭调查、法庭辩论、休庭评议与宣判四个阶段。

1. 开庭准备阶段

根据《民事诉讼法》第一百三十七条的规定，开庭审理前，书记员应当查明当事人和其他诉讼参与人是否到庭，宣布法庭纪律。开庭审理时，由审判长核对当事人，宣布案由，宣布审判人员、书记员名单，告知当事人有关的诉讼权利义务，询问当事人是否提出回避申请。

（1）书记员。

①书记员宣布："请肃静，请双方当事人及诉讼代理人入庭。"

②开庭前，根据《中华人民共和国人民法院法庭规则》第十七条的规定，书记员宣读法庭纪律如下：未经法庭允许不得录音、录像、摄影；除法院因工作需要允许进入审判区的人员外，其他人员一律不准进入审判区；不得鼓掌、喧哗、吵闹以及实施其他妨害审判活动的行为，未经审判长许可，不准发言、提问；旁听人员如对法庭的审判活动有意见，可在休庭或闭庭后，口头或书面向法庭提出；对于违反法庭规则的人，审判人员可以口头警告训诫，也可以没收录音、录像和摄影器材，责令退出；对哄闹、冲击法庭、侮辱、诽谤、殴打审判人员等严重扰乱法庭秩序的人，依法追究刑事责任，情节较轻的予以罚款；关闭随身携带的手机、寻呼机。

③书记员宣布："全体起立，请审判长、合议庭成员入庭。"

（2）审判长。

①核对当事人信息。审判长核对当事人及其诉讼代理人身份。举例如下：

原告李某，女，汉族，1961 年 11 月出生，××单位职工，×省×市×区×街道×号×号楼×室。

被告吴某，女，汉族，1970 年 2 月出生，无业，×省×市×区×街道×号×号楼×室。

审判长："原告李某对被告出庭人员有无异议?"

李某："没有。"

审判长："被告吴某对原告出庭人员有无异议？"

吴某："没有。"

审判长："各方当事人及诉讼代理人经核对无误，符合法律规定，可以参加本案诉讼。"

②宣布开庭。审判长敲击法槌，庄严宣布："××人民法院民事审判庭，依照《中华人民共和国民事诉讼法》第一百三十四条之规定，公开（不公开）审理原告××与被告××（案由）纠纷一案，现在开庭。"

③宣布合议庭组成人员及书记员名单。审判长宣布："依照《中华人民共和国民事诉讼法》第三十九条第一款的规定，本案依法组成合议庭，由审判员××担任审判长，审判员××、××参加合议，适用普通程序进行审理，书记员××担任记录。××师（如会计师、工程师等）接受本院委托担任本案的鉴定人。"

④告知当事人有关的诉讼权利义务。当事人在法庭上享有以下诉讼权利：

第一，申请回避的权利。所谓申请回避，就是当事人认为审理本案的审判员、书记员与本案有利害关系或其他关系，可能影响案件公正审判，有权提出事实理由申请上述人员不参加本案的诉讼活动。举例如下：

审判长："原告李某是否听清?"

李某："听清了。"

审判长："是否申请回避审判员?"

李某："不申请。"

审判长："被告吴某是否听清?"

吴某："听清了。"

审判长："是否申请回避审判员?"

吴某："不申请。"

审判长："继续宣布当事人诉讼权利。"

第二，就案件事实进行陈述和申辩的权利。

第三，提出新证据的权利。

第四，进行辩论和请示法庭给予调解的权利。

第五，原告有放弃、变更、增加诉讼请求的权利，被告有对本诉进行反驳和反诉的权利。

第六，发表最后意见的权利。

在法庭上，当事人除享有以上诉讼权利外，还应承担以下诉讼义务：依法行使诉讼权利的义务；听从法庭指挥，遵守法庭纪律的义务；如实陈述事实的义务。举例如下：

审判长："以上诉讼权利义务，原被告是否听清?"

李某："听清了。"

吴某："听清了。"

2. 法庭调查阶段

审判长宣布："下面开始进行法庭调查。"

根据《民事诉讼法》第一百三十八条的规定，法庭调查按照下列顺序进行：第一，当事人陈述；第二，告知证人的权利义务，证人作证，宣读未到庭的证人证言；第三，出示书证、物证、视听资料和电子数据；第四，宣读鉴定意见；第五，宣读勘验笔录。

（1）当事人陈述。当事人陈述的顺序为先原告方，再被告方，最后为第三人。

审判长会先让原告方陈述，由原告或者原告的诉讼代理人陈述原告的诉讼请求及所依据的事实和理由，特别是要明确说明起诉书中的诉讼请求、事实和理由。

当原告说完后，审判长会对被告说："下面由被告进行答辩。"被告答辩或陈述时，应当针对原告起诉的请求和理由作出承认或者否定的答辩。被告一般答辩的内容就是不同意原告的要求，并陈述理由。有诉讼代理人的可以请诉讼代理人陈述或答辩，也可以在当事人陈述或答辩后，再由诉讼代理人补充①。

---

① 刘晓霞. 模拟法庭［M］. 北京：科学出版社，2013：66.

（2）举证质证。举证质证环节的顺序一般为原告举证、被告质证、被告举证、原告质证。

举证的顺序为先由原告进行举证，审判长告知证人的权利义务，由证人作证，宣读未到庭的证人证言；出示书证、物证、视听资料和电子数据；宣读鉴定意见；宣读勘验笔录。原告要读出证据的名字、证据的来源，并说明该证据打算用来证明什么事实，并由法警将证据提交给审判长。

所谓质证，一般是从三个方面入手，即证据的合法性、真实性、关联性。

合法性是指证据是通过合法的手段取得，不是通过非法的方式获得的。例如，证据是通过非法进入对方当事人家中安装针孔摄像头等侵害隐私的方式取得的，此类证据就是不合法的证据，是不能在法庭上使用的。真实性是指证据是真的，不是伪造的。例如，原告提出一份遗嘱是由被继承人签字的，被告质证的时候可以提出："对该证据的真实性有异议，该遗嘱中的签字不是被继承人所签，而是原告自己签的。"关联性是指当事人提供的证据和其打算证明的事实是否存在关系。

当原告证据都出示后，并且被告都进行质证过后，审判长会让被告提供证据，再由原告进行质证，其程序同上。

当被告的证据出示完后，审判长会问："双方当事人对事实、证据还有无补充？"

如果双方都没有，原告回答没有，被告也回答没有。如果有，再如同上述规定流程进行补充。

（3）宣读鉴定意见。鉴定人出庭时，由鉴定人当庭宣读鉴定意见，并接受当事人质询。

（4）宣读勘验笔录。勘验笔录由勘验人或审判人员当庭宣读。

审判长就法庭调查的事实和当事人争议的问题进行归纳总结，并询问当事人意见。之后，审判长宣布法庭调查结束，进入法庭辩论阶段。

3. 法庭辩论阶段

法庭辩论是当事人及其诉讼代理人在合议庭的主持下，围绕案件双方当事人争议的焦点问题及法庭确认的事实和证据，提出维护自己诉讼请求和反对对方主张的意见，相互进行言辞辩驳的诉讼活动①。

根据《民事诉讼法》第一百四十一条的规定，法庭辩论按照下列顺序进行：

（1）原告及其诉讼代理人发言。

（2）被告及其诉讼代理人答辩。

（3）第三人及其诉讼代理人发言或者答辩。

（4）互相辩论。

---

① 刘晓霞. 模拟法庭［M］. 北京：科学出版社，2013：68.

法庭辩论终结，由审判长按照原告、被告、第三人的先后顺序征询各方最后意见。根据《民事诉讼法》第一百四十二条的规定，法庭辩论终结，应当依法作出判决。判决前能够调解的，还可以进行调解，调解不成的，应当及时判决。

4. 休庭评议与宣判阶段

在法庭辩论结束后，合议庭休庭，进入案件评议环节。合议庭评议是合议庭全体成员讨论和议决案件处理结果的活动。合议庭成员以法庭调查和法庭辩论的内容为基础，确定案件的性质，认定案件的事实；以事实为依据，以法律为准绳；正确适用法律，对案件进行裁决。

根据《民事诉讼法》第四十二条的规定，合议庭评议案件，实行少数服从多数的原则。评议应当制作笔录，由合议庭成员签名。评议中的不同意见，必须如实记入笔录。

根据《民事诉讼法》第一百四十八条的规定，人民法院对公开审理或者不公开审理的案件，一律公开宣告判决。当庭宣判的，应当在 10 日内发送判决书；定期宣判的，宣判后立即发给判决书。宣告判决时，必须告知当事人上诉权利、上诉期限和上诉的法院。宣告离婚判决，必须告知当事人在判决发生法律效力前不得另行结婚。

民事诉讼庭审座位示意图如图 2-1 所示。

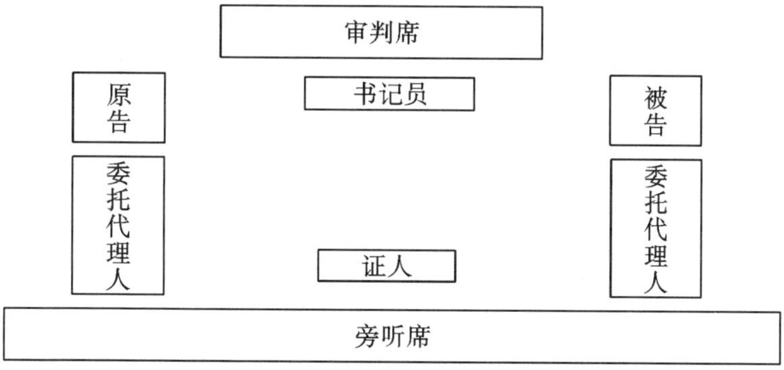

图 2-1　民事诉讼庭审座位示意图

（二）刑事诉讼一审普通庭审程序

1. 开庭准备

（1）书记员的庭前准备工作。书记员应先期到达法庭，做好以下开庭前准备工作：

①宣布公诉人和诉讼参加人入庭就座。公诉人和诉讼参加人入庭就座后，书记员检查出庭人员到庭情况，并到案前核对当事人及其诉讼代理人、辩护人的身份等情况。

②如有证人、鉴定人、勘验检查人、专家出庭的，书记员核对其身份后，请其退席，等候传唤。

③公开开庭的，书记员应当检查参加旁听的人员是否适合，是否有现场采访的记者。

④宣布法庭规则和法庭纪律。书记员根据《中华人民共和国人民法院法庭规则》第十七条的规定，宣读法庭纪律。

⑤请法官入庭。

书记员宣布："全体起立！"然后，书记员引领审判长、审判员（人民陪审员）入庭。待合议庭成员坐定后，书记员宣布："请坐下。"

（2）审判人员要完成的庭前准备工作。根据《刑事诉讼法》第一百九十条的规定，开庭的时候，审判长查明当事人是否到庭，宣布案由；宣布合议庭的组成人员、书记员、公诉人、辩护人、诉讼代理人、鉴定人和翻译人员的名单；告知当事人有权对合议庭组成人员、书记员、公诉人、鉴定人和翻译人员申请回避；告知被告人享有辩护权利。

①核对确认出庭人员的身份。审判长查明和核对当事人的身份，主要包括当事人的姓名、住址和工作单位等个人信息。经控辩双方对出庭的人员身份确认无异后，审判长宣布："经法庭当庭核对确认，出庭的人员符合法律规定，准予参加本案的庭审活动。"

②传唤被告人并查明其基本情况。审判长宣布："传被告人××到庭。"

被告人在押的，由法警押解到庭并对其实施看守。

被告人到庭后，审判长查明被告人的情况，包括基本身份情况、受到法律处分的情况、被采取强制措施的情况、起诉书副本的收悉情况。

③宣布开庭、案名、案件由来、审理程序和方式。审判长敲击法槌，然后庄严宣布："××人民法院现在开庭，本庭现审理的是公诉机关××人民检察院诉（或者'指控'）被告人××犯××罪一案。"

审判长宣告案件由来："公诉机关因本案，于××××（时间）以××××（起诉书文号）起诉书向本院提起公诉。本院经审查，于××××（受理时间）决定受理本案。"案件系附带民事诉讼、再审案件、合并审理案件的，还应当说明。

审判长宣告审理的方式和程序："依照《中华人民共和国刑事诉讼法》第三编第二章第一节的规定，本庭按照第一审公诉案件普通程序，公开开庭审理本案。"

④介绍审判人员和公诉人。审判长宣告："本院受理本案后，依法组成合议庭。"然后，审判长具体介绍合议庭组成人员和书记员，并说明其基本职务情况。

审判长宣告："本案的公诉人是××。"然后，审判长具体介绍公诉人，并说明其基本职务情况；如有翻译人员的，也一并介绍和说明。

⑤告知当事人的诉讼权利义务，并征询申请回避意见。审判长告知当事人的诉讼权利义务，并逐一询问当事人是否知悉诉讼权利义务。

经确认当事人知悉诉讼权利义务后，审判长逐一询问各方当事人是否申请合议庭成员和书记员、公诉人回避，一旦当事人提出回避申请，审判长应当要求其说明理由，并依照法定程序处理。

⑥宣告庭审的阶段。审判长宣布："庭审活动分为法庭调查、法庭辩论、被告人最后陈述、宣判四个阶段进行。"庭审活动一般由审判长主持。

2. 法庭调查

根据《刑事诉讼法》第一百九十一条的规定，公诉人在法庭上宣读起诉书后，被告人、被害人可以就起诉书指控的犯罪进行陈述，公诉人可以讯问被告人。被害人、附带民事诉讼的原告人和辩护人、诉讼代理人，经审判长许可，可以向被告人发问。审判人员可以讯问被告人。

法庭调查的一般顺序为宣布法庭调查，控辩双方陈述，讯问和发问，庭审归纳小结，当庭举证，当庭质证，证人、鉴定人、勘验检查人员以及专家出庭作证，法庭认证，其他事项的调查，宣布法庭调查结果。

（1）宣布法庭调查。审判长宣布："现在进行法庭调查。"

（2）控辩双方陈述。

审判长宣布："首先由公诉人宣读起诉书。"

审判长宣布："由被告人针对起诉书指控的犯罪事实进行陈述。"

附带民事诉讼案件的，在公诉人宣读起诉书后由原告人及其代理人宣读附带民事起诉书，或者简要说明诉讼请求及依据的事实和理由。

被害人参加诉讼的，在被告人陈述后由被害人及其代理人陈述。

（3）讯问和发问。同案有数个被告人的，讯问和发问应当分别进行。讯问和发问顺序如下：

①经征询并确认公诉人需要讯问被告人的，审判长宣布："由公诉人讯问被告人××。"公诉人讯问被告人，被告人直接答问。

但是，公诉人不能以讯问代替举证，对起诉书指控的犯罪事实，公诉人应通过举证予以证明。

②经征询并确认辩护人需要向被告人发问的，审判长宣布："由辩护人向被告人发问。"辩护人发问，被告人直接答问。

③被害人、附带民事诉讼当事人及其诉讼代理人经法庭准许，可以向被告人发问。被害人、附带民事诉讼当事人及其诉讼代理人发问的，经法庭准许，由法庭指示被告人答问。

④经审判长准许，控辩双方可以向其他当事人发问。控辩一方向其他当事人发问的，经审判长准许，由法庭指示当事人答问。

法庭认为控辩双方讯问、发问的内容与本案无关或者讯问、发问的方式不当的，应当制止。控辩双方认为对方讯问或发问的内容与本案无关，或者讯问、发问的方式不当的，有权提出异议。法庭应当判明情况予以支持或者驳回。

（4）庭审归纳小结。在控辩双方陈述和答问陈述的基础上，法庭应当进行庭审归纳小结。

①归纳案件事实的争议情况。审判长宣布："根据控辩双方的陈述和当事人的答问陈述，法庭对本案事实的争议情况归纳如下：被告人对指控的犯罪事实没有异议的有……（列明无争议的事实）。"

在归纳时，审判长应当先征询控辩双方的意见，经确认无异议后予以认定。控辩双方没有争议的事实不能直接予以认定，应当进一步审查相应的证据后，再行认定。

审判长宣布："被告人对指控的犯罪事实持有异议的有……（列明有争议的事实）。"

在归纳时，审判长应当先征询控辩双方的意见，经确认无异议后予以认定。控辩双方争议的事实往往是法庭进一步调查的重点，但法庭调查的重点不以此为限。

②确定法庭进一步调查的重点。审判长宣布："本庭根据控辩双方争议的事实，结合案件的具体情况，现确定法庭进一步调查的重点如下……（列明法庭调查的重点）"

（5）当庭举证。首先由公诉人、被害人、原告人等举证方出示证据。

刑事诉讼证据共有以下几种，不同种类的证据，其举证的具体要求不同。

①物证应当出示原物，并说明证据的来源、证明对象等。不能出示原物的，应当说明理由，并出示相应的照片、复制品等证据材料。

②书证应当出示原件，并当庭宣读，说明证据的来源、证明对象等。不能出示原件的，应当说明理由，并出示复印件、抄录件等证据材料。

③视听资料应当出示原始载体，并当庭播放，说明证据的来源、证明对象等。不能当庭播放和出示原始载体的，应当说明理由，并出示抄录件等证据材料。

④证人书面证言、被害人陈述的笔录应当出示原件，并当庭宣读，说明证据的来源、证明对象等。如果该证人、被害人提供过内容不同的证言、陈述的，法庭应当要求公诉人提交该证人、被害人的全部证言和陈述笔录一并审查或者传唤其出庭作证。公诉人、当事人或者辩护人、诉讼代理人对证人证言有异议，且该证人证言对案件定罪量刑有重大影响，人民法院认为证人有必要出庭作证的，证人应当出庭作证。

⑤犯罪嫌疑人、被告人的口供应当出示原件，并当庭宣读，说明证据的来源、证明对象等。如果该被告人提供过内容不同的口供的，法庭应当要求公诉人提交该被告人的全部口供笔录。

⑥鉴定结论和勘验检查笔录应当出示原件，并当庭宣读，说明证据的来源、证明对象等，同时应当说明鉴定人、勘验检查人员不能出庭作证的原因。如果鉴定人、勘验检查人员对同一事实有多份内容不同的鉴定结论、勘验检查笔录的，法庭应当要求公诉人提交全部鉴定结论、勘验检查笔录一并审查或者传唤其出庭作证。

（6）当庭质证。当庭质证一般以"一举一质"或"类举类质"的方式进行。

公诉人、被害人、原告人等举证方出示证据并说明完毕后，审判长宣布："由被告人质证。"被告人及其辩护人质证。

质证的程序一般如下：

①质证方对当庭出示的证据作出是否认可的意思表示。如认可或者承认，则对该证据的质证活动结束；如不认可，应说明具体的反驳理由。

②在质证方提出反驳理由的基础上，法庭组织控辩双方展开质辩。审判长宣布："请××（举证方）说明。"举证方有针对性地进一步说明之后，审判长宣布："请××（质证方）辩驳。"质辩至少需进行一个轮回，法庭认为有必要进行多轮质辩的，可以组织多轮质辩。

③在质证中，质证方提出相应的反驳证据的，法庭可以当庭组织举证和质证。控告方的证据举证质证后，被告方也可以当庭举证，交由控告方质证。

（7）证人、鉴定人、勘验检查人员以及专家出庭作证。在当庭举证过程中，控辩双方申请传唤证人出庭作证的，应当向法庭提出。经法庭审查准许后，审判长即宣布："传证人××到庭。"

证人到庭就座后，审判长宣布："请证人报告本人的基本情况，并说明与本案当事人的关系。"在确认其知道作证的权利义务以及作伪证或者隐匿罪证要承担的法律责任后，审判长请证人在保证书上签名。

证人出庭作证陈述的一般顺序如下：

①根据法庭所提示的调查事项，由证人就其了解的情况作连贯性陈述。

②举证方发问，法庭指示证人答问。

③质证方发问，法庭指示证人答问。

此外，法庭根据需要，也可以向证人发问。

控辩双方或者证人对发问有异议的，可以向法庭提出。异议是否成立，由法庭评议确定。

证人作证结束后，审判长宣布："请证人退庭。"证人退庭后在休息室休息，休庭后还要审阅笔录和签名；如需要证人再次出庭的再行传唤出庭。

证人退庭后，针对证人证言，审判长首先宣布："请××（举证方）说明。"举证当事人对证人证言进行说明之后，审判长宣布："请××（质证方）质证。"审判长可以组织控辩双方质辩。

鉴定人、勘验检查人员、专家出庭作证的具体程序，参照证人出庭作证的程序举行。其中，鉴定人出庭作证时，应当确认当事人是否申请回避。

（8）法庭认证。一般情况下，法庭不对当庭质证的证据当庭作出认证。但是，有些案件的证据或者个别证据可以当庭评议，如果法庭经评议能够当庭作出认证结论或者能够作出部分认证结论的，可以当庭宣布认证结论。

认证结论的表述主要有以下两种方式：

①确认证据足以采信的，认证结论为：经合议庭评议确认，××××（证据名称）内容真实，形式合法，可以作为认定××××（案件事实）的根据。

②确认证据不予采信的，认证结论为：经合议庭评议确认，××××（证据名称），因××××（不予采信的理由），故不能作为本案认定事实的根据（不予采信）。

证据不予采信的理由包括：该证据缺乏真实性、合法性、关联性，以致没有证明效力，因此不能作为案件认定事实的根据；该证据虽然有证明效力，但与其他证据相冲突，经比较证明力大小而不予采信，因此不能作为案件认定事实的根据。

（9）其他事项的调查。法庭审理结束前，审判长应征询公诉人和当事人是否还有其他事实需要调查或者有其他证据需要出示。

公诉人和当事人申请调查其他事实，法庭经评议许可后，组织当庭举证、质证。如果法庭经评议认为无调查必要的，可以驳回申请。

公诉人和当事人申请出示其他证据的，应当说明理由和证明对象。法庭经评议许可后，组织当庭举证、质证。如果法庭经评议认为无调查必要的，可以驳回申请。

（10）宣布法庭调查结束。经确认各方没有新的证据提供和其他事实需要调查后，审判长宣布："法庭调查结束。"

3. 法庭辩论

根据《刑事诉讼法》第一百九十八条的规定，法庭审理过程中，对与定罪、量刑有关的事实、证据都应当进行调查、辩论。经审判长许可，公诉人、当事人和辩护人、诉讼代理人可以对证据和案件情况发表意见并且可以互相辩论。审判长在宣布辩论终结后，被告人有最后陈述的权利。

（1）宣布法庭辩论。审判长宣布："现在进行法庭辩论。"

对证据的合法性、关联性和真实性及证据的有效性的质辩以及案件事实的认定，属于法庭调查的范围，一般不作为法庭辩论的内容。法庭调查中已经认定的证据和事实可以作为控辩双方辩论的根据。

审判长强调法庭辩论规则："在法庭辩论中，辩论发言应当经法庭许可；注意用语文明，不得使用讽刺、侮辱的语言；语速要适中，以便法庭记录；发言的内容应当避免重复。"

在法庭辩论的过程中，如有违反规则的言行，法庭应予制止。

审判长可以将法庭辩论分段进行。法庭辩论分为对等辩论和互相辩论。

（2）对等辩论。审判长宣布："首先进行对等辩论。"随即指示公诉人、被告人依次进行辩论发言。有被害人和附带民事诉讼当事人出庭参加诉讼的，可以参加对等辩论。

一轮辩论结束，法庭可以根据实际情况决定是否进行下一轮辩论。如果进行下一轮辩论，审判长应当强调辩论发言的内容不宜重复。

（3）互相辩论。审判长宣布："现在进行互相辩论。"

审判长应当告知："公诉人和当事人要求辩论发言的，可以向法庭举手示意。经法庭许可，方能发言。"

在互相辩论中，公诉人和当事人未经许可而进行自由、无序的辩论发言或者发言的内容重复的，法庭应予以制止。

（4）法庭调查阶段的回转。在辩论中发现有关案件事实需要进行调查，或者需要对有关证据进行审查的，审判长应当宣布：“中止法庭辩论，恢复法庭调查。”

法庭调查结束后，审判长宣布：“恢复法庭辩论。”庭审活动恢复到中止时的辩论阶段。

（5）宣布法庭辩论结束。在确认各方辩论意见陈述完毕后，审判长即可宣布：“法庭辩论结束。”

4. 被告人最后陈述

审判长宣布：“现在，由被告人做最后陈述。”

合议庭成员应当认真、耐心听取被告人陈述，一般不宜打断其发言。但其陈述过于冗长，法庭应当予以引导；陈述的内容简单重复多次的，或者陈述的内容与案件没有直接关联的，法庭应以适当的方式予以制止。

5. 休庭、评议和宣判

（1）宣布休庭。审判长先宣布“现在休庭”，然后敲击法槌。

宣布休庭后，法庭应告知公诉人和当事人复庭的时间；如果决定不当庭宣判的，应当告知宣判的时间或者交代“宣判时间另行通知”。

（2）法官退庭和评议。决定当庭宣判的，应于休庭后立即进行评议；择期宣判的，应在庭审结束后五个工作日内进行评议。

合议庭评议案件时，先由承办法官对认定案件事实、证据是否确实、充分以及适用法律等发表意见，审判长最后发表意见；审判长作为承办法官的，由审判长最后发表意见。对案件的裁判结果进行评议时，由审判长最后发表意见。审判长应当根据评议情况总结合议庭评议的结论性意见。合议庭成员应当认真负责，充分陈述意见，独立行使表决权，不得拒绝陈述意见或者仅作同意与否的简单表态。合议庭成员同意他人意见的，也应当提出事实根据和法律依据，进行分析论证。

评议后，合议庭应当依照规定的权限，及时对已经评议形成一致或者多数意见的案件作出判决或者裁定。

（3）法官入庭和宣布继续开庭。庭审准备就绪，书记员宣布：“全体起立！请审判长、审判员（人民陪审员）入庭。”

待法官坐定后，书记员宣布：“请坐下。”

审判长敲击法槌后宣布：“现在继续开庭。”

（4）宣布评议结果。原定当庭宣判的，但经合议庭评议后未能作出裁判或评议决定不当庭宣判的，审判长应予说明，之后宣布休庭。

原定当庭宣判的，经合议庭评议后作出裁判并能够当庭宣判的，审判长应宣告："经过合议庭评议，评议结论已经作出。现予宣布……"

宣判的内容包括：

①认证结论（先前已宣布的认证结论除外）。

②裁判理由。

③裁判结果。

当事人的基本情况、案由、控辩双方的陈述等内容，无须在当庭宣判时宣告。

在审判长宣告裁判结果（主文）前，书记员宣布："全体人员起立。"合议庭成员和书记员以及公诉人、诉讼参加人、旁听人员均应起立。

宣读完毕，审判长敲击法槌，书记员宣布："请坐下。"

（5）征询意见。宣判后，审判长依次询问公诉人和当事人："对本判决有何意见?"

公诉人和当事人陈述意见后，审判长指示书记员："请将公诉人和当事人的意见记录在案。"

（6）交代诉权。当庭宣判的，审判长宣布："如不服本判决，可在判决书送达之日起××日内，向本院递交抗诉状或者上诉状，上诉于××法院。"

审判长应进行书面文本的说明："除判决结果外，本判决的其他内容以书面文本为准。"

（7）宣布闭庭。审判长宣布"庭审结束，现在宣布闭庭"，然后敲击法槌。

书记员宣布："全体起立!"

待合议庭成员退庭后，书记员宣布："散庭。"

刑事诉讼庭审座位示意图如图 2-2 所示。

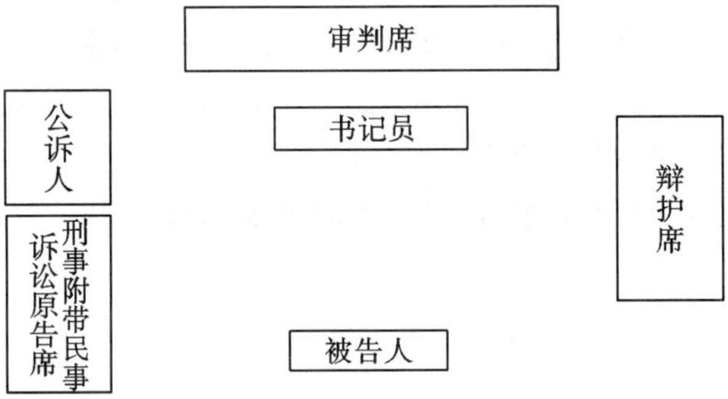

图 2-2　刑事诉讼庭审座位示意图

（三）行政诉讼一审普通程序

1. 庭审准备阶段

（1）开庭前由书记员查明当事人、诉讼参加人、诉讼参与人是否到庭并宣布法庭纪律。

（2）审判长宣布开庭。

（3）宣布案件名称、案由、审理程序，介绍审判人员，宣布合议庭组成人员及书记员名单。

（4）核对当事人及诉讼代理人身份。核对顺序为原告（原告法定代理人、原告委托代理人），被告法定代表人（委托代理人），第三人（第三人法定代理人、委托代理人）的身份。

（5）告知当事人有关的诉讼权利义务，询问当事人是否提出回避。

2. 法庭调查阶段

（1）宣布法庭调查。审判长在询问当事人意见的基础上，确认被诉具体行政行为的内容，简述原告认为具体行政行为侵犯其合法权益而提起行政诉讼的根据。

（2）当事人陈述。顺序依次为原告宣读起诉状、被告宣读答辩状、第三人陈述、双方当事人陈述。

原告当事人陈述主要应说明其合法权益受到具体行政行为侵害的事实和过程；被告陈述主要论证自己所作出的具体行政行为是合法的，并对之予以举证，即提出相应行为的事实根据和法律、法规及其他规范性文件根据。

合议庭应当根据诉辩情况归纳总结庭审重点。审判长告知当事人围绕争议焦点举证、质证。

（3）举证质证。根据《行政诉讼法》第三十三条的规定，证据包括书证、物证、视听资料、电子数据、证人证言、当事人的陈述、鉴定意见、勘验笔录、现场笔录。以上证据经法庭审查属实，才能作为认定案件事实的根据。根据《行政诉讼法》第三十四条的规定，被告对作出的行政行为负有举证责任，应当提供作出该行政行为的证据和所依据的规范性文件。被告不提供或者无正当理由逾期提供证据，视为没有相应证据。但是，被诉行政行为涉及第三人合法权益，第三人提供证据的除外。根据《行政诉讼法》第三十七条的规定，原告可以提供证明行政行为违法的证据。原告提供的证据不成立的，不免除被告的举证责任。

证人到庭作证或宣读证人证言，法庭告知证人的诉讼权利和诉讼义务，证人向法庭提供证人证言。对证人的证词，双方当事人及其诉讼代理人均可提问并质证，但须经法庭许可。当事人提交法庭或法庭收集的书证、物证均应该当庭展示。鉴定结论、勘验笔录和现场笔录应该当庭宣读。

3. 法庭辩论阶段

法庭辩论是在审判长的主持下，围绕争议的焦点以言词辩论的形式有秩序地发表自己的意见。辩论时不得质问、讽刺、挖苦、污辱对方。法庭辩论流程如下：

（1）原告方发表辩论意见。

（2）被告方发表辩论意见。

（3）第三人发表辩论意见。

（4）互相辩论。

（5）最后陈述。

4. 合议庭评议、宣判阶段

（1）合议庭评议。合议庭组成人员进行合议。合议庭代表法院根据经过法庭审查认定的证据，确认案件事实，适用法律，最终形成法院对案件的判决。合议庭结论坚持少数服从多数的原则，但少数人的意见应当记入合议庭笔录，每一位合议庭组成人员均应在合议庭笔录上签名。合议庭根据评议结论制作判决书。

（2）公开宣判。根据《行政诉讼法》第八十条的规定，人民法院对公开审理和不公开审理的案件，一律公开宣告判决。当庭宣判的，应当在 10 日内发送判决书；定期宣判的，宣判后立即发给判决书。宣告判决时，法庭必须告知当事人上诉权利、上诉期限和上诉的人民法院。

行政诉讼庭审座位示意图如图 2-3 所示。

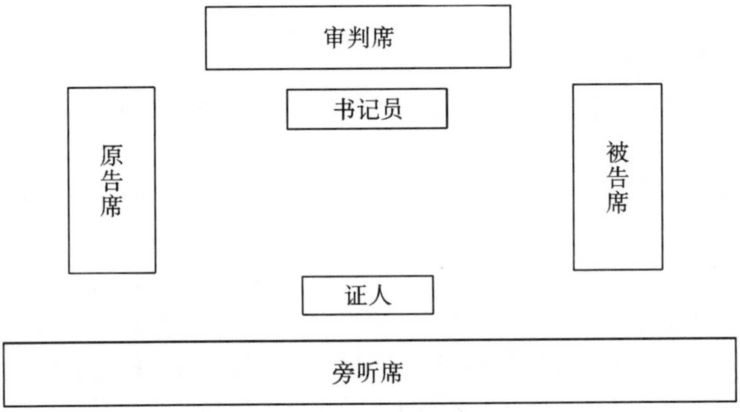

图 2-3　行政诉讼庭审座位示意图

四、模拟法庭的评价标准与方法

（一）案例选择

模拟法庭选择近年来我国发生的热点典型案例，包括民事诉讼案例、刑事诉讼案例、行政诉讼案例。

（二）人员分配

模拟法庭以组为单位完成，每组 8~10 人，不超过 10 人。人员分配如表 2-1 所示。

表 2-1　人员分配

模拟法庭人员分工	
审判人员	合议庭：审判长、审判员、人民陪审员
检察人员	刑事公诉人：检察官
当事人	民事诉讼：原告、被告
	刑事诉讼：被告人、被害人、自诉人
	行政诉讼：原告、被告
诉讼代理人和辩护人	民事诉讼：诉讼代理人（原告被告律师）
	刑事诉讼：被告的辩护人（被告律师）
	刑事附带民事诉讼：诉讼代理人（原告律师）
其他诉讼参与人	证人、鉴定人、勘验人、翻译人员
其他庭审工作人员	书记员、法警

（三）庭审材料的准备

1. 刑事诉讼准备的材料

（1）公诉人准备起诉书。

（2）辩护人准备辩护词。

（3）被告人准备法庭上的发言。

（4）被害人或亲属准备法庭上的陈述内容。

（5）附带民事诉讼的当事人准备起诉状和答辩词。

2. 民事诉讼和行政诉讼准备的材料

（1）原告准备起诉状。

（2）被告准备答辩状。

（3）双方诉讼代理人（律师）准备代理词。

3. 各类案件都需要准备的材料

（1）合议庭人员准备庭审提纲。

（2）证人、鉴定人准备证人证言和鉴定结论。

（四）模拟法庭庭审程序要求

模拟法庭能够依据教材前述的民事诉讼程序，或者刑事诉讼程序，或者行政诉讼程序，演示正确完整的庭审程序。

（五）法律文书

每一组需自行准备开庭所需的各类法律文书及庭审过程记录，主要包括起诉状、答辩状、公诉词、答辩词、判决书等。

（六）评分标准

评分标准如表 2-2 所示。

表 2-2　评分标准

项目	标准	评分
审判程序	1. 严格依照诉讼程序法的规定，组织严谨、流畅，无错误。（16~20 分）	共 20 分
	2. 能依照诉讼程序法的规定，组织较为顺利，无错误。（11~15 分）	
	3. 基本上能依照诉讼程序法的规定，组织松散，无较大错误。（6~10 分）	
	4. 基本上不能依照诉讼程序法的规定，庭审中出现较大错误。（0~5 分）	
法庭调查	1. 紧扣案件的焦点，举证有力，证据充分，逻辑性强，质证清晰。（16~20 分）	共 20 分
	2. 能够围绕案件主要待证事实举证，举证较为充分，质证较清楚。（11~15 分）	
	3. 基本上能够围绕案件主要待证事实举证，但举证不充分，质证不清晰。（6~10 分）	
	4. 对案件待证事实不能把握，证据之间出现矛盾，质证混乱或没有质证。（0~5 分）	
法庭辩论	1. 紧扣案件焦点，针锋相对，立论有据，论证充分，语言流畅，逻辑性强。（20~30 分）	共 30 分
	2. 围绕案件主要争议事实展开自己的论点，语言表达较清楚，逻辑性较强。（15~19 分）	
	3. 基本围绕案件主要争议事实展开自己的论点，语言表达较差，逻辑层次不清。（6~10 分）	
	4. 对案件主要争议事实不能把握，不能阐明所持的基本观点，逻辑层次混乱。（0~5 分）	
法律文书	1. 观点明确，条理清楚，用语准确，说理充分，结构严谨，制作规范。（16~20 分）	共 20 分
	2. 观点较明确，条理较清楚，用语较准确，说理较充分，制作较规范。（11~15 分）	
	3. 主要观点表述较为清楚，言语较差，缺乏条理性，制作规范性较差。（6~10 分）	
	4. 主要观点表述不清，言语混乱，制作不规范。（0~5 分）	
其他	1. 整个庭审过程使用普通话。（0~5 分）	共 10 分
	2. 仪态端庄，气质好，着装整齐。（0~5 分）	
总分	共 100 分	

本章附录：各类文书格式

一、民事诉讼文书

（一）民事起诉状

民事起诉状

原告：

被告：

诉讼请求：

事实与理由：

此致

××人民法院

附：起诉状副本×份，证据目录及证据×份。

原告签名盖章

×年×月×日

【说明】

（1）民事起诉状是公民、法人或者其他组织在其民事权益受到侵害或者与他人发生争议时，为维护自身的合法权益，向人民法院提起诉讼，要求依法裁判时使用的文书。

（2）当事人写明基本信息。

①自然人应当写明姓名、性别、年龄、民族、住所、联系方式、身份证号码。

②法人或者其他组织应当写明名称、住所地、法定代表人或者主要负责人的姓名、职务、联系方式。

（3）诉讼请求写明请求解决争议的权益和争议的具体事项。

（4）事实与理由写明纠纷的客观真实情况、支持诉讼请求的事实根据和法律依据。

（5）起诉状副本按对方当事人的人数提交。

（6）证据目录写明提交的所有证据。

（7）起诉状尾部写明日期，当事人是自然人的由本人签名，当事人是法人或者其他组织的由法定代表人或者负责人签名并加盖单位公章。

（二）民事答辩状

民事答辩状

答辩人：×××

（答辩人是自然人的，应写明其姓名、性别、年龄、民族、籍贯、职业、住址、所在单位等。若答辩人是无民事行为能力人或限制民事行为能力人，则应在其信息后写明法定代理人的基本信息，并注明与答辩人的关系。答辩人是公司或者法人的，应书写该公司的名称、地址，法定代表人的姓名及其职务。委托律师进行诉讼的，应在以上两项后书写律师的姓名、律师所属律师事务所的名称。）

对××人民法院（××）××民初××号……（写明当事人和案由）一案的起诉，答辩如下：

……（写明答辩意见）

证据和证据来源，证人姓名和住所：

……

此致

××人民法院

附：本答辩状副本×份

答辩人（签名）×××

×年×月×日

［说明］

（1）本答辩状供法人或其他组织对民事起诉提出答辩用，用钢笔、毛笔书写或印制。

（2）答辩中有关举证事项，应具体写明证据和证据来源、证人姓名及其住址。

（3）“答辩人”中署名栏应写明法人或其他组织全称，加盖单位公章。

（4）答辩状副本份数，应按原告的人数提交。

（三）民事判决书

××人民法院

民事判决书（第一审普通程序用）

（××）××民初××号

原告：××，男/女，×年×月×日出生，×族……（工作单位和职务或者职业），住所地……

法定代理人/指定代理人：××……

委托诉讼代理人：××……

被告：××，住所地……

法定代表人/主要负责人：××……

委托诉讼代理人：××……

第三人：××……

法定代理人/指定代理人/法定代表人/主要负责人：××……

委托诉讼代理人：××……

（以上写明当事人和其他诉讼参加人的姓名或者名称等基本信息。）

原告××与被告××、第三人××……（写明案由）一案，本院于×年×月×日立案后，依法适用普通程序，公开/因涉及……（写明不公开开庭的理由）不公开开庭进行了审理。原告××、被告××、第三人××（写明当事人和其他诉讼参加人的诉讼地位和姓名或者名称）到庭参加诉讼。本案现已审理终结。

××向本院提出诉讼请求：①……②……（明确原告的诉讼请求）事实和理由……（概述原告主张的事实和理由）

××辩称……（概述被告答辩意见）

××诉/述称……（概述第三人陈述意见）

当事人围绕诉讼请求依法提交了证据，本院组织当事人进行了证据交换和质证。对当事人无异议的证据，本院予以确认并在卷佐证。对有争议的证据和事实，本院认定如下：①……②……（写明法院是否采信证据，事实认定的意见和理由）

本院认为……（写明争议焦点，根据认定的事实和相关法律，对当事人的诉讼请求作出分析评判，说明理由）

综上所述……（对当事人的诉讼请求是否支持进行总结评述）依照《中华人民共和国××法》第×条……（写明法律文件名称及其条款项序号）规定，判决如下：

①……

②……

（以上分项写明判决结果。）

如果未按本判决指定的期间履行给付金钱义务，应当依照《中华人民共和国民事诉讼法》第二百五十三条之规定，加倍支付迟延履行期间的债务利息（没有给付金钱义务的，不写）。

案件受理费××元，由××负担（写明当事人姓名或者名称、负担金额）。

如不服本判决，可以在判决书送达之日起十五日内，向本院递交上诉状，并按照对方当事人或者代表人的人数提出副本，上诉于××人民法院。

审判长　××

审判员　××

审判员　××

×年×月×日

（院印）

本件与原本核对无异

书记员　××

二、刑事诉讼文书

(一) 刑事起诉状

刑事起诉状

×检刑诉字〔××〕第×号

被告人：姓名、性别、年龄、出生年月日、出生地、身份证号码、民族、文化程度、职业或工作单位及职务（国家工作人员利用职权的犯罪，应当写明犯罪期间在何单位任何职务）、住址和因本案所受强制措施情况、现羁押处所等。

辩护人：姓名、单位、通信地址。

被告人××……（案由）一案，由××公安局侦查终结向本院移送审查起诉。

经依法审查查明……

本院认为……其行为触犯了《中华人民共和国刑法》第×条之规定，已构成××罪。根据《中华人民共和国刑事诉讼法》第一百四十一条之规定，提起公诉，请依法判处。

此致

××人民法院

检察员：××

×年×月×日

（院印）

附项：

（1）主要证据复印件×份；

（2）证据目录×份；

（3）证人名单×份。

(二) 一审辩护词

辩护词

审判长、审判员（人民陪审员）：

受本案××的委托，并由××律师事务所指派，担任被告人××的辩护人出庭为他辩护。接受委托之后，辩护人经过阅卷、会见被告人和进行了必要的调查，今天又出席了庭审调查，对本案有了较为全面的了解。

《中华人民共和国刑事诉讼法》第三十五条规定，辩护人的责任是根据事实和法律，提出证明犯罪嫌疑人、被告人无罪、罪轻、减轻或免除刑事责任的材料或意见，维护犯罪嫌疑人、被告人的合法权益。

根据法律赋予辩护人职责，我发表如下辩护意见，供合议庭在合议时参考。

①……（表明观点并阐述事实和理由）

②……（表明观点并阐述事实和理由）

……

综上所述，辩护人认为，根据《中华人民共和国刑法》第×条之规定，应宣告被告人……以上辩护意见，提请合议庭在合议时予以考虑。

此致

××人民法院

委托辩护人：××律师事务所
律师××
×年×月×日

（三）刑事判决书

××人民法院

刑事判决书（一审公诉案件普通程序适用）

（××）×刑初字第×号

公诉机关：××人民检察院

被告人：××（写明姓名、性别、出生年月日、民族、出生地、文化程度、职业或工作单位和职务、住址；因本案所受强制措施情况等，如现羁押处所）

辩护人：××（写明姓名、工作单位和职务）

××人民检察院以×检刑诉〔××〕第×号起诉书指控被告人××犯××罪，于×年×月×日向本院提起公诉。本院受理后，依法组成合议庭（依法由审判员××独任审判），公开（不公开）开庭审理了本案。××人民检察院检察长（员）××出庭支持公诉，被告人××及其辩护人××、证人××等到庭参加诉讼。现已审理终结。

××人民检察院指控……（概述起诉书中对于被告人的犯罪事实、证据的叙述及适用法律的意见）

被告人××辩称……（概述被告人对指控犯罪事实的供述和辩解）辩护人提出的辩护意见是……（辩护意见的要点）

经审理查明……（详写法院认定的事实和证据；案件经过应予以详述，不可抽象概括；叙事要前后照应、情节完整。必须对主要证据进行分析论证）

本院认为……（对于指控罪名是否成立、如何量刑予以充分论证；认真评述控辩双方意见；对判决适用的法律依据给予说明）依照……（写明判决所依据的法律条款）的规定（引用条文要有条理和顺序），判决如下：

一、被告人××犯××罪，判处……（写明主刑、附加刑）

二、被告人××……（写明追缴、退赔或没收财物的决定以及这些财物的种类和数额）

如不服本判决，可在接到判决书的第二日起××日内，通过本院或者直接向××人民法院提出上诉。书面上诉的，应交上诉状正本一份，副本×份。

审判长　××
审判员　××
审判员　××
×年×月×日
（院印）

本件与原本核对无异

书记员　××

三、行政诉讼文书

（一）行政起诉状

行政起诉状

原告：××……（自然人写明姓名、性别、工作单位、住址、有效身份证件号码、联系方式等基本信息；法人或其他组织写明名称、地址、联系电话、法定代表人或负责人等基本信息）

委托代理人：××……（写明姓名、工作单位等基本信息）

被告：××……（写明名称、地址、法定代表人等基本信息）

其他当事人：××……（参照原告的身份写法，没有其他当事人，此项可不写）

诉讼请求：……（写明具体、明确的诉讼请求）

事实和理由：……（写明起诉的理由及相关事实依据，尽量逐条列明）

此致

××人民法院

原告：××（签字盖章）
［法定代表人：××（盖章）］
×年×月×日
（写明递交起诉之日）

附：

1. 起诉状副本×份
2. 被诉行政行为×份
3. 其他材料×份

（二）行政答辩状

行政诉讼答辩状

答辩人：××……（写明名称、地址、法定代表人等基本信息）

法定代表人：××……（写明姓名、职务等基本信息）

委托代理人：××……（写明姓名、工作单位等基本信息）

因××诉我单位……（写明案由或起因）一案，现答辩如下：

答辩请求……

事实和理由……（写明答辩的观点、事实与理由）

此致

××人民法院

答辩人：××（盖章）

×年×月×日

（写明递交答辩状之日）

附：

1. 答辩状副本×份

2. 其他文件×份

3. 证物或书证×件

（三）行政判决书

××人民法院

行政判决书（一审作为类行政案件用）

（××）×行初字第×号

原告：××……（写明姓名或名称等基本情况）

法定代表人：××……（写明姓名、性别和职务）

委托代理人（或指定代理人、法定代理人）：××……（写明姓名等基本情况）

被告：××……（写明行政主体名称和所在地址）

法定代表人：××……（写明姓名、性别和职务）

委托代理人：××……（写明姓名等基本情况）

第三人：××……（写明姓名或名称等基本情况）

法定代表人：××……（写明姓名、性别和职务）

委托代理人（或指定代理人、法定代理人）：××……（写明姓名等基本情况）

原告××不服××（行政主体名称）……（具体行政行为），于×年×月×日向本院提起行政诉讼。本院于×年×月×日受理后，于×年×月×日向被告送达了起诉状副本及应诉通知书。本院依法组成合议庭，于×年×月×日公开（或不公开）开庭审理了本案……（写明到庭参加庭审活动的当事人、诉讼代理人、证人、鉴定人、勘验人和翻译人员等）到庭参加诉讼……（写明发生的其他重要程序活动，如被批准延长本案审理期限等情况）本案现已审理终结。

被告××（行政主体名称）……（写明作出具体行政行为的行政程序）于×年×月×日对原告作出（××）×字第×号××决定（或其他名称）……（详细写明被诉具体行政行为认定的事实、适用的法律规范和处理的内容）被告于×年×月×日向本院提供了作出被诉具体行政行为的证据、依据（若有经法院批准延期提供证据的情况，应当予以说明）：①……（证据的名称及内容等），证明……（写明证据的证明目的，可以按被告举证顺序，归类概括证明目的）②……（可以根据案情，从法定职权、执法程序、认定事实、适用法律等方面，分类列举有关证据和依据；或者综合列举证据，略写无争议部分）

原告××诉称……（概括写明原告的诉讼请求及理由，原告提供的证据）

被告××辩称……（概括写明被告答辩的主要理由和要求）

第三人××述称……（概括写明第三人的主要意见，第三人提供的证据）

本院依法（或依原告、第三人的申请）调取了以下证据……

经庭审质证（或交换证据），本院对以下证据作如下确认……

经审理查明……（经审理查明的案件事实内容）

本院认为……（运用行政实体及程序法律规范，对具体行政行为合法性进行分析论证，对各方当事人的诉讼理由逐一分析，论证是否成立，表明是否予以支持或采纳，并说明理由）依照……（写明判决依据的《行政诉讼法》以及相关司法解释的条、款、项、目）之规定，判决如下：

……（写明判决结果，判决结果分以下九种情况）

第一，维持被诉具体行政行为的。维持××（行政主体名称）×年×月×日作出的（××）×字第×号……（具体行政行为名称）

第二，撤销被诉具体行政行为的。

一、撤销××（行政主体名称）×年×月×日作出的（××）×字第×号……（具体行政行为名称）

二、责令××（行政主体名称）在××日内重新作出具体行政行为。（不需要重作的，此项不写；不宜限定期限的，期限不写）

第三，部分撤销被诉具体行政行为的。

一、维持××（行政主体名称）×年×月×日作出的（××）×字第×号……（具体行政行为名称）的第×项，即……（写明维持的具体内容）

二、撤销××（行政主体名称）×年×月×日作出的（××）×字第×号……（具体行政行为名称）的第×项，即……（写明撤销的具体内容）

三、责令××（行政主体名称）在××日内重新作出具体行政行为。（不需要重作的，此项不写；不宜限定期限的，期限不写）

第四，判决变更行政处罚的。

变更××（行政主体名称）×年×月×日作出的（××）×字第×号行政处罚决定（或者行

政复议决定，或者属行政处罚等性质的其他具体行政行为），改为……（写明变更内容）

第五，驳回原告诉讼请求的。

驳回原告要求撤销（或变更、确认违法等）××（行政主体名称）×年×月×日作出的（××）×字第×号……（具体行政行为名称）的诉讼请求。

第六，确认被诉具体行政行为合法或有效的。

确认××（行政主体名称）×年×月×日作出的（××）×字第×号……（具体行政行为名称）合法（或有效）。

第七，确认被诉具体行政行为违法（或无效）的。

一、确认××（行政主体名称）×年×月×日作出的（××）×字第×号……（具体行政行为名称）违法（或无效）。

二、责令××在××日（限定的期限）内……（写明采取的补救措施，不需要采取补救措施的，此项不写）

第八，驳回原告赔偿请求的。

驳回原告××关于……（赔偿请求事项）的赔偿请求。

第九，判决被告予以赔偿的。

××（行政主体名称）于本判决生效之日起××日内赔偿原告××……（写明赔偿的金额）

……（写明诉讼费用的负担）

如不服本判决，可在判决书送达之日起十五日内提起上诉，向本院递交上诉状，并按对方当事人的人数递交上诉状副本，上诉于××人民法院。

审判长　××

审判员　××

审判员　××

×年×月×日

（院印）

本件与原本核对无异

书记员　××

第三章 爱国主义教育基地参观走访

一、爱国主义教育基地简介

（一）爱国主义教育基地

爱国主义教育基地是开展爱国主义教育，提高全民族整体素质，弘扬与践行社会主义核心价值观，培养中国特色社会主义合格的建设者与接班人的基础性工程。爱国主义教育基地是承载民族记忆、传承红色基因、培育和践行社会主义核心价值观的重要载体。

爱国主义教育基地是根据《爱国主义教育实施纲要》建立的具有丰富的爱国主义教育内涵，并具备开展爱国主义教育资质条件的重点场所，包括各类博物馆、纪念馆、陈列馆、烈士陵园、文化遗迹、革命遗址、爱国名人故居以及反映祖国大好河山的风景名胜和展示社会主义现代化建设成就的先进单位、重大建设工程等①。

学校通过组织学生参观走访爱国主义教育基地能够更深入地开展爱国主义教育，将理论与实践相结合，通过实地参观走访，让学生感同身受地了解爱国主义的历史、文化以及革命精神，内化于心外化于行，更加有利于学生树立正确的理想、信念、人生观、世界观、价值观，树立“四个自信”，进一步提升爱国主义教育的实效性。

（二）爱国主义教育基地的目的和意义

习近平总书记在主持召开学校思想政治理论课教师座谈会上强调，要引导学生增强中国特色社会主义道路自信、理论自信、制度自信、文化自信，厚植爱国主义情怀，把爱国情、强国志、报国行自觉融入坚持和发展中国特色社会主义事业、建设社会主义现代化强国、实现中华民族伟大复兴的奋斗之中。

1. 有助于弘扬爱国精神，提升爱国主义教育的实效性

爱国主义体现了人们对祖国的深厚感情，揭示了个人对祖国的依存关系，是人们对家园以及民族和文化的归属感、认同感、尊严感与荣誉感的统一。爱国主义是调节个人与祖

---

① 黄莺. 加强爱国教育基地建设 凝聚固根守魂力量［J］. 当代广西，2018（14）：28-29.

国之间关系的道德要求、政治原则和法律规范，也是中华民族精神的核心。爱国主义是中华民族最为深厚的历史情感，是我们国家和民族自立自强的强大精神动力，是凝聚和鼓舞各族人民团结奋斗的一面旗帜。习近平总书记在纪念中国人民抗日战争暨世界反法西斯战争胜利69周年座谈会上的讲话中强调："爱国主义是中华民族民族精神的核心。近代以来，中国人民为争取民族独立和解放进行的一系列抗争，就是中华民族觉醒的历史进程，就是中华民族精神升华的历史进程。"

爱国主义教育基地是新时代大学生了解历史文化、学习革命传统、升华爱国情感、培育民族精神、陶冶道德情操、塑造美好心灵的重要阵地，是进行爱国主义教育的重要场所和生动教材。

爱国主义教育基地具有增强大学生的历史文化认同感和民族自豪感，坚定大学生走中国特色社会主义道路的信念，激发大学生投身实现中华民族伟大复兴中国梦的责任感和使命感等思想政治教育功能。高校能够通过爱国主义教育基地开展爱国主义实践教学活动，创新教育教学模式，完善基地的基础设施构建，深挖基地展品的精神内涵等方式，进一步提升爱国主义教育基地思想政治理论课教育教学的实效性。遍布全国的各类爱国主义教育基地，真实记录了中华民族悠久灿烂的历史文化，展现了近代中国人民英勇奋斗的壮丽篇章，反映了中国共产党人的丰功伟业和社会主义现代化建设的丰硕成果。利用爱国主义教育基地对大学生开展思想政治教育活动，可以引领青年大学生群体坚守并自觉践行社会主义核心价值观体系①。

2. 有助于提升爱国主义教育基地教育作用的广泛性

高校借助爱国主义教育基地开展爱国主义教育教学，也能够让爱国主义教育基地发挥更大的作用。在很多爱国主义教育基地，前来学习的大部分都是党政部门和企事业单位组织的党员、干部。爱国主义教育基地的教育作用的广泛性还远远没有获得充分的发挥。高校大学生是中国特色社会主义建设者和接班人的生力军。让广大青年学生不断走进爱国主义教育基地接受教育，能够极大地提升爱国主义教育基地的爱国主义教育功能，提升爱国主义教育基地的参观走访率，让教育基地发挥更好更大的爱国主义教育作用。

3. 强化爱国主义教育基地在高校思想政治理论课实践教学中的作用

习近平总书记强调，弘扬爱国主义精神，必须坚持爱国主义和社会主义相统一。我国爱国主义始终围绕着实现民族富强、人民幸福而发展，最终汇流于中国特色社会主义。祖国的命运和党的命运、社会主义的命运是密不可分的。只有坚持爱国和爱党、爱社会主义相统一，爱国主义才是鲜活的、真实的，这是当代中国爱国主义精神最重要的体现。爱国主义是思想政治理论课教育教学的重要内容。思想政治理论课教学应当深入让学生理解新时代爱国主义的基本要求，主要包括坚持爱国主义和爱社会主义相统一、维护祖国和民族

---

① 张大卫. 新时代提升爱国主义教育基地思想政治教育实效性探索［J］. 榆林学院学报，2018（4）：25-30.

的团结、尊重和传承中华民族历史文化、坚定立足民族又面向世界。

参观走访爱国主义教育基地，有助于进一步提升思想政治理论课实践教学的思想性、亲和力和针对性。在思想政治理论课实践教学中，红色教育基地、古老传统文化、博物馆、纪念馆、民俗基地、社会主义新农村建设都能够发挥出上述作用，帮助学生理解新时代的爱国主义的基本内容，使学生立志做忠诚的爱国者，培养学生具备深厚的爱国情感、理性认识与实际行动的统一，做与祖国同呼吸、共命运的爱国者。走访参观爱国主义教育基地能够激发大学生投身实现中华民族伟大复兴中国梦的责任感和使命感，使其拥护中国共产党的路线方针政策，树立共产主义理想信念，并将这种信念转化为积极学习工作的实际行动；让学生更深层次地理解坚持爱国和爱党、爱社会主义相统一是当代中国爱国主义的本质。

二、全国爱国主义教育示范基地概况

1994 年 8 月 23 日，中宣部颁布了《爱国主义教育实施纲要》（以下简称《纲要》）。《纲要》论述了进行爱国主义教育极为重要的意义，提出了教育的基本原则、主要内容、重点对象以及一系列具体措施。截至 2019 年 9 月底，我国已经公布了六批爱国主义教育示范基地，基本覆盖了从中国共产党成立到解放战争胜利各个历史时期的重大历史事件、重要人物和重要革命纪念地。

（一）第一批爱国主义教育示范基地

1995 年 3 月，民政部确定了第一批（100 处）爱国主义教育基地。1997 年 7 月，中宣部向社会公布了首批 100 个爱国主义教育示范基地，并以此影响和带动全国爱国主义教育基地的建设。该次公布的 100 个示范基地中，反映中华民族悠久历史文化内容的有 19 个，反映近代中国遭受帝国主义侵略和中国人民反抗侵略、英勇斗争内容的有 9 个，反映现代中国人民革命斗争和社会主义建设时期内容的有 75 个。

第一批全国爱国主义教育示范基地名单（100 个）如下①：

北京市：天安门广场；中国历史博物馆；中国革命博物馆；中国人民革命军事博物馆；中国人民抗日战争纪念馆；故宫博物院；圆明园遗址公园；八达岭长城；周口店遗址博物馆。

天津市：天津盘山烈士陵园。

河北省：乐亭李大钊纪念馆；涉县 129 师司令部旧址；白求恩、柯棣华纪念馆；清苑

① 中宣部公布第一批 100 个全国爱国主义教育示范基地［EB/OL］.（2010-08-27）［2019-12-20］. http://archive.wenming.cn/hsly/2010-08/17/content_20645085.htm.

冉庄地道战遗址；西柏坡中共中央旧址；董存瑞烈士陵园。

山西省：八路军太行纪念馆（八路军总部旧址）；“百团大战”纪念馆（碑）；刘胡兰纪念馆。

内蒙古自治区：乌兰夫纪念馆。

辽宁省：沈阳“九一八”事变博物馆；旅顺万忠墓纪念馆；辽沈战役纪念馆；抗美援朝纪念馆；抚顺雷锋纪念馆。

吉林省：杨靖宇烈士陵园。

黑龙江省：东北烈士纪念馆；侵华日军731细菌部队罪证陈列馆；铁人王进喜纪念馆；瑷珲历史陈列馆。

上海市：中国共产党第一次全国代表大会会址纪念馆；上海龙华烈士陵园；宋庆龄陵园；上海博物馆。

江苏省：中山陵；周恩来纪念馆（故居）；新四军纪念馆；侵华日军南京大屠杀遇难同胞纪念馆；雨花台烈士陵园；淮海战役烈士纪念塔（馆）；《南京条约》史料陈列馆（中英《南京条约》签约旧址）。

浙江省：南湖革命纪念馆；鲁迅故居及纪念馆；镇海口海防遗址；禹陵；河姆渡遗址博物馆。

安徽省：陶行知纪念馆。

福建省：古田会议纪念馆；陈嘉庚生平事迹陈列馆；林则徐纪念馆；郑成功纪念馆；泉州海外交通史博物馆。

江西省：安源路矿工人运动纪念馆；南昌八一起义纪念馆；井冈山革命纪念地（博物馆、烈士陵园、黄洋界、八角楼、会师广场、龙江书院、毛泽东旧居等）；瑞金中央革命根据地纪念馆。

山东省：孔繁森纪念馆；台儿庄大战纪念馆；中日甲午战争博物馆；孔子故居。

河南省：林州红旗渠纪念馆；兰考焦裕禄烈士陵园；安阳殷墟博物苑。

湖北省：武汉二七纪念馆；武昌中央农民运动讲习所旧址纪念馆；红安黄麻起义和鄂豫皖苏区革命烈士陵园；辛亥革命武昌起义纪念馆；李时珍纪念馆。

湖南省：韶山毛泽东纪念馆（故居）；刘少奇纪念馆；炎帝陵。

广东省：孙中山故居纪念馆；广州起义烈士陵园；鸦片战争博物馆（虎门炮台）；三元里人民抗英斗争纪念馆。

广西壮族自治区：中国工农红军第七军军部旧址；红军长征突破湘江烈士纪念碑园。

海南省：中国工农红军琼崖纵队改编旧址。

四川省：邓小平故居；朱德故居暨朱德铜像纪念园；赵一曼纪念馆；黄继光纪念馆；都江堰水利工程。

重庆市：重庆歌乐山革命烈士陵园；重庆红岩革命纪念馆；邱少云烈士纪念馆。

云南省：“一二・一”四烈士墓及“一二・一”纪念馆。

贵州省：遵义会议纪念馆。

西藏自治区：山南烈士陵园；江孜抗英遗址。

陕西省：延安革命纪念地（纪念馆、枣园、王家坪、杨家岭、凤凰山、清凉山、四・八烈士陵园等）；西安事变纪念馆；八路军西安办事处纪念馆；陕西历史博物馆；秦始皇兵马俑博物馆；黄帝陵；半坡遗址博物馆。

宁夏回族自治区：宁夏博物馆。

甘肃省：会宁红军会师楼；敦煌莫高窟；嘉峪关。

青海省：中国工农红军西路军纪念馆。

新疆维吾尔自治区：乌鲁木齐烈士陵园。

（二）第二批爱国主义教育示范基地

2001 年 6 月 11 日，中宣部公布了以反映党的光辉历史为主要内容的第二批 100 个爱国主义教育示范基地。

第二批全国爱国主义教育示范基地名单（100 个）如下[①]：

北京市：李大钊烈士陵园；焦庄户地道战遗址纪念馆；北京自然博物馆；中国航空博物馆；中国科学技术馆。

天津市：平津战役纪念馆；周恩来邓颖超纪念馆；天津自然博物馆；天津科学技术馆。

河北省：华北军区烈士陵园；潘家峪惨案纪念馆；中国人民抗日军事政治大学陈列馆；河北省博物馆；唐山抗震纪念馆。

山西省：黄崖洞革命纪念地；太原解放纪念馆；平型关战役遗址；太行太岳烈士陵园；山西国民师范旧址革命活动纪念馆。

内蒙古自治区：内蒙古博物馆。

辽宁省：丹东鸭绿江断桥；沈阳抗美援朝烈士陵园；黑山阻击战烈士陵园；葫芦岛市塔山烈士陵园；关向应故居纪念馆。

吉林省：四平战役纪念馆暨四平烈士陵园；延边革命烈士陵园；“四保临江”烈士陵园。

黑龙江省：哈尔滨烈士陵园；马骏纪念馆。

上海市：“南京路上好八连”事迹展览馆；海军上海博览馆；陈云故居暨青浦革命历史纪念馆；鲁迅纪念馆。

---

① 中宣部公布第二批百个全国爱国主义教育示范基地［EB/OL］.（2001-06-12）［2019-12-20］. http://archive.wenming.cn/hsly/2001-06/12/content_20645133.htm.

江苏省：梅园新村纪念馆；沙家浜革命历史纪念馆；茅山新四军纪念馆；南京博物院。

浙江省：解放一江山岛烈士陵园；鄞县四明山革命烈士陵园；舟山鸦片战争纪念馆。

安徽省：新四军军部旧址纪念馆及皖南事变烈士陵园；王稼祥纪念园；淮海战役双堆烈士陵园；安徽省博物馆。

福建省：福建省革命历史纪念馆；毛泽东才溪乡调查纪念馆；长汀县瞿秋白烈士纪念碑；闽侯县“二七”烈士林祥谦陵园；华侨博物院。

江西省：秋收起义纪念地（萍乡秋收起义纪念碑、秋收起义铜鼓纪念馆、秋收起义修水纪念馆）；永新三湾改编旧址；兴国革命历史纪念地（纪念馆、烈士陵园）；上饶集中营革命烈士陵园；方志敏纪念馆（烈士陵园、赣东北特委、红十军建军旧址等）。

山东省：华东革命烈士陵园；中国人民解放军海军博物馆；济南革命烈士陵园；莱芜战役纪念馆；山东省博物馆。

河南省：新县革命纪念地（中共中央鄂豫皖分局、鄂豫皖军委、鄂豫皖苏区首府革命博物馆、鄂豫皖苏区烈士陵园、箭厂河革命旧址等）；河南博物院。

湖北省：“八七会议”会址纪念馆；闻一多纪念馆；湖北省博物馆。

湖南省：平江起义纪念馆；湘鄂川黔革命根据地纪念馆；秋收起义文家市会师旧址纪念馆；中共湘区委员会旧址；湘南暴动指挥部旧址；彭德怀纪念馆；湖南省博物馆。

广东省：毛泽东同志主办农民运动讲习所旧址；叶剑英元帅纪念馆；叶挺纪念馆。

广西壮族自治区：龙州县红八军军部旧址（红八军纪念馆）；八路军桂林办事处旧址；百色起义纪念馆。

海南省：琼海市红色娘子军纪念园；母瑞山革命根据地纪念园。

四川省：红四方面军指挥部旧址纪念馆；泸定桥革命文物陈列馆；红军四渡赤水太平渡陈列馆；安顺场红军强渡大渡河纪念地；苍溪红军渡纪念馆；万源保卫战战史陈列馆；陈毅故居。

重庆市：刘伯承同志纪念馆；聂荣臻元帅陈列馆；赵世炎烈士故居。

云南省：扎西会议纪念馆。

贵州省：息烽集中营革命历史纪念馆；王若飞故居。

陕西省：洛川会议纪念馆。

甘肃省：宕昌县哈达铺红军长征纪念馆；八路军驻兰州办事处纪念馆；兰州市烈士陵园；华池县南梁革命纪念馆；高台县烈士陵园。

新疆维吾尔自治区：新疆维吾尔自治区博物馆。

（三）第三批爱国主义教育示范基地

2005 年是中国人民抗日战争暨世界反法西斯战争胜利 60 周年，2005 年 11 月 20 日，中宣部公布了第三批66个全国爱国主义教育示范基地名单，旨在进一步推动各级各类爱国主义教育基地的工作，使其在展出内容与展示手段、服务质量和教育效果、内部管理和环境面貌等方面有较大进步，努力把教育基地建设成为党员干部了解党的历史、加强党性锻炼的重要场所，广大群众培养爱国情感、培育民族精神的重要阵地，青少年学习革命传统、陶冶道德情操的重要课堂。

第三批全国爱国主义教育示范基地（66个）如下①：

北京市：平北抗日战争烈士纪念馆。

天津市：大沽炮台遗址。

河北省：城南庄晋察冀军区司令部旧址；晋冀鲁豫烈士陵园；马本斋纪念馆；潘家戴庄惨案纪念馆。

山西省：麻田八路军总部纪念馆；大同煤矿遇难矿工“万人坑”展览馆（抗日战争期间日军侵华罪行遗址）；徐向前元帅故居；晋绥边区革命纪念馆。

内蒙古自治区：内蒙古革命烈士陵园。

辽宁省：抚顺战犯管理所旧址陈列馆；平顶山惨案遗址纪念馆；辽宁东北抗联史实陈列馆；旅顺日俄监狱旧址博物馆。

吉林省：白山抗日纪念地（杨靖宇将军殉国地、那尔轰会师遗址、城墙砬子会议旧址等）；日伪统治时期辽源煤矿死难矿工文物馆。

黑龙江省：齐齐哈尔西满革命烈士陵园；侵华日军东宁要塞遗址。

上海市：江南造船博物馆。

江苏省：泰兴黄桥革命历史纪念地（新四军黄桥战役革命历史纪念塔、新四军苏北指挥部旧址、新四军第三纵队司令部旧址、粟裕部分骨灰安放处等）；赣榆抗日山烈士陵园；常州“三杰”纪念地（常州“三杰”纪念馆、瞿秋白故居、张太雷故居、恽代英纪念广场）；苏中七战七捷纪念馆；顾炎武纪念馆。

浙江省：侵浙日军投降仪式旧址（千人坑遗址）。

安徽省：金寨革命烈士陵园。

福建省：中国闽台缘博物馆；福州马尾船政文化遗址群。

江西省：于都革命烈士纪念馆及中央红军长征第一渡纪念碑园；江西革命烈士纪念堂。

山东省：铁道游击队纪念园；地雷战纪念馆；冀鲁豫边区革命纪念馆；八路军115师司令部旧址暨山东省政府成立纪念地。

河南省：杨靖宇将军纪念馆；镇平彭雪枫纪念馆；吉鸿昌将军纪念馆；濮阳单拐革命

① 中宣部公布第三批全国爱国主义教育示范基地［EB/OL］.（2005－11－20）［2019－12－20］. cnr.cn/news/t20051120_504129924.html.

旧址（中共中央平原分局革命旧址、中共中央北方局革命旧址、冀鲁豫军区纪念馆等）。

湖北省：瞿家湾湘鄂西革命根据地旧址；周老嘴湘鄂西革命根据地纪念馆；红安七里坪革命纪念馆；大悟宣化店中原军区旧址及新四军第五师旧址群；宜城张自忠烈士纪念馆。

湖南省：芷江受降旧址和纪念馆；任弼时故居和纪念馆；贺龙故居和纪念馆；罗荣桓故居和纪念馆；《三大纪律，六项注意》颁布旧址。

广东省：海丰红宫红场旧址纪念馆；黄花岗七十二烈士墓园；黄埔军校旧址纪念馆。

广西壮族自治区：右江工农民主政府旧址；广西烈士陵园。

海南省：张云逸纪念馆。

四川省：川陕革命根据地博物馆暨川陕苏区将帅碑林；红军长征纪念碑碑园。

重庆市：重庆中国三峡博物馆。

云南省：彝良罗炳辉陈列馆；滇西抗战纪念馆（腾冲国殇墓园）；云南陆军讲武堂旧址。

贵州省：黎平会议会址；娄山关红军战斗遗址。

宁夏回族自治区：固原六盘山长征纪念馆。

青海省：青海原子城（中国第一个核武器研制基地）。

新疆维吾尔自治区：新疆生产建设兵团军垦博物馆。

（四）第四批爱国主义教育示范基地

2009 年 5 月，在中华人民共和国成立 60 周年之际，中宣部公布第四批 87 个全国爱国主义教育示范基地，旨在进一步推动爱国主义教育基地建设，更好地发挥爱国主义教育基地的作用，深入开展群众性爱国主义教育活动，激发爱国热情、凝聚人民力量、培育民族精神。

第四批全国爱国主义教育示范基地名单（87 个）如下①：

北京市：香山双清别墅；首都博物馆；八宝山革命公墓。

天津市：天津博物馆；天津市烈士陵园。

河北省：山海关长城博物馆；冀南烈士陵园；热河烈士陵园。

山西省：娄烦高君宇故居；石楼红军东征纪念馆；平顺西沟展览馆。

内蒙古自治区：呼和浩特市武川县德胜沟大青山抗日游击根据地旧址；兴安盟内蒙古自治政府纪念地（内蒙古民族解放纪念馆、“五一”会址、乌兰夫办公旧址、内蒙古党委办公旧址、内蒙古自治政府办公旧址）；呼伦贝尔市世界反法西斯战争海拉尔纪念园。

---

①　中宣部公布第四批 87 个全国爱国主义教育示范基地［EB/OL］.（2009-05-21）［2019-12-20］. http://archive.wenming.cn/hsly/2009-05/21/content_20645402.htm.

辽宁省：赵尚志纪念馆；铁西老工业基地展览馆；阜新万人坑死难矿工纪念馆。

吉林省：吉林市革命烈士陵园；伪满皇宫博物院暨东北沦陷史陈列馆；白城市烈士陵园。

黑龙江省：侵华日军虎头要塞遗址；杨子荣烈士陵园；珍宝岛革命烈士陵园；大庆油田历史陈列馆。

上海市：中共二大旧址纪念馆；团中央机关旧址纪念馆。

江苏省：中国人民解放军海军诞生地纪念馆；新四军江南指挥部纪念馆；南京云锦博物馆。

浙江省：浙江省博物馆；新四军苏浙军区纪念馆；温州浙南平阳革命根据地旧址群。

安徽省：渡江战役总前委旧址纪念馆；合肥蜀山烈士陵园；皖西烈士陵园。

福建省：冰心文学馆；建宁县红一方面军领导机关旧址暨反“围剿”纪念馆；闽西革命历史纪念馆。

江西省：东固革命根据地旧址群（含东固革命根据地博物馆）；中国工农红军北上抗日先遣队纪念馆（碑）；闽浙皖赣革命根据地旧址群。

山东省：天福山革命遗址；孟良崮战役烈士陵园；鲁西南战役革命纪念地（郓城鲁西南战役指挥部旧址、金乡鲁西南战役纪念馆）；新四军军部旧址暨华东军区、华东野战军诞生地纪念馆。

河南省：商丘淮海战役陈官庄烈士陵园；驻马店确山竹沟革命纪念馆（竹沟烈士陵园）。

湖北省：湘鄂边苏区鹤峰革命烈士陵园；北伐汀泗桥战役遗址纪念馆；龙港革命历史纪念馆和龙港革命旧址；天门陆羽纪念馆。

湖南省：屈子祠；雷锋纪念馆；南岳忠烈祠；湘乡东山学校旧址。

广东省：中共三大会址纪念馆；叶挺独立团团部旧址纪念馆。

海南省：万宁市六连岭烈士陵园。

重庆市：杨闇公旧居和陵园；重庆市万州革命烈士陵园。

四川省：“5·12”汶川地震遗址、遗迹及地震博物馆（“万众一心 众志成城”——抗震救灾主题展览馆、北川县城地震遗址博物馆、汶川地震震中纪念地、汉旺东汽工业遗址纪念地、都江堰虹口深溪沟地震遗迹纪念地）；川陕革命根据地红军烈士陵园；李白纪念馆；彝海结盟纪念地。

贵州省：猴场会议会址；周逸群故居；四渡赤水纪念馆。

云南省：昆明市聂耳纪念馆；红军长征过丽江纪念馆；西双版纳花卉园周总理视察热作所纪念碑。

西藏自治区：拉萨烈士陵园；西藏博物馆。

陕西省：榆林杨家沟革命纪念馆；渭南渭华起义纪念馆；铜川陕甘边照金革命根据地纪念馆。

甘肃省：腊子口战役纪念馆；中共中央政治局榜罗会议纪念馆；中共中央西北局岷州会议纪念馆；两当兵变纪念馆；甘肃省博物馆。

青海省：青海乐都柳湾彩陶博物馆；青海藏医药文化博物馆。

宁夏回族自治区：盐池县革命烈士纪念园；陕甘宁省豫海县回民自治政府成立大会旧址。

新疆维吾尔自治区：八路军驻新疆办事处纪念馆；伊犁林则徐纪念馆。

国家体育总局：国家体育总局训练局荣誉馆。

（五）第五批全国爱国主义教育示范基地

2017年3月29日，中宣部新命名41个全国爱国主义教育示范基地。此次新命名基地分属14个省、自治区和新疆生产建设兵团，以革命老区为主，覆盖东、中、西不同区域；反映内容包括长征出发、长征会师、中国人民解放军渡江战役等多个标志性重大历史事件和重要历史节点，有较强代表性和广泛影响力。其中，反映长征内容的基地占新命名基地绝大部分。此次命名后，长征主题示范基地总数已达80余个，较全面地展现了红军长征的光辉历程。

第五批全国爱国主义教育示范基地名单（41个）如下①：

内蒙古自治区：包头市王若飞纪念馆。

浙江省：洞头先锋女子民兵连纪念馆。

安徽省：渡江战役纪念馆；淮南市大通万人坑教育馆；王稼祥事迹陈列馆（王稼祥故居）。

福建省：宁化县革命纪念馆；闽北革命历史纪念馆；蔡威事迹展陈馆。

江西省：宁都县中央苏区反“围剿”战争纪念馆；湘鄂赣革命纪念馆。

河南省：鄂豫皖革命纪念馆；桐柏革命纪念馆。

湖北省：东湖毛泽东故居；十堰市郧阳革命烈士陵园；十堰市郧阳南化塘革命烈士陵园；黄冈革命烈士陵园。

湖南省：通道转兵会议旧址和纪念馆；红军标语博物馆和中国工农红军革命活动炎陵纪念馆；厂窖惨案遇难同胞纪念馆。

四川省：雅安市红军长征翻越夹金山纪念馆；阿坝州两河口会议旧址；凉山州红军长征过会理纪念馆；广元市木门会议会址纪念馆；南充市阆中红军烈士纪念园。

贵州省：中华苏维埃人民共和国川滇黔省革命委员会旧址；苟坝会议会址；红二、红

---

① 中宣部新命名一批全国爱国主义教育示范基地［EB/OL］.（2017-03-29）［2019-12-20］. http://www.wenming.cn/xj_pd/ssrd/201703/t20170329_4149295.shtml? sign=ABZ0cnNfd2NtX3ByZXZpZXdfYWNjZXNzAAAH4QAAAAgAAAAMAAAADgAAACMAAAAL.

六军团盘县会议会址；红二、红六军团木黄会师纪念馆；榕江红七军历史陈列馆；中共贵州省工委旧址。

陕西省：马栏革命旧址；川陕革命根据地纪念馆；直罗烈士陵园；刘志丹烈士陵园；子长革命烈士纪念馆；中央红军长征胜利纪念碑。

甘肃省：环县山城堡战役纪念馆；静宁县界石铺红军长征毛泽东旧居纪念馆。

青海省：果洛藏族自治州班玛县红军沟革命遗址。

宁夏回族自治区：西吉县将台堡红军长征会师纪念碑。

新疆生产建设兵团：三五九旅屯垦陈列馆。

（六）第六批全国爱国主义教育示范基地

2019 年 9 月 16 日，在中华人民共和国成立 70 周年之际，中宣部新命名 39 个全国爱国主义教育示范基地。命名工作紧密结合“不忘初心、牢记使命”主题教育，突出反映中华人民共和国成立 70 年来党和国家各项事业发生的历史性变革、取得的历史性成就。

第六批全国爱国主义教育示范基地名单（39 个）如下[①]：

北京市：铁道兵纪念馆；中国法院博物馆；中国海关博物馆；中国妇女儿童博物馆；中国华侨历史博物馆；宋庆龄同志故居；北京新文化运动纪念馆；北京正负电子对撞机实验室；中国印刷博物馆；北京李大钊故居；没有共产党就没有新中国纪念馆。

河北省：沙石峪陈列馆。

山西省：右玉精神展览馆。

黑龙江省：齐齐哈尔江桥抗战纪念地。

江苏省：审计博物馆；扬州博物馆；南京长江大桥；国家超级计算无锡中心。

浙江省：秦山核电站。

福建省：谷文昌纪念馆。

江西省：余江血防纪念馆；景德镇市中国陶瓷文化展示基地。

山东省：潍县乐道院暨西方侨民集中营旧址。

河南省：中国文字博物馆；八路军驻洛办事处纪念馆；王大湾会议会址纪念馆；愚公移山精神展览馆。

湖北省：三峡工程。

湖南省：杨开慧故居；林伯渠故居。

广东省：三河坝战役烈士纪念碑。

广西省：广西民族博物馆；合浦县博物馆；冯子材旧居。

---

① 中宣部新命名一批全国爱国主义教育示范基地［EB/OL］.（2019-09-16）［2020-02-20］. http://www.nming.cn/bwzx/jj/201909/t20190916_5255692.shtml? tdsourcetag=s_pcqq_aiomsg.

重庆市：重庆三峡移民纪念馆。

贵州省：六盘水市贵州三线建设博物馆；中国科学院国家天文台 FAST 观测基地。

云南省：周保中将军纪念馆。

宁夏回族自治区："三北"防护林工程·中国防沙治沙博物馆。

三、爱国主义教育基地参观走访策划——以广东省为例

广东在中国近代和现代史上具有重要地位。"古来即是英雄地，南粤何处不染红?"自近现代以来，广东从未缺席过任一重大历史事件，鸦片战争、太平天国运动、戊戌维新、辛亥革命、北伐战争、省港大罢工、广州起义等许多重大历史事件都在这里发生。

撼人心灵的历史在南粤大地留下了十分丰富的革命历史文化遗产：全国第一个红色苏维埃政权——海陆丰苏维埃政权遗址（海丰红宫红场旧址纪念馆）；1927 年红军成立时"三大起义"之一的"广州起义"遗址；大革命时期的全国 13 个革命根据地之一的"海陆丰革命根据地遗址"；中国第一个农会组织遗址"海陆丰农会遗址"；梅县的三河坝遗址；著名的东江纵队遗迹；广州毛泽东主持的农民运动讲习所等①。

自 2000 年以来，广东省先后分 7 批，命名了 104 个省级爱国主义教育基地，其中 13 个被中宣部命名为全国爱国主义教育示范基地。以下以广东省为例，设计广东省爱国主义教育基地参观走访路线。

（一）以"革命先驱，救亡图存"为主题的"国共合作"红色路线

以"革命先驱，救亡图存"为主题的"国共合作"红色路线串联了中共三大会址纪念馆、中华全国总工会旧址、黄埔军校旧址纪念馆、毛泽东同志主办农民运动讲习所旧址、六二三路沙基惨案纪念碑及沙面岛、粤北省委旧址暨历史陈列馆等。

1. 中共三大会址纪念馆

1923 年 6 月 12 日至 20 日，中国共产党第三次全国代表大会在广州东山恤孤院 31 号（现恤孤院路 3 号）召开，是迄今为止中国共产党唯一在广州召开的、具有重大历史意义的全国代表大会，对中国革命产生了巨大的影响。

为纪念这次在党的历史上具有重要意义的会议，广东省、广州市建设中共三大会址纪念馆并于 2006 年 7 月建成开馆。纪念馆由中共三大历史陈列馆、中共中央机关旧址——春园、中共三大会址遗址广场和旧民居 5 号楼组成。2009 年 5 月，该馆被中宣部公布为第四批全国爱国主义教育示范基地。

---

① 古来英雄地，何处不染红［EB/OL］.（2005-11-21）［2019-12-20］. http://travel.southcn.com/travelzhuanti/gd2005/guangdong/200511210883.htm.

中共三大制定了中国共产党的统一战线方针政策，为中国革命统一战线最终形成奠定了基础，对随后大革命高潮的到来产生了决定性的作用；使中国共产党和革命力量迅速壮大，使广东成为国共两党合作、共同掀起大革命运动的中心。中共三大确定的革命统一战线，经过后来新民主主义革命斗争的反复实践与发展，成为当时中国共产党战胜强敌、夺取革命胜利的三大法宝之一。

中共三大会址纪念馆绿树掩映，繁华簇拥，倍感庄严肃穆。中共三大会址纪念馆展现了中共三大丰富的历史价值和深远意义，成为弘扬革命传统、进行爱国主义教育和党性教育的平台。

2. 中华全国总工会旧址

1925 年 5 月 1 日，中华全国总工会成立，简称“全总”。中华全国总工会旧址是“全总”成立后的第一个总部所在地，位于广州市越秀南路 93 号，馆址原为惠州会馆，始建于清末民初，是一栋欧式两层砖木结构的楼房，历史上曾是闽粤军司令部所在地。

1925 年 5 月 7 日，在中国共产党的领导下，第二次全国劳动大会在广州召开，决定成立中华全国总工会，选举林伟民、刘少奇等为执行委员。“全总”在这里领导了省港大罢工，为全国工人运动培训干部、发展工运组织、开展统一的工人运动做出了贡献。1926 年，中华全国总工会门前两侧修筑“工农运动死难烈士纪念碑”和“廖仲恺先生牺牲处纪念碑”。

3. 黄埔军校旧址纪念馆

黄埔军校旧址纪念馆位于广州黄埔长洲岛，原为清朝广东陆军学校和海军学校校舍。1924 年 6 月 16 日，孙中山在苏联顾问帮助下，创办了培养军事干部的学校，命名“中国国民党陆军军官学校”，之后更名为“中华民国陆军军官学校”。黄埔军校是大革命时期孙中山先生在中国共产党和苏联的帮助下建立的一所新型军事学校。黄埔军校以“创造革命军来挽救中国的危亡”为办校宗旨，以“亲爱精诚”为校训，学习苏联的建军经验，培养革命的军事人才。军校群英荟萃，名将辈出，在中国近代史和军事史上具有重要意义①。

黄埔军校群英荟萃，名将辈出，从这里走出了大批的军事、政治人才，如周恩来、聂荣臻、叶剑英、恽代英、陈赓等，被称为中国将帅的摇篮。黄埔军校学生曾多次参加过革命战争，为中国革命事业做出了重大的贡献。

黄埔军校史迹丰富，设有“黄埔军校史迹展”和“黄埔群英油画馆”。其中，“黄埔军校史迹展”通过 200 多张照片、100 多件文物，以“黄埔岁月”“军校变迁”“情系黄埔”三个部分，生动再现了黄埔军校的辉煌和黄埔军校师生英勇奋战，不怕牺牲，在统一广东、建立广东革命根据地、北伐、抗日战争中立下的彪炳青史的赫赫战功。

---

① 杨江华. 全国爱国主义教育基地·闽粤桂琼卷［M］. 北京：团结出版社，2013：41.

4. 毛泽东同志主办农民运动讲习所旧址

毛泽东同志主办农民运动讲习所（简称农讲所）旧址位于广州市中山四路42号，前身为始建于明洪武三年（1370年）的番禺学宫，是明清两代的番禺县学和祭祀孔子的文庙，至今已有600余年的历史。棂星门、泮池、拱桥、大成殿、崇圣殿等古建筑蕴藏着中华民族优秀的历史文化。1924年7月，农讲所创立，是第一次国共合作时期培养农民运动干部的学校，共举办了六期。1926年，第六届农讲所由毛泽东同志担任所长。农讲所占地1.5万平方米，现有毛泽东当年的办公室、教务部、军事训练部、庶务部、阅览室、课堂、学生宿舍、食堂等。2001年6月11日，毛泽东同志主办农民运动讲习所旧址被中宣部公布为第二批爱国主义教育示范基地。

第一次国共合作形成后，国民革命运动迅猛发展。为了配合即将进行的北伐战争，发展全国农民运动，1926年5月至9月，毛泽东任所长的第六届农民运动讲习所举办，周恩来、萧楚女、彭湃、恽代英等共产党员任教员。来自20个省区的327名学生在此学习农民运动的理论和方法，接受严格的军事训练，参加革命斗争。学员毕业后奔赴全国各地，领导农民运动，为中国革命做出了重要的贡献。农讲所旧址这一古老建筑成为具有重大历史意义的革命纪念地。

农讲所旧址中，当年的所长办公室、教务部、军事训练部、课堂、学生宿舍等均按原貌布置，并辅有“广州农民运动讲习所陈列”展览，实事求是地展示第一届至第六届农讲所的历史。同时，农讲所旧址配合党的路线、方针、政策，每年举办富有爱国主义和革命传统教育意义的专题展览。自建馆以来，农讲所旧址已经接待观众2 000多万人次，迎接了数以万计来自世界各地的国际友人。

“革命自有后来人”，当年的农讲所吹响了农民解放的号角，为中国革命做出了重大贡献，这座古老建筑也成为具有重大历史意义的革命纪念地①。

5. 六二三路沙基惨案纪念碑及沙面岛

1925年6月19日，香港工人在中国共产党人邓中夏、苏兆征等领导下，开始了支援上海人民反帝斗争大罢工。1925年6月23日，广州举行大规模示威游行，当队伍行经沙面英、法租界对岸之沙基西桥口时，遭英、法海军陆战队机枪扫射。该惨案死亡50多人、重伤170多人、轻伤无数，成为骇人听闻的“沙基惨案”。为纪念这一反帝斗争，1926年6月，当时的广东革命政府决定将沙基路改筑马路，定名为“六二三路”，并在人民桥东侧、珠江河畔竖立刻有“毋忘此日”的石碑。

位于广州市荔湾区西南部的沙面岛，面积0.3平方千米，又称中流沙，由珠江冲击而成。由于此处俯视白鹅潭，扼西南入口，因此是古代广州城防西炮台所在地，是城区的防

① 毛泽东同志主办农民运动讲习所旧址纪念馆［EB/OL］.（2017-02-27）［2019-12-20］. http://gd.wenming.cn/aiguo/201702/t20170227_4081111.html.

卫要地。鸦片战争后，沙面岛被英国、法国强占为租界达80年，是外国侵略者入侵我国的历史见证。沙面岛被称为广州城内的国中国，欧美许多国家领事馆及洋行等都设在这里，历经沧桑的沙面，让人们在领略西洋建筑风格的同时，接受到中国近代史的教育和“勿忘国耻”的爱国主义教育。

6. 粤北省委旧址暨历史陈列馆

抗日战争时期，中共广东省委根据抗日形势，将省委机关由广州迁到韶关。其中，1939年12月，省委机关迁到南雄瑶坑村；1940年7月，省委机关迁到始兴红围；1940年12月，中共中央和中央南方局撤销中共广东省委，成立中共粤北省委和中共粤南省委，粤北省委仍驻始兴红围；1941年春至1942年5月，为更好地开展革命斗争，粤北省委由始兴红围迁到韶关五里亭广东韶州师范学校农场小院。

（二）以“入粤鏖战，星火燎原”为主题的“南粤星火路”红色路线

古道烽火、红色记忆，此条路线回顾了八一南昌起义部队在广东地区百折不挠、奋勇向前、传播革命火种的战斗历程，主要包括梅州市三河坝战役纪念园、叶剑英元帅纪念馆、起义军第二十军第三师司令部旧址、起义军汕头总指挥部旧址（大埔会馆）、普宁“八一”纪念馆、海丰红宫红场旧址纪念馆等。

1. 梅州市三河坝战役纪念园

1927年9月下旬，南昌起义军南下广东建立根据地，朱德率领3 000余名起义军与2万敌军在三河坝顽强激战三天三夜，掩护主力军在潮汕作战，后人称为“七日红”，无数战士为完成使命誓死杀敌长眠于笔枝尾山顶，这便是著名的三河坝战役。

“八一”起义军三河坝战役纪念园位于大埔县三河镇汇东村笔枝尾山顶，占地18万平方米，内有三河坝战役烈士纪念碑、三河坝战役纪念馆、朱德雕塑、浮雕墙等。其中，纪念馆展厅内设“举义南昌城”“浴血三河坝”“会师井冈山”三个展厅和三河坝战役沙盘。三河坝战役烈士纪念碑系第六批全国爱国主义教育示范基地、全国重点烈士纪念建筑物保护单位、广东省文物保护单位、梅州市和大埔县爱国主义教育基地。

2. 叶剑英元帅纪念馆

叶剑英元帅纪念馆位于叶剑英元帅的故居——广东省梅州市梅县区雁洋镇虎形村，分为人文秀区、纪念景区、旅游休闲服务区和生态林区四个功能区，由叶帅故居、叶家宗祠、叶剑英纪念馆、纪念广场、入口广场、题壁广场、泉井广场、诗林广场、石刻、亭子、果园、植物园、观景台、农家乐园、客家风情街系列景观组成。

1897年4月28日，中国伟大的无产阶级革命家、十大元帅之一的叶剑英元帅在此出生并度过了他的童年、少年时代。叶剑英是中国伟大的无产阶级革命家、政治家、军事家、战略家，久经考验的共产主义者、坚定的马克思主义者，中华人民共和国和中国人民

解放军的缔造者和领导人之一，中华人民共和国十大元帅之一，中国特色社会主义改革开放和现代化建设的重要开拓者和奠基人。

在长征中，叶剑英任第一纵队司令员。1935年，张国焘进行分裂党和红军的活动，拒绝执行党中央的北上方针，并企图危害党中央。叶剑英识破了张国焘的阴谋，立即报告毛泽东。叶剑英在这个危急关头保护了党中央。毛泽东曾说："叶剑英同志在关键时刻是立了大功的。如果没有他，就没有这个了。他救了党，救了红军，救了我们这些人。"

1976年，周恩来、朱德、毛泽东同志相继逝世，"四人帮"加紧进行篡夺党和国家最高领导权的阴谋活动。叶剑英同志同中央其他领导同志一道，根据中央政治局多数同志的意见，代表党和人民的意志，采取有力措施，一举粉碎了"四人帮"，从危难中挽救了党、挽救了我国的社会主义事业。在这场斗争中，叶剑英同志起了决定性的作用。

党的十一届三中全会，叶剑英同志以他在党内的崇高威望和政治远见，在推动新时期的改革开放、祖国统一、干部队伍年轻化以及民主法制和军队国防建设等方面做出了卓越贡献，为开创中国特色社会主义事业建立了新的历史功勋。

毛泽东同志高度评价叶剑英："诸葛一生唯谨慎，吕端大事不糊涂。"叶剑英元帅为中国人民的解放事业和社会主义建设事业殚精竭虑，做出了重大贡献，建立了丰功伟绩，深受全党、全军和全国人民的爱戴与敬重。

3. 起义军第二十军第三师司令部旧址

起义军第二十军第三师司令部旧址涵碧楼位于潮州西湖公园湖畔上，背倚郁郁青山，面临碧绿湖水，故名涵碧楼。涵碧楼始建于1922年，周恩来、周逸群等同志曾带领军队驻扎于此。

1925年，国民革命军东征进驻潮州，黄埔军校学生办事处设在涵碧楼。1927年8月，共产党领导南昌起义部队南下广东，同年9月23日进驻潮州，二十军第三师司令部设于涵碧楼，起义军建立了7天红色政权，史称"七日红"。

4. 起义军汕头总指挥部旧址（大埔会馆）

起义军汕头总指挥部旧址（大埔会馆）位于汕头市金平区民权路中段的大埔会馆。1927年，南昌起义南下部队来到汕头时曾把大埔会馆作为起义军临时指挥部，周恩来等领导人在这里共商一系列重大军事、政治决策。

1927年8月3日，起义部队按照中共中央的原定计划，撤离南昌，南下广东进军东江。途中，前敌委员会作出先得潮汕、海陆丰，建立工农政权的部署。此后，起义主力部队在周恩来、贺龙、叶挺、朱德等的率领下经福建向广东进发。1927年9月23日，起义军进军潮州城，24日凌晨，起义军前锋沿潮汕铁路进入汕头市区，并援助汕头市工农武装攻下警察总局。24日下午，周恩来、贺龙、叶挺等率起义军总部进入汕头市后，南昌起义南下部队总指挥部设于大埔会馆。

5. 普宁“八一”纪念馆

普宁“八一”纪念馆也称八一流沙会议纪念馆，又称八一南昌起义南下部队指挥部军事决策会议旧址。普宁“八一”纪念馆位于流沙新河东路1号，占地面积约1 250平方米，建筑面积（单层）近800平方米。

1927年“八一”南昌起义后，南下部队于9月下旬进入潮汕地区，将总部设于汕头。1927年9月底10月初，由汕头撤至流沙的前敌委员会、革命委员会、党中央和省委部分领导人及工作人员，分别驻于流沙教堂、秦氏祖祠和珍珠娘宫等地。1927年10月3日，贺龙、叶挺、聂荣臻等军事指挥员也赶到流沙，由周恩来主持，在流沙教堂侧厅举行指挥部军事决策会议，参加会议人员有李立三、恽代英、贺龙、叶挺、刘伯承、聂荣臻、彭湃、杨石魂等。会议从政治上和军事上初步总结了南昌起义以来的经验教训，贯彻了中共中央“八七”会议精神，做出了“丢掉国民党革命委员会的旗帜，打出苏维埃的旗帜，搞土地革命，武装人员撤往海陆丰与当地武装结合，领导人员撤离战区转香港、上海另行分配工作”等重大决策。这个具有重大历史意义的会议简称为流沙会议。2015年，普宁“八一”纪念馆被广东省精神文明建设委员会、中共广东省委宣传部命名为广东省爱国主义教育基地。

南昌起义军主力部队从1927年9月24日进入汕头，在大埔会馆设立南昌起义南下部队总指挥部，到9月30日撤离汕头到普宁流沙，起义部队进驻汕头前后虽然只有7天，但在汕头的革命历史上却起着极其重大的作用，为中共潮汕党组织领导武装斗争和开辟革命根据地打下基础，其影响极为深远。为此，汕头民众把这段光辉的历史称为“七日红”。

6. 海丰红宫红场旧址纪念馆

海丰红宫红场旧址坐落于广东省汕尾市海丰县海城镇人民南路13号，占地面积3.37万平方米，红宫原为建于明代的海丰学宫，始建于明洪武十二年（1379年），现保存有棂星门、泮池、大成门、大成殿和东西庑等建筑。红宫红场旧址是中国共产党早期重要领导人之一——彭湃同志主要的革命活动场所，是彭湃同志领导海丰人民创建全国第一个苏维埃政权的地方。2005年11月20日，海丰红宫红场旧址纪念馆被中宣部公布为第三批爱国主义教育基地。

1927年10月，在中共东江特委领导下，海陆丰人民举行第三次起义，夺取了政权。1927年11月18至21日，在学宫大成殿召开了海丰工农兵代表大会，出席这次大会的代表有311名，中共中央政治局委员彭湃同志在大会上做了政治报告，南昌起义部队红二师师长董朗、党代表颜昌颐等同志在大会上发表演说。会议通过了“没收土地案”等8项政治纲领，宣布成立海丰县苏维埃政府，同时选举了苏维埃政府委员13名，苏维埃政府裁判委员会委员14名，当时大会会场四周都刷以红色，场内用红布覆盖墙壁，贴上“打倒军阀”“工农兵团结起来”“苏维埃政权万岁”等革命标语，中国第一个红色政权在此诞生。此后，革命政权的许多重要会议都在这里召开。海丰苏维埃政府是全国第一个工农红色政权，第一个红色苏维埃政权，在党史上具有十分重要的意义。

红场旧址占地22 000多平方米，海丰苏维埃政权成立后，彭湃同志号召在此地兴建红场大门和司令台。大门门额上浮塑“红场”二个大字，为彭湃手书，两边浮塑有“铲除封建势力，实行土地革命”的对联，红场中央设有传声台。1927年12月1日，这里召开了5万多人参加的大会，庆祝海丰苏维埃政府成立。1928年1月2日，董朗、颜昌熙等率领的南昌起义部队与叶镛、袁裕、徐向前等率领的广州起义部队在此胜利会师。1961年3月4日，国务院授予海丰红宫红场旧址纪念馆为全国重点文物保护单位。1986年，红场中心安放了彭湃烈士铜像。

（三）以“重走东纵路，传承抗战精神”为主题的“广东抗战风云”路线

广东人民抗日游击队东江纵队是抗日战争时期中国共产党在广东省东江地区创建和领导的一支人民抗日军队，是开辟华南敌后战场、坚持华南抗战的主力部队之一。东江纵队是在曾生、林平（尹林平）、王作尧、杨康华等主要领导带领下，从无到有，从小到大发展起来的抗日武装力量，其开辟的华南敌后战场成为“敌后三大战场”之一。1945年，朱德同志在中共七大军事报告《论解放区战场》中将东江纵队与琼崖纵队和八路军、新四军并称为“中国抗战的中流砥柱”。

该战线以“重走东纵路，传承抗战精神”为主题特色，串联广东东江纵队纪念馆、东莞榴花抗日纪念亭、东江纵队司令部旧址、东江抗日军政干部学校旧址、东纵北撤纪念亭等。

1. 广东东江纵队纪念馆

广东东江纵队纪念馆位于广东省东莞市大岭山镇大王岭村，是展示广东人民抗日游击队东江纵队历史的专题纪念馆，是第四批全国青少年教育基地。

1940年10月，广东人民抗日游击队东江纵队的前身之一——广东人民抗日游击队第三大队，挺进东莞大岭山区，在大王岭村设立部队领导机关，创建大岭山抗日根据地，开展敌后游击斗争，曾取得百花洞战斗的胜利，粉碎日伪军“万人大扫荡”，沉重地打击了日伪军，有力地支援了华南地区及全国的抗日战争。

大岭山抗日根据地是东江纵队的发祥地和重要活动地之一，是东江抗日根据地的重要组成部分，是华南敌后抗战的重要战场。广东东江纵队纪念馆现存广东人民抗日游击队第三大队大队部、会议室、大家团结报社、交通站、粮食加工场、操场、医务所、中山书院以及大岭山抗日民主政权连平联乡办事处9处文物旧址，其复原陈列分别依照抗战时期各旧址的历史原貌，采用当地的革命和民俗文物复原场景。①

① 广东东江纵队纪念馆本馆概况［EB/OL］.［2019-12-20］. http://www.dongzong.net.cn/about.asp? id=36&Sid=1&Jid=1.36.

广东东江纵队纪念馆记载了广东人民抗日游击队东江纵队的整个抗日战争历程。人们通过参观可以了解抗日战争时期中国共产党领导下的广东人民抗日游击队东江纵队为了民族的解放事业浴血奋战、夺取胜利的光辉历程。

2. 东莞榴花抗日纪念亭

东莞榴花抗日纪念亭坐落在广东省东莞市东城区峡口村铜岭山北面，主要是为了纪念在抗日战争中东莞人民的第一仗——榴花战斗中牺牲的战士和当地的英雄而建立。

1938 年 10 月 12 日，日军在大亚湾登陆。石龙、广州、虎门相继沦陷，东莞危在旦夕。10 月 15 日，中共东莞中心县委迅速组建东莞抗日模范壮丁队，抵抗日军的入侵。10 月 19 日，中共东莞中心县委决定，由社训总队政训员何与成、副总队长颜奇率抗日模范壮丁队和壮丁常备队共 200 多人开赴榴花一线，在峡口、京山、西湖、鳌峙塘等地作战。11 月 13 日，为打击在江北烧杀抢掠之敌，何与成、颜奇又率领 40 余人渡江，在石碣刘屋抗日自卫队的配合下，与日军骑兵浴血奋战。战士王尚谦等 11 人壮烈牺牲，石碣刘屋抗日自卫队亦牺牲 11 人。日寇遭打击后退回石龙。

榴花之战是日军登陆华南地区以后，中共广东地方组织领导人民抗日武装进行的一次较早的有组织的抵抗，振奋了东莞的民心士气，成为东莞抗战历史上光辉的一页。

3. 东江纵队司令部旧址

东江纵队司令部旧址位于广东省深圳市大鹏新区葵涌办事处土洋社区中心巷 16 号，始建于 1912 年，占地面积约 400 平方米，建筑面积约 270 平方米，为砖瓦结构二层一进楼房。该建筑原为天主教堂，在抗日战争时期成为中国共产党领导的广东人民抗日游击队东江纵队司令部所在地。

1943 年 12 月 2 日，广东人民抗日游击队东江纵队在土洋村正式宣告成立，并发表了《东江纵队成立宣言》，宣告东江纵队是中国共产党领导的人民抗日武装。1943 年 12 月至 1945 年 5 月，东江纵队将司令部设立于此。1944 年 8 月，广东省委在此召开省委委员、

委员会联席会议（史称土洋会议）。

1998 年 5 月，东江纵队司令部旧址设立东江纵队史迹展览馆并正式对外开放，基本陈列分为东江纵队史迹展和复原陈列两部分，展示了东江纵队的革命精神和战斗历程，再现了革命前辈在艰苦的条件下英勇抗日、“为民先锋”的史实。

4. 东江抗日军政干部学校旧址

东江抗日军政干部学校旧址位于广东省深圳市龙岗区大鹏镇鹏城东门外龙头山腰的东山寺内。1944 年 7 月，东江纵队在此创办了抗日军政干部学校。

1944 年 7 月，随着抗日斗争的深入，东江纵队力量不断壮大，由原来的几十人发展到近万人。为了提高部队的战斗力和干部的文化水平，根据党中央指示，东江纵队在东山寺开办了“东江纵队军政干部学校”，由东江纵队副司令员王作尧兼任校长，李东明任政委，林鹗任教育长，饶卫华任秘书长。军政干部学校在东山寺先后培训了两期学员。第一期仅

设军事部，学员 200 人。同年底，该校第二期扩大招生，增设排级干部训练班，并招收一部分中学生，学员达 400 多人。东江抗日军政干部学校后改为抗日军政大学第七分校，1945 年 2 月随东江纵队司令部迁至罗浮山，后又随军辗转粤北地区。

5. 东纵北撤纪念亭

东纵北撤纪念亭位于深圳市龙岗区葵涌镇沙鱼涌海滩，距大鹏镇 5 000 米。

抗日战争结束后，根据国共两党重庆谈判签署的协定，东江纵队主力需北撤烟台。1946 年 6 月 30 日，在以曾生为首的北撤部队军政委员会的统一指挥下，北撤人员 2 583 人在大鹏半岛的沙鱼涌登上美军三艘登陆舰开赴山东烟台。该部队在解放战争期间扩充为两个纵队，参加了豫东战役等一系列战役，为中国人民的解放做出了巨大贡献。为纪念东江纵队主力北撤山东这一历史事件，1989 年宝安县人民政府在沙鱼涌原址建亭立碑，后被公布为爱国主义教育基地。

（四）以“探访革命历史足迹，传承爱国主义精神”为主题的“广东省全国爱国主义教育基地巡礼”路线

该路线探寻从鸦片战争开始，到资产阶级领导的旧民主主义革命，再到共产党领导的新民主主义革命时期，在广东南粤大地发生的重大革命历史事件、革命圣地以及革命遗迹。目前，广东省共有 13 个被中宣部命名的全国爱国主义教育示范基地。

按照相关历史事件发生的时间先后顺序探寻历史足迹，“广东省全国爱国主义教育基地巡礼”路线串联了鸦片战争博物馆（虎门炮台）(1840 年)、三元里人民抗英斗争纪念馆（1841 年）、孙中山故居纪念馆（1892 年）、黄花岗七十二烈士墓园（1911 年）、黄埔军校旧址纪念馆（1921 年）、中共三大会址纪念馆（1923 年）、叶挺独立团团部旧址纪念馆（1925 年）、毛泽东同志主办农民运动讲习所旧址（1926 年）、海丰红宫红场旧址纪念馆（1927 年 10 月）、广州起义烈士陵园（1927 年）、叶挺纪念馆（1946 年）、叶剑英元帅纪念馆（1987 年）。

1. 鸦片战争博物馆（虎门炮台）

鸦片战争博物馆（虎门炮台），坐落于广东省东莞市虎门，是纪念性和遗址性相结合的专题博物馆。其中，林则徐硝烟池与虎门炮台旧址是全国重点文物保护单位，是鸦片战争时期的历史见证。

1838 年年底，清朝道光帝颁布禁烟令，并派钦差大臣林则徐前往广州负责执行。林则徐下令，在虎门挖了三个大坑，于 6 月 3 日开始销毁鸦片，直到 6 月 25 日才全部销毁殆尽。虎门销烟表现了中国人民维护民族尊严、反抗外国侵略的爱国精神和英雄气概。

虎门销烟后，英国借机挑起是非，发动了对清政府的第一次鸦片战争。清军节节败退，1842 年，中英双方签订《南京条约》，鸦片战争标志着中国近代史的开端，中国开始走向半殖民地半封建社会。

鸦片战争博物馆始建于1957年，建馆初期馆名为“林则徐纪念馆”，1972年更名为“鸦片战争虎门人民抗英纪念馆”，1985年重新定名为“虎门林则徐纪念馆”，为利于对鸦片战争遗址的管理，又增加了一个馆名——鸦片战争博物馆。1987年7月和1988年1月沙角炮台管理所和威远炮台管理所先后成立，分别管理沙角和威远岛诸炮台遗址。1999年12月，海战博物馆正式对外开放。鸦片战争博物馆负责收藏、研究、陈列林则徐销烟与鸦片战争文物史料，保护林则徐销烟池与虎门炮台旧址及有关文物，利用这些文物资料向广大观众进行爱国主义宣传教育①。

2. 三元里人民抗英斗争纪念馆

三元里人民抗英斗争纪念馆馆址三元古庙位于广州市广园中路34号。该庙建于清初，原是一座道教神庙。三元里人民抗英斗争纪念馆是为了纪念鸦片战争时期三元里人民自发组织起来在古庙前誓师抗英的英雄壮举。纪念馆内常设“三元里人民抗英斗争史迹”陈列，主要展品有沙盘、三星旗、抗英武器和战利品、英雄雕像以及有关图片。沙盘是当年三元里及周边103个乡的人民抗击英军的示意模型，重现了当年三元里平英团打败英军的场面与杀声震天的情景，让参观者如临其境，如闻其声。

1840年6月，英国发动对华的鸦片战争。1841年5月29日，英军劫掠队到三元里一带抢掠烧杀，奸淫妇女。韦绍光是三元里当年的抗英志士，又名进可，广东南海人。当他的妻子被窜扰三元里地区的英军士兵调戏的时候，韦绍光揭竿而起，联合村民逐走英军。5月30日清晨，也就是韦绍光等人赶走英军的第二天，三元里村民们估计英军会前来报复，于是在村北的三元古庙前集会，群情激昂，决定武装抗击英国侵略者。同时，萧岗举人何玉成等爱国乡绅“柬传”广州东北郊、南海、番禺、增城各乡，联络了三元里及周围103个乡的农民约15 000人组成平英团，齐聚在三元里村东北的牛栏岗上。他们商定利用此处的复杂地形，诱歼敌人，一旦发现英军，就“一乡锣响，众乡响应”。各乡代表在韦绍光率领下，众志成城，在古庙前誓师，并宣誓“旗进人进，旗退人退，打死无怨”。英军逃回四方炮台后，果然又来进犯。村民们分头诱敌于牛栏岗后，满山遍野的村民高举义旗，手提大刀、长矛、藤牌、三尖枪、挠钩、长棍、抬枪以及锄头等原始武器，追歼英国侵略者，经过一天激战，打死英国侵略者200多人，英军余众逃回四方炮台，三元里人民大获全胜②。

三元里人民抗英斗争是近代中国人民自发保家卫国、反抗侵略者而取得的第一场胜利，对中国人民反帝反封建斗争产生了深远影响，为中国近代历史谱写了辉煌而重要的一页③。

---

① 杨江华．全国爱国主义教育基地·闽粤桂琼卷［M］．北京：团结出版社，2013：11-12.

② 三元里人民抗英斗争纪念馆［N］．广州青年报，2018-10-18（A07）.

③ 三元里人民抗英斗争纪念馆［EB/OL］．（2017-02-27）［2019-12-20］．http://gd.wenming.cn/aiguo/201702/t20170227_4081114.html.

3. 孙中山故居纪念馆

孙中山故居纪念馆位于广东省中山市翠亨村。孙中山故居纪念馆主体建筑是 1892 年由孙中山的大哥孙眉出资、孙中山主持修建的。1892—1895 年、1912 年孙中山都曾在此居住。纪念馆共有孙中山纪念展示区，翠亨民居展示区，农耕文化展示区，杨殷、陆皓东纪念展示区，非物质文化遗产展示区以及其他内容展示区共 6 大展区。1997 年，孙中山故居纪念馆被中宣部公布为第一批全国爱国主义教育示范基地。

1866 年 11 月 12 日，孙中山出生于翠亨村一个普通的农民家庭，10 岁入村塾读书，12 岁到檀香山读书，17 岁时回国。孙中山青少年时曾就读于本村私塾和檀香山、美英教会学校。孙中山一生致力于挽救民族危亡的政治活动，早年提出革新政治主张，遭拒绝后，组织建立中国最早的资产阶级革命团体兴中会；提出推翻清朝政府，建立资产阶级民主共和国。1900 年以后，孙中山发动惠州三洲田起义，创立同盟会，组织发动广州“新军”，组织多次起义均告失败。

1911 年 10 月 10 日武昌起义成功后，孙中山被各省代表推举为临时大总统。次年 2 月被迫辞去职务。1917 年，孙中山在广州组建护法军政府，当选大元帅，1919 年去职。1922 年，孙中山在中国共产党、苏俄共产党和列宁的帮助下，改组国民党，1923 年重建大元帅府。1924 年 1 月，孙中山在广州组织召开中国国民党第一次全国代表大会，发表宣言，重新解释三民主义，确立“联俄、联共、扶助农工”的三大政策，形成第一次国共合作。同年 11 月，孙中山扶病北上共商国是，提出废除一切不平等条约，召开国民会议的主张。1925 年 3 月 12 日，孙中山在北京逝世①。孙中山是中国近代民族民主主义革命的开拓者，孙中山领导辛亥革命结束了中国 2 000 多年的封建帝制，开创国共合作，促成了北伐战争的胜利。孙中山在 40 年的革命斗争中充分地表现了坚决和勇敢的革命精神。

4. 黄花岗七十二烈士墓园

黄花岗七十二烈士墓园又称黄花岗公园，位于广州市先烈中路 79 号，是为纪念 1911 年 4 月 27 日（农历辛亥年三月二十九日）孙中山领导的中国同盟会在广州“三·二九”起义中牺牲的烈士而建的，是广州作为近代革命策源地的重要见证。

1910 年 11 月，孙中山、黄兴、赵声等革命党人在马来半岛的槟榔屿召开会议，决定再次在广州发动武装起义，黄兴担任总指挥，在越华路小东营五号设立起义总指挥部。1911 年 4 月 27 日下午 5 时 30 分，黄兴率 130 余名敢死队员直扑两广总督署，发动了中国同盟会的第十次武装起义——广州起义。敢死队突入总督署，总督张鸣岐逃走，起义军焚毁总督署后，在东辕门外与水师提督李准派来弹压起义的北洋军短兵相接。起义军浴血奋战，终因寡不敌众而不幸失败。起义失败后，黄兴负伤撤回香港，喻培伦、方声洞、林觉

---

① 孙中山故居［EB/OL］.（2008-09-23）［2019-12-20］. http://www.gdwh.com.cn/wwtd/2008/0923/article_1568.html.

民等革命志士牺牲，牺牲的中国同盟会会员有名可考者 86 人，其中 72 人的遗体由潘达微寻获安葬于广州红花岗。潘达微将红花岗改名为黄花岗，这次起义因此被称为黄花岗起义①。黄花岗起义充分体现了广州在辛亥革命和新民主主义革命的“先行意义”②。

5. 叶挺独立团团部旧址纪念馆

叶挺独立团团部旧址纪念馆位于广东省肇庆市正东路尾。叶挺独立团于 1925 年 11 月 21 日在肇庆正式成立，是周恩来抽调黄埔军校毕业生中的革命青年，在国民革命军第四军中筹建的以共产党员为骨干的部队，叶挺被广东区委推荐担任该团团长。全团 2 000 余人，干部大多是共产党员或共青团员，成立之初番号为国民革命军第四军第十二师第三十四团，1926 年 1 月改称第四军独立团。由于团长是共产党员叶挺，又称叶挺独立团。叶挺独立团既是中国共产党最早领导的武装部队，又是中国共产党在军队中建立党组织的最初实践。在中国人民解放军第一次授衔的将帅名录里，叶挺独立团中走出了 4 位元帅、165 位将军。

1927 年大革命失败后，以原叶挺独立团的部队和干部为骨干组成的部队，参加了“八一”南昌起义，打响了武装反抗国民党反动派的第一枪。此后，原叶挺独立团的部分官兵又参加了秋收起义、广州起义和井冈山会师，开创了中国共产党独立领导革命武装斗争的新时期。

叶挺独立团团部旧址纪念馆占地面积 8 100 平方米，馆内设“端砚春秋”陈列和“铁军独立——雄团”陈列。1959 年 10 月 1 日，叶挺独立团团部旧址纪念馆宣布成立，2009 年 5 月被中宣部列为第四批爱国主义教育基地。其中，“铁军独立——雄团”展览室主要围绕叶挺独立团在肇庆的建立及其发展历程来布展，分“肇庆建团”“军政活动”“援助农运”“北伐先锋”“武装起义”“将星璀璨”六个主题，通过历史照片、文物、雕塑、绘画、模型、电视专题片等形式，生动展现了叶挺独立团光辉的战斗历程。

6. 广州起义烈士陵园

广州起义烈士陵园位于广州市中山二路 92 号，是中华人民共和国成立后为纪念 1927 年 12 月中国共产党领导下的广州起义中英勇牺牲的烈士而修建的纪念性公园。广州起义烈士陵园建于 1954 年，总面积 18 万平方米。1977 年 7 月，该陵园被中宣部公布为第一批全国爱国主义教育基地。

第一次国内革命战争失败后，为了挽救革命，反击国民党反动派的疯狂镇压和屠杀，根据党的“八七”会议精神。1927 年 12 月 11 日凌晨，中共广东省委书记张太雷以及叶挺、叶剑英、苏兆征、聂荣臻、徐向前等人，组织发动了广州起义。由于敌强我弱，起义

---

① 杨江华. 爱国主义教育基地·闽粤桂琼卷［M］. 北京：团结出版社，2013：39.

② 黄花岗七十二烈士墓园［EB/OL］.（2017-02-27）［2019-12-20］. http://gd.wenming.cn/aiguo/201702/t20170227_4081098.html.

最终失败，在 12 月 14 日至 19 日的 6 天时间中，有 5 700 多名共产党员和革命群众惨遭杀害，部分烈士遗骸葬于现广州起义烈士陵园的所在地。广州起义是创建人民政权的一次伟大尝试，它和南昌起义、秋收起义连接在一起，成为中国共产党独立领导革命战争和创造人民军队的伟大开端，在中国革命史上谱写了光辉的篇章。

7. 叶挺纪念馆

叶挺纪念馆旧馆位于广东省惠州市淡水镇叶挺中路，建于 1986 年 4 月 8 日，建筑面积 1 500 平方米，馆名由叶剑英元帅题写，纪念馆正中是叶挺将军半身石像。纪念馆根据叶挺的生平分为出身农家，从戎救国；赴法深造，编练新兵；北伐先锋，保卫武汉；举旗南昌，再战广州；领导抗敌，卓著勋劳；皖南浴血，铁窗铮骨等部分。2001 年 6 月 11 日，该馆被中宣部公布为第二批爱国主义教育示范基地。

叶挺纪念馆新馆是根据中共中央办公厅《关于同意搬迁叶挺纪念馆的复函》，于 2008 年 8 月动工建设，新馆址位于广东省惠州市惠阳区秋长街道周田村叶挺故居旁边，建筑面积 2 758 平方米，陈列展示面积 2 500 平方米。园内的叶挺纪念馆是全国爱国主义教育示范基地，全国 100 个红色旅游经典景区之一。

叶挺将军于 1896 年出生于广东省惠阳县。叶挺将军是中国人民解放军的创始人和新四军的重要领导人之一，是闻名中外的军事家，他带领的独立团在北伐中被誉为“铁军”。1941 年 1 月，国民党反动派发动“皖南事变”，叶挺将军被蒋介石非法扣押，在狱中被囚禁了五年。国民党当局威逼利诱其投降，叶挺将军坚决表示：“头可断，血可流，志不可屈。”叶挺将军在狱中写下了气吞山河的《囚歌》，立志要在“烈火和热血中得到永生”。1946 年 4 月 8 日，叶挺、王若飞、秦邦宪、邓发等奉命乘飞机由重庆飞往延安时，飞机在山西省兴县黑茶山失事，叶挺将军殉难时年仅 50 岁。毛泽东为其题词：“为人民而死，虽死犹荣。”1988 年，叶挺将军被中央军委确定为 36 位开国军事家之一。

四、爱国主义教育基地实践教学组织实施

爱国主义教育基地实践教学主要由教师组织学生参观。对学生参观走访的考核与评价主要设计为以下三种方案，由学生自由选择任意一种方案，参与并完成爱国主义教育基地参观走访的实践教学活动。

（一）方案一：制作参观微视频+参观心得体会

学生可以自主选择参观路线，也可以根据实际情况自行设计参观路线。参观前，学生需要自行查阅好相关资料，确定参观路线，制订参观计划。教师需要提前布置好参观任务与作业。

1. 制作参观微视频

参观过程中，8~10 位学生组队拍摄参观视频，制作以“弘扬爱国主义精神，做忠诚的爱国者”为主题（视频题目可自拟）的微视频；同时，拍摄图片，做好文字资料的收集与整理工作。

例如，学生选择以“革命先驱，救亡图存”为主题的“国共合作”红色路线，可从中共三大会址纪念馆、中华全国总工会旧址、黄埔军校旧址纪念馆、毛泽东同志主办农民运动讲习所旧址、六二三路沙基惨案纪念碑及沙面岛、粤北省委旧址暨历史陈列馆等展馆中选择任意一所纪念馆进行拍摄。其中，以参观中共三大会址纪念馆为例，学生可以通过拍摄微视频，讲述中共三大会址纪念馆的历史背景、历史意义以及中共三大召开过程中发生的历史故事。学生也可以选择多所纪念馆按照历史事件发生的先后顺序进行拍摄，将重大历史事件串联起来，讲述重大历史事件的主要内容与历史意义。

制作参观微视频具体要求如下：

（1）参观微视频需要结合参观内容，讲清楚一个问题，可以是某一历史人物的爱国主义先进事迹、某一感人的爱国故事或某一展品的历史意义等。

（2）作品主题要鲜明，中心要突出，逻辑思路要清晰，作品要完整，视频画面要清晰，要传递正能量，弘扬社会主义核心价值观。

（3）视频时长不少于 6 分钟，不超过 15 分钟，并配有字幕。视频的格式要求为 MP4 视频格式。

（4）参观微视频作品必须为原创，每一小组应确认拥有作品的著作权，不得损害社会公共利益，不得侵犯他人肖像权、名誉权、隐私权、著作权、商标权等。

（5）小组需要提交一份参观微视频主要内容简介与参观微视频创意的文字材料。

2. 心得体会

参观后，每位学生需要提交一份不少于 1 000 字的参观心得体会。参观心得体会要求主题鲜明，题目自拟，表达浓厚的爱国主义情感；要求理论与实践相结合，思路清晰；要求原创，不得抄袭。

撰写参观心得体会，需要记录参观过程、参观内容、讲解内容等，如参观了哪些展馆，展馆中主要陈列展示了哪些内容，讲解员主要讲述了哪些历史故事。参观心得体会重点结合参观过程、参观内容以及学习了解的历史故事、历史事件发生的重要意义等，谈谈自己关于爱国主义教育基地参观的所想、所思以及获得的启示与启发。

（二）方案二：做讲解员+收获体会

1. 做爱国主义教育基地讲解员

学生可以选择到某一个和学校签订实践教学基地共建协议的爱国主义教育基地做大学生讲解员。

本章附录：广东省爱国教育基地名单

自2000年以来，广东省先后分7批，命名了104个省级爱国主义教育基地，其中13个被中宣部命名为全国爱国主义教育示范基地。

注：标★的为全国爱国主义教育示范基地。

广州起义烈士陵园★

三元里人民抗英斗争纪念馆★

毛泽东同志主办农民运动讲习所旧址★

广州中山纪念堂

黄花岗七十二烈士墓园★

黄埔军校旧址纪念馆★

西汉南越王博物馆

广州市花都区洪秀全纪念馆

十九路军淞沪抗日阵亡将士陵园

海珠区西华南街

广州博物馆

广州近代史博物馆

广州市银河烈士陵园

黄埔青少年军校

中共三大会址纪念馆★

孙中山大元帅府纪念馆

邓世昌纪念馆

广州市白云山风景名胜区

广州市国家档案馆

三·二九起义指挥部旧址纪念馆

番禺博物馆

粤海第一关纪念馆

深圳锦绣中华和中国民俗村

中英街历史博物馆

深圳龙岗区布吉镇南岭村

大鹏古城博物馆

深圳莲花山公园邓小平铜像广场

深圳博物馆
圆明新园
苏兆征故居陈列馆
珠海烈士陵园
珠海市档案馆
国民革命军东征军总指挥部旧址
汕头大学
佛山市祖庙博物馆
铁军公园
康有为故居
三谭革命事迹展览馆
粤中纵队纪念馆
中共广东省委粤北省委机关旧址纪念馆
仁化县石塘镇双峰寨
韶关市曲江区博物馆（马坝人博物馆）
韶关市博物馆
阮啸仙故居
河源市源城区阮啸仙烈士陵园
紫金苏区革命旧址群
闽粤赣边五兴龙县苏维埃政府旧址
叶剑英元帅纪念馆★
三河坝战役烈士纪念碑★
谢晋元故居及纪念馆
丘逢甲故居纪念馆
梅州市革命历史纪念馆
平远县红军纪念园
叶挺纪念馆★
东江纵队纪念馆
邓演达纪念园
惠东县高潭镇中洞革命老区
海丰红宫红场旧址纪念馆★
海丰县彭湃烈士故居
海丰县烈士陵园
鸦片战争博物馆（虎门炮台）★

可园博物馆
东莞市袁崇焕纪念园
广东东江纵队纪念馆
东莞市博物馆
孙中山故居纪念馆★
中山革命烈士陵园
梁启超故居
冯如纪念馆
江门五邑华侨华人博物馆
湛江市博物馆
雷州青年运河展览馆
茂名石化工业观光区
高州冼太庙
茂名市电白区革命历史纪念馆
星湖风景名胜区
叶挺独立团团部旧址纪念馆★
向秀丽公园（纪念馆）
潮州市韩愈纪念馆
涵碧楼文物管理所
周恩来同志革命活动旧址
普宁“八一”南昌起义南下部队指挥部军事决策会议旧址
大北山革命历史纪念馆
汾水战役烈士陵园
邓发故居
云安区革命纪念公园
“南海前哨钢八连”展示馆
广东省博物馆
飞来峡水利枢纽管理处
广东省档案馆
南海巡查执法总队“海巡 31”船
新丰江水电厂
广州蓄能水电厂
广东华侨博物馆
廖仲恺何香凝纪念馆

汕头海关关史陈列馆
广州起义纪念馆
深圳坪山新区东江纵队纪念
招商局历史博物馆
三灶岛侵华日军罪行遗址
汕头开埠文化陈列馆
梅县区九龙嶂革命纪念馆
中山市档案馆
葛洪中医药博物馆

第四章　毛泽东诗词朗诵

一、诗词

（一）诗词概述

近年来，随着《中国诗词大会》《经典咏流传》等诗词文化节目在央视的热播，诗词在神州大地悄然升温。这是中华民族诗性的回归，也是党和国家大力倡导继承与弘扬中华优秀传统文化的结果。诗词是诗歌和词的统称，主要指以古体诗、近体诗和格律词为代表的中国古代传统诗歌。中国诗起源于先秦，鼎盛于唐代。中国词起源于隋唐，流行于宋代。

诗歌是一种主情的文学体裁，它以抒情的方式，高度凝练，集中地反映社会生活，用丰富的想象，富有节奏感、韵律美的语言和分行排列的形式来抒发思想情感。诗歌是有节奏、有韵律并富有感情色彩的一种语言艺术形式，也是世界上最古老、最基本的文学形式。诗歌起源于上古的社会生活，是因劳动生产、两性相恋、原始宗教等而产生的一种有韵律、富有感情色彩的语言形式。《尚书》云："诗言志，歌咏言，声依永，律和声。"《礼记·乐记》记载："诗，言其志也；歌，咏其声也；舞，动其容也；三者本于心，然后乐器从之。"早期，诗、歌与乐、舞是合为一体的。诗即歌词，在实际表演中总是配合音乐、舞蹈而歌唱，后来诗、歌、乐、舞各自发展，独立成体，诗与歌统称诗歌。

词属于诗的一种韵文形式，由五言诗、七言诗或是民间歌谣发展而成，句子长短不一。"词"与"辞"在"言词"这个意义上是同义词，一般只说"辞"，不说"词"。汉代以后逐渐以"词"代"辞"。"词"后来又逐渐按一定的曲调来填写，即词牌，如"满江红""蝶恋花""江城子""西江月""浪淘沙"等，由曲名发展而成。

（二）毛泽东诗词

毛泽东是伟大的马克思主义者，是伟大的无产阶级革命家、战略家和理论家，是我国各族人民的伟大领袖，同时又是举世瞩目的伟大诗人。研读毛泽东诗词，不仅会陶冶人的爱国情操，培养人的审美情趣，提升人的精神境界，而且会激发一个人对人民群众的挚爱之情，净化人的心灵，加深对毛泽东思想的认识和理解。毛泽东一生都在进行诗词创作，井冈山斗争和中央苏区时期、长征时期以及20世纪五十六年代三个历史时期的诗词作品相对集中一些。鉴赏毛泽东的诗词，很有必要弄清楚当时的国际国内形势、历史背景和诗人的思想情怀，才能求得较深刻的理解。

1996年中央文献研究室编辑出版《毛泽东诗词集》，收录67首，毛泽东生前发表39首，未发表28首。毛泽东的诗词作品，根据内容、题材、写作意图可以相对分成9个类型：咏物诗词、友情诗词、悼亡诗词、山水诗词、恋情诗词、爱国诗词、叙事诗词、咏史诗词、军旅诗词。就军旅诗词而言，其又大致可以划分为三种类型。一是战斗词，直接描写战争的宏大场面与激烈过程，如《西江月·秋收起义》写秋收暴动，《西江月·井冈山》写黄洋界保卫战。二是行军词，如《如梦令·元旦》写红军在闽赣之间穿插，《七律·长征》写“红军不怕远征难”的非凡壮举。三是抒怀词，既有因中国革命遭遇挫折而导致的心情“郁闷”，如《采桑子·重阳》《菩萨蛮·大柏地》《清平乐·会昌》侧重表达了毛泽东处在人生逆境时的内心郁闷与人格超越，更有因军事行动不断取得胜利而引发的精神“舒快”，如“报道敌军宵遁”“齐声唤，前头捉了张辉瓒”“三军过后尽开颜”。

1. 毛泽东诗词是中国诗歌历史长河中的民族史诗和艺术瑰宝

在5 000多年文明发展中孕育的中华优秀传统文化，在党和人民伟大斗争中孕育的革命文化和社会主义先进文化，积淀着中华民族最深层的精神追求，代表着中华民族独特的精神标识。毛泽东诗词既采撷中华优秀传统文化精华，又浸润革命文化和社会主义先进文化，是民族精神的充分彰显。毛泽东诗词是用典型的中国传统诗词的形式写出来的，无论是内容素材，还是审美风格都充分展现了对于中华优秀传统文化的创造性转化与发展。

一方面，从内容素材上看，毛泽东诗词大量化用、借用了中国古代历史典故、中国古典诗词中的诗文韵句，并进行了新的创造与发挥。例如，《七律·人民解放军占领南京》中的“天若有情天亦老，人间正道是沧桑”中，“天若有情天亦老”借用了唐代诗人李贺所作《金铜仙人辞汉歌》中的诗句“衰兰送客咸阳道，天若有情天亦老”。而“沧桑”一词暗含着我国古代神话中沧海变桑田的典故，毛泽东在这里使用“沧桑”之典比喻的是社会正呈现革命性的发展变化。又如，《浣溪沙·和柳亚子先生》中的“一唱雄鸡天下白”，化用了唐代诗人李贺《致酒行》中的诗句。《致酒行》原诗为：“零落栖迟一杯酒，主人奉觞客长寿。主父西游困不归，家人折断门前柳。吾闻马周昔作新丰客，天荒地老无人识。空将笺上两行书，直犯龙颜请恩泽。我有迷魂招不得，雄鸡一声天下白。少年心事当拏云，谁念幽寒坐呜呃。”毛泽东化用“一唱雄鸡天下白”，表达的是在中国共产党的领导下，中国人民迎来了一个光明崭新的时代。再如，《清平乐·六盘山》中的“今日长缨在手，何时缚住苍龙”，巧妙地化用了宋朝刘克庄《贺新郎·落梅》中的词句“问长缨，何时入手，缚将戎主”。

另一方面，从审美风格看，毛泽东诗词既很好地实现了中国古典诗词浪漫主义和现实主义的结合，又在继承以苏轼、辛弃疾为代表的豪放词风的同时融入了婉约的风格。毛泽东有词论云："词有婉约、豪放两派，各有兴会，应当兼读。读婉约派久了，厌倦了，要改读豪放派。豪放派读久了，应当改读婉约派。我的兴趣偏于豪放，不废婉约。"

2. 毛泽东诗词是毛泽东伟大人格的外化和集中体现

中国历来有"诗言志""歌永言""言为心声""文如其人"等说法。诗词的创作是诗人理想抱负、感情意志的自然流露，最能反映诗人的内心世界。毛泽东在《七律二首·送瘟神》的"前言"当中写道："读六月三十日《人民日报》，余江县消灭了血吸虫。浮想联翩，夜不能寐。微风拂煦，旭日临窗。遥望南天，欣然命笔。"这表明毛泽东的诗作是有感而发，不是为写诗而写诗，而是在抒发一位政治家的思想和情感。比如毛泽东于1910年秋所写《七绝·改诗赠父亲》："孩儿立志出乡关，学不成名誓不还。埋骨何须桑梓地，人生无处不青山。"从这首诗中，我们可以看出毛泽东的远大理想和立志走向新的人生道路。比如毛泽东的《沁园春·长沙》《卜算子·咏梅》《水调歌头·重上井冈山》等，都具体描述了毛泽东对理想的追求，希望建立一个独立民主的国家，也正是在这一思想的指导下，毛泽东领导了中国的新民主主义革命，并且取得了革命的最终胜利。比如《虞美人·枕上》《临江仙·给丁玲同志》，充分体现了毛泽东的爱情、亲情以及友情观。毛泽东的诗词，概而言之，在思想内容与价值取向上，在吸收了儒家文化以"仁学"和民本思想为基础的经世致用的政治理念之基础上，始终突显出一个非同寻常的伟大革命家救国救民的政治抱负和不懈追求。毛泽东的诗词直抒胸臆，饱含"问苍茫大地，谁主沉浮"的忧患意识，充满"为有牺牲多壮志，敢教日月换新天"的革命精神，富有"雄关漫道真如铁，而今迈步从头越"的顽强意志，强调"收拾金瓯一片，分田分地真忙"的政治抱负，满怀"太平世界，环球同此凉热"的大同理想，推崇"自信人生二百年，会当水击三千里"的积极态度，秉持"丈夫何事足萦怀，要将宇宙看稊米"的豁达心态。

3. 毛泽东诗词是毛泽东思想研究的重要内容之一

毛泽东思想是马克思主义中国化的第一个重大理论成果，是马克思列宁主义在中国的运用和发展，是被实践证明了的关于中国革命和建设的正确的理论原则和经验总结，是中国共产党集体智慧的结晶，是党必须长期坚持的指导思想。毛泽东诗词用形象思维的方法和艺术的形式充分地表达了毛泽东同志对历史和人类命运的哲学思考，渗透和凝练了对中国革命、社会主义建设以及国际共产主义运动的理论思考。毛泽东诗词是中国革命的艺术成果，真实反映了毛泽东的革命生涯，是中国革命史的壮丽画卷，毛泽东思想的许多内容和著名论断都可以在毛泽东诗词中找到艺术概括和注脚。毛泽东诗词中分明体现着他的历史唯物主义人生观和审美观、马克思主义与中国革命实践相结合的思想、对中国地缘政治的思考及其运用、中国崛起的战略与策略以及关于中国统一、中华人民共和国的教育方针、外交原则、继续革命等思想。例如，毛泽东借"十万工农下吉安""百万工农齐踊跃""唤起工农千百万"等词句，以空前的真挚豪情与洒脱笔墨塑造人民群众的群体形象，热情讴歌他们的革命精神和社会实践。又如，著名词句“环球同此凉热”反映的是毛泽东“不称霸”的外交思想。

毛泽东诗词的学习和鉴赏应结合毛泽东生平事迹，聚焦伟人的博大胸襟、伟岸人格和光辉思想，领略诗词中的中国传统诗词文化、革命战争摧枯拉朽的壮丽画卷和中国社会的沧桑巨变，在诗词中认识、理解和学习毛泽东思想。

二、诗词朗诵

朗诵，指清清楚楚地高声诵读，就是把文字作品转化为有声语言的创作活动。朗，即声音的清晰、响亮；诵，即背诵。朗诵，就是用清晰、响亮的声音，结合各种语言手段来完善地表达作品思想感情的一种语言艺术。诗歌朗诵就是朗诵者用清晰的语言、响亮的声音、优美的体态以及引入的动作把原诗歌、作品有感情地向听众表达出来，以传达诗歌的思想内容，引起听众的共鸣。

（一）诗词朗诵中的情、声、气

1.“声情并茂，感同身受”，情感是诗词朗诵的内涵依托

诗词朗诵是一种富于魅力的情感艺术，朗诵者在朗诵时要把握作者的真实意图，运用朗诵技巧，准确、清晰、有感情、有变化地把文字作品转化为有声语言，将作品的思想内涵阐释出来，把情感抒发出来。在诗词的朗诵过程中，朗诵者必须调动自己的情感，这种调动不是自如的、随意的，而必须是根据具体的稿件“有目的”去调动的。这就要求朗诵者在进行创作时，能够充分理解作品的内容，把握好作品的创作背景和时代背景，并且能够准确了解作者的思想感情，然后通过自己的声音和感情表达出来。同时，朗诵者要注意感情是运动的，不是一成不变的，避免“矫揉造作”，使感情自然流露，呈现出完美的运动状态。

对于诗词朗诵者而言，其要善于总结感情点，养成调动感情的习惯。感情的调动属于内部技巧，需要朗诵者注意日常的积累，不仅要实现有感而发，还要注意感情的控制，不能不够也不能太过，要做好感性与理性的统一。在日常的练习中，我们要善于总结情感表达的方式，使之养成一种表达习惯，从而在朗诵过程中实现有感而发，准确生动。

2.“音在高位，声美动听”，声音是诗词朗诵的载体形式

声音有三种：白声、美声、噪声。白声就是我们平常讲话的声音，是先天的。美声是经过包装、训练的悦耳的声音。噪声是指发声体做无规则振动时发出的声音。白声是从嗓子眼附近发出的，声音低位、压抑、很累，甚至有声嘶力竭的感觉。美声发出来的音在口腔、鼻腔、脑腔形成共鸣音，音在高位置上。诗词朗诵中，朗诵者要根据作品内容具体分析，使声音的表达更加“规范化”和“艺术化”。“规范化”主要是指吐字发声时要做到

准确、清晰、字正腔圆、呼吸无声。“艺术化”是对以普通话为表达方式的语言艺术的“声”的层面上的基本要求，要经过系统的、科学的训练，能规范运用声音之后追求更高层次的艺术性，与作品完美结合。

如何利用诗词加强对声音的练习？诗词朗诵对字音清晰的要求非常高。在训练初期，朗诵者可以找一些短诗进行练习，把着重点放在字音上，做到咬紧字头，张扬字腹，归全字尾。一是把每个字音都发清楚，知道每个音节的具体口型，达到字音准确和字正腔圆的效果。二是为了夯实语音基础，加强口腔的控制力练习，可以将诗词的字句做夸张处理，如拉长字音、放慢速度等，经常这样练习可以使声音洪亮。

3.“气出丹田，声音气魄”，气息是诗词朗诵的基础动力

气息指在诗词朗诵的过程中，为使有声语言表情达意，能控制自如地使用胸腹联合式呼吸法所获得的发声动力。气是声之源，声基于气。气足则声亮、气充则声远、气满则声厚重。朗诵诗词时，朗诵者需要运用很多技巧，尤其是在进行必要的情感表达的时候，需要借助比较长的气息来进行表达。

朗诵者可以使用大篇幅的诗词练习气息。当字音、停连等外部技巧的问题得到解决后，气息能力的锻炼和呼吸的控制就接踵而至。如何储存气息？把嘴闭紧，用鼻子深深地吸一口气，将气吸到胸腔，然后再将气压入腹腔，把气运到双肋下腰部，把气储存在丹田附近，待朗诵时再吐出来。在朗诵过程中，朗诵者不能总做大呼吸，这就需要技巧：把气吸到肺腔，然后把吸进来的气息压入腹腔，在腹腔储存，待朗诵过程中慢慢运用。在日常生活学习中，朗诵者可以用“闻花香”的方法练习吸气、储气，逐渐掌握运气的方法与要领。

通过对情、声、气的综合把握，朗诵者可以形成以下几种诗词朗诵节奏：紧张型——急促、紧张、气急、音短；轻快型——多扬少抑，轻快、欢畅；高亢型——语势向高峰逐步推进，高昂、爽朗；低沉型——语势沉闷、语速缓慢；凝重型——多抑少扬，语音沉着、坚实、有力；舒缓型——气长而稳，语音舒展自如。

（二）诗词朗诵中的配乐、道具、走位与彩排

1. 诗词朗诵中的配乐

古代诗歌的创作都是伴随着朗诵进行的，“赋”“咏”“吟”“诵”既包含创作的意思，又代表“朗诵”。诗词朗诵和音乐都是声音的艺术，诗词朗诵主要通过有声语言的节奏、停连、重音、语气等技巧来倾诉语意、描述意境、表达情感。音乐是通过乐音的高下、长短、徐疾、轻重承载演奏者及曲作者的感情，依靠单音在单位时间内运动发展造成的节奏、和声形成旋律，进行音乐造型用以表情达意、描摹对象、烘托意境。配乐诗朗诵形式将诗词、音乐、人声结合起来，通过表达让观众体会到其中优美的意境，可以把诗歌朗诵变成一种独特的艺术形式。诗词朗诵中的配乐尤其要注意诗词朗诵与音乐节奏的一致性、音高的互补性。由于不同乐器的音色、音高不同，诗词朗诵配乐要选择合适的乐器和乐

曲。随着信息化时代的发展，网络媒体上的诗词朗诵音频和视频资料日趋丰富，诗词朗诵者可以通过视频下载软件、录屏软件和剪辑软件获取与编辑需要的配乐。

2. 诗词朗诵中的道具的使用

诗词朗诵中也可以加入道具渲染氛围、增强效果。例如，毛泽东诗词朗诵中，朗诵者可以通过服装和装扮形似毛泽东，在朗诵的过程中模仿毛泽东的湘潭口音和经典动作，如挥手、看书等。诗词朗诵中是否需要使用道具，主要的判断标准是道具的必需性，即适合诗词朗诵的主题和内容、至少有元素性的体现、更具有感染性和观赏性。此外，正式场合中的诗词朗诵还应准备“提词器”等相关设备，防止朗诵者因为紧张等原因出现“冷场”。在教室中开展相对简易的诗词朗诵活动，朗诵者可以借助投影仪甚至手机等电子设备帮助其记住诗词内容。

3. 诗词朗诵中的走位与彩排

在诗词朗诵前的彩排中加入走位，走位时一般以缓步为主，有时如需要可稍加急步。朗诵者可边走边朗诵，也可走位完再朗诵，还可在别人朗诵时走位。根据对朗诵稿的理解，加入特定的动作，配以合适的走位，是一种新型的朗诵形式。如果是多人朗诵诗词，还涉及人员排列站位等队形问题，如三角形、V 字形、人字形、花形等。所有诗词朗诵参与者完成一遍又一遍的彩排，与配乐天衣无缝为最高境界。条件允许的情况下，朗诵者应尽量找有镜子的地方调整并确定站姿、手势以及朗诵时的表情。

（三）诗词朗诵中语言艺术的选择与运用

1. 普通话朗诵诗词

诗词朗诵中最为常见的语言形式就是普通话，普通话是现代汉民族共同语，是全国各民族通用的语言。在“字”的层面，诗词朗诵要做到普通话发音标准、音调正确，平舌、卷舌要分清，四声的发音要分明。在“句”的层面，诗词朗诵要做到普通话语调的抑扬顿挫。“抑”：降调，声音前高后低。语气渐降，句尾低沉。“扬”：升调，前低后高，语气上升，句尾上扬。“顿”：停顿。“挫”：转折。在诗词朗诵时，声音不能平铺直叙、平平淡淡，而应高低起伏、停顿转折。例如，《七律·长征》的朗诵节奏如下：

红军/不怕/远征/难，万水/千山/只等/闲。
五岭/逶迤/腾/细浪，乌蒙/磅礴/走/泥丸。
金沙/水拍/云崖/暖，大渡/桥横/铁索/寒。
更喜/岷山/千里/雪，三军/过后/尽开/颜。

此外，诗词朗诵中重音的运用也十分重要。由于重音的位置不同，诗句的意思和朗诵的效果也会有很大的差异，一般来讲，谓语部分、修饰词、数量结构等要求重读。

2. 方言朗诵诗词

我国是统一多民族国家，人口众多，幅员辽阔。资料显示，我国有 80 余种地方语言，其中61种暂已确定为相对主要的地方语言。作为世界上使用人数最多的语言之一的汉语则被分为七大方言，分别是官话方言（以北方方言为准）、湘语、赣语、吴语、闽语、粤语、客家语。

作为活跃的语言元素之一，方言自有其鲜明的特色与地位。相较于普通话，方言在韵式、词藻、句法等各方面都有突出的表现。一般认为，南方方言比北方官话更接近中古汉语，如华南方言中客家话和广州话。以杜甫《春望》为例："国破山河在，城春草木深。感时花溅泪，恨别鸟惊心。烽火连三月，家书抵万金。白头搔更短，浑欲不胜簪。"此诗前四句写春日长安凄惨破败的景象，饱含着兴衰感慨；后四句写诗人挂念亲人、心系国事的情怀，充溢着凄苦哀思。这首诗以普通话朗诵，韵脚有出韵之感，如以粤语朗诵，诵读起来押韵、工整和富有美感。

在诗词朗诵活动中，方言不仅仅能够带来"耳目一新"之感，还给朗诵者以展示家乡语言文化之美的绝佳机会。

3. 英语朗诵诗词

相较于普通话和方言朗诵诗词，英语朗诵诗词对知识储备要求更高。朗诵者要在体味英语诗词主题思想、诗歌意境的基础上，充分掌握英语诗词的格律、音韵和音义等方面的基础知识。英语朗诵诗词的难点在于英语发音和母语会存在较大区别，需要朗读者在反复练习中提升对英语语言的敏感度和审美能力。以下几首英文翻译的毛泽东诗词[①]，可以在思想政治理论课课内实践教学中进行尝试。

Spring in a Pleasure Garden · Snow

See what the northern countries show:
Hundreds of leagues ice-bound go;
Thousands of leagues flies snow.
Behold! Within and without the Great Wall.
The boundless land is clad in white,
And up and down the Yellow River,
All the endless waves are lost to sight.
Mountains like silver serpents dancing,
Highlands like waxy elephants advancing,
All try to match the sky in height.
Wait till the day is fine,
And see the fair bask in sparkling sunshine,

① 许渊冲. 许渊冲英译：毛泽东诗词（纪念版）[M]. 北京：中国出版集团，中译出版社，2015.

What an enchanting sight!
Our motherland so rich in beauty,
Has made countless heroes vie to pay her their duty.
But alas! Qin Huang and Han Wu
In culture not well bred,
And Tang Zong and Song Zu
In letters not wide read.
And Genghis Khan, proud son of Heaven for a day,
Knew only shooting eagles by bending his bows.
They have all passed away;
Brilliant heroes are those
Whom we will see today!

The Immortal-Reply to Li Shu-Yi
Tune: "Butterflies Lingering Over Flowers"

You've lost your Willow and I've lost my Poplar proud,
Their souls ascend the highest heaven, light as cloud.
The Woodman, asked what he has for wine,
Brings out a nectar of laurels divine.
The lonely Goddess of the Moon, large sleeves outspread,
Dances up endless skies for these immortal dead.
From the earth comes the news of the tiger o'erthrown,
In a sudden shower their tears fly down.

YELLOW CRANE TOWER
—to the tune of Pu Sa Man

Wide, wide flow the nine streams through the land,
Dark, dark threads the line from south to north.
Blurred in the thick haze of the misty rain,
Tortoise and Snake hold the great river locked.
The yellow crane is gone, who knows whither?
Only this tower remains a haunt for visitors.
I pledge my wine to the surging torrent,
The tide of my heart swells with the waves.

实际上，无论采用何种语言艺术，诗词朗诵效果关键在于“勤学苦练”，多练习才能“熟能生巧”。朗诵者可以采用“观摩+模仿+表演”的方式提升朗诵效果。第一步，观摩。朗诵者通过观看影音资料，消除语言和心理上的隔阂感，激发兴趣并逐步领会诗词朗诵的要点。观摩时，朗诵者重点体会诗词朗诵的重音、换气、断句、停顿等用声特点；注意身势语的使用，如走位、手势、面部表情等。第二步，模仿。朗诵者按照观摩片的语言用声要求和动作语言，面带表情大声朗读，逐步熟记并脱稿。第三步，表演。朗诵者在全真的模拟环境下不断重复诗词朗诵，在指导者的帮助下对仪态、语音、语调等进行调整。

三、实施步骤

（一）活动目的

朗诵毛泽东诗词，使当代大学生能够充分领略毛泽东博大的胸襟魄力、崇高的精神境界、非凡的伟人气度和灿烂的人性光辉；领略毛泽东丰功伟绩的同时，激发对毛泽东思想和传统文化的学习热情，坚定广大大学生的政治信仰；锻炼大学生的口头表达能力和临场应变能力，弘扬红色文化，传承革命精神，提升大学生的综合素质。

（二）活动的布置

（1）教师提前 1~3 周布置实践教学任务。教师在布置任务时，应播放毛泽东诗词经典朗诵小视频，向全体学生讲解诗词朗诵基本要求。

（2）学生分工明确，明确选题，确保全员参与。全体学生按照自愿原则，2~3 人为一组，从本章附录中任选一首进行朗诵，原则上同种语言诗词朗诵的主题不能重复。诗词选题工作由班级学习委员具体协调并确定。小组成员应在诗词朗诵中承担背景制作与演示、诗词朗诵或者情景表演等任务。同一小组成员得分一致，不参与者不得分。

（3）确定诗词朗诵活动的主持人、评委、计时员和统分员（合班教学时，评委、计时员和统分员等角色可以采用交叉的方式进行）。

（4）设备的调试与管理。教师指定 1~2 名学生，熟悉投影仪、激光翻页笔、背景音乐、音响输入输出设备的正常使用，全程负责设备的正常使用。在诗词朗诵开始前，教师应向全体学生演示设备具体使用方法，确保诗词朗诵时间的紧凑。同时，教师准备提词器等相关简易设备。

（三）活动的实施与总结

（1）诗词朗诵活动的主持。主持人应有效驾驭活动现场，能够引导互动，活跃活动现场氛围。教师可以担任主持人，也可以指定熟悉的学生担任主持人。主持人在活动开始前应确定活动主持词。

（2）诗词朗诵活动参与者的表演顺序。在活动开始前，为保证活动的连贯性，各小组可以通过排序或者抽签的方式，明确表演顺序。

（3）评委评分与计时。评委负责活动打分，在活动过程中原则上不与诗词朗诵参与者互动。计时员负责计时，提示诗词朗诵“开始”和“倒计时”。统分员做好学生成绩登记。

（4）为进一步提升诗词朗诵实践教学的效果，活动结束后，教师对具体诗词朗诵进行点评。

（5）各小组撰写活动总结报告。

四、评价标准与方法

（一）评分标准

评分标准如表 4-1 所示。

表 4-1　评分标准

评价模块及分值	主要评价内容	得分
仪表形象（10 分）	服饰大方、自然、整齐，举止从容、端正，精神饱满，态度亲和	
语言表达（20 分）	语言标准，吐字清楚、准确，语言生动，语气、语调、声音、节奏富于变化，能切合诗词朗诵的内容，能准确、恰当地表情达意	
姿态神情（20 分）	姿态、动作、手势、表情、眼神能准确、鲜明、自然、形象地表达朗诵内容和思想感情，渲染气氛，增强表达效果	
时间掌控（10 分）	诗词朗诵总时间为 5 分钟。诗词的历史背景及自我介绍不超过 2 分钟。超过规定时间，以 10 秒为计时段，每超过 10 秒扣 1 分，超时不足 10 秒按 10 秒计算	
创意（20 分）	朗诵形式富有创意，配以适当伴舞或配乐，或者其他富有创意的形式	
朗读效果（20 分）	朗诵有感染力，声情并茂，朗诵富有韵味和表现力，能与观众产生共鸣	
得分合计		

（二）评分要求

（1）评委由 5~7 人组成，评委根据评分表打出总分，将总分写入评分单。

（2）评委打分保留小数点后一位数字，最后得分保留小数点后一位数字。

（3）评委得分合成后，去掉一个最高分和一个最低分，取余下得分平均值作为最终成绩。

本章附录：毛泽东诗词（精选）

虞美人·枕上

（1921 年）

堆来枕上愁何状，
江海翻波浪。
夜长天色总难明，
无奈披衣起坐薄寒中。
晓来百念皆灰烬，
倦极身无凭。
一钩残月向西流，
对此不抛眼泪也无由。

【写作背景与简析】

这首词写于 1921 年。1920 年冬毛泽东与杨开慧结婚，翌年春夏间毛泽东外出考察，此词写的是新婚初别的愁绪。“枕上”取首句中语词，表明思念之情、乍别失眠之苦。上阕写惜别之愁。一个“堆”字，形象地表现了愁闷之多；一句“愁何状”的设问，自然引出“江海翻波浪”。以流水与离愁关合，是古典诗歌中常用的表现方式。

贺新郎·别友

（1923 年）

挥手从兹去。
更那堪凄然相向，
苦情重诉。
眼角眉梢都似恨，
热泪欲零还住。
知误会前番书语。
过眼滔滔云共雾，
算人间知己吾和汝。
人有病，
天知否？
今朝霜重东门路，

照横塘半天残月，
凄清如许。
汽笛一声肠已断，
从此天涯孤旅。
凭割断愁丝恨缕。
要似昆仑崩绝壁，
又恰象台风扫寰宇。
重比翼，
和云翥。

【写作背景与简析】

1923 年 4 月，湖南省省长赵恒惕下令通缉“过激派”毛泽东。毛泽东离开长沙去武汉，转上海，然后赴广州参加中国共产党第三次全国代表大会，直至 1924 年秋才回到湖南开展农民运动。这首词是毛泽东与妻子杨开慧分别时所作。《贺新郎·别友》是毛泽东诗词中真情流露最深切的一首，是一首长恨绵绵的寄思词，更是儿女情长与革命豪情相融合的佳作。

沁园春·长沙

（1925 年秋）

独立寒秋，湘江北去，橘子洲头。
看万山红遍，层林尽染；漫江碧透，百舸争流。
鹰击长空，鱼翔浅底，万类霜天竞自由。
怅寥廓，问苍茫大地，谁主沉浮？
携来百侣曾游，忆往昔峥嵘岁月稠。
恰同学少年，风华正茂；书生意气，挥斥方遒。
指点江山，激扬文字，粪土当年万户侯。
曾记否，到中流击水，浪遏飞舟？

【写作背景与简析】

这首词通过对长沙秋景的描绘和对青年时代革命斗争生活的回忆，提出了“谁主沉浮”的问题，抒发了对中华民族前途的乐观主义精神和以天下事为己任的豪情壮志。这首词上阕以写景为主要表达方式，生动地描绘了美丽壮观的湘江深秋的景色。下阕以叙事为主要表达方式，回忆了往昔峥嵘岁月，表现了诗人和战友们为了改造旧中国英勇无畏的革命精神和壮志豪情，形象含蓄地给出了“谁主沉浮”的答案：主宰国家命运的，是以天下为己任、蔑视反动统治者、敢于改造旧世界的革命青年。

菩萨蛮·黄鹤楼

（1927 年春）

茫茫九派流中国，
沉沉一线穿南北。
烟雨莽苍苍，
龟蛇锁大江。
黄鹤知何去？
剩有游人处。
把酒酹滔滔，
心潮逐浪高！

【写作背景与简析】

1927 年 4 月 21 日，国民党军队缴了上海工人纠察队的枪，次日又向罢工示威的工人开枪。在长沙，同年 5 月 21 日，何键、许克祥开始捕杀共产党员，中共湖南省委退让，取消了十万农军进攻长沙的计划。毛泽东当时在武汉办农民运动讲习所。在 4 月 27 日的中共五大上，毛泽东提出的“迅速加强土地斗争”的建议未能得到讨论。毛泽东准备应付突然事变，把妻子和三个孩子送回了湖南。1927 年 7 月 15 日，汪精卫在武汉宣布“清党”，国共两党彻底分裂。作者自注：“一九二七年，大革命失败的前夕，心情苍凉，一时不知如何是好，这是那年的春季。夏季，八月七号，党的紧急会议，决定武装反击，从此找到了出路。”

西江月·秋收起义

（1927 年 9 月）

军叫工农革命，
旗号镰刀斧头。
匡庐一带不停留，
要向潇湘直进。
地主重重压迫，
农民个个同仇。
秋收时节暮云愁，
霹雳一声暴动。

【写作背景与简析】

中国共产党人领导的南昌起义、秋收起义、广州起义被誉为反抗国民党反动统治的“三大起义”，具有深远的历史意义和现实意义。南昌起义打响了武装反抗国民党反动派的第一枪，而随后爆发的湘赣边秋收起义则开创了革命斗争新的纪元，探索出一条以农村包围城市最后夺取政权的全新道路。秋收起义标志着中国共产党独立领导革命战争、创建人民军队和武装夺取政权的开始。工农子弟兵代表着劳苦大众的根本利益。这是中国共产党历史上第一次战略转变中的重大事件，建立了中国第一个农村革命根据地（井冈山革命根据地），使党的工作重心开始由城市转向反动统治力量薄弱的农村。中国革命由此进入了以武装斗争为主要形式、以土地革命为中心内容、以农村革命根据地为战略阵地的崭新阶段。

西江月·井冈山

（1928 年秋）

山下旌旗在望，
山头鼓角相闻。
敌军围困万千重，
我自岿然不动。
早已森严壁垒，
更加众志成城。
黄洋界上炮声隆，
报道敌军宵遁。

【写作背景与简析】

这首词通过对黄洋界保卫战的描写，满怀激情地歌颂了井冈山将士坚守根据地的英勇斗争精神，表达了诗人从容不迫，以不变应万变，运筹帷幄之中，决胜千里之外的天才般的战略战术思想。这首词上阕写战斗场面，下阕写战斗经过。全词采用描写与叙述的方法，描写景象宏伟，叙事清晰凝练，极富艺术感染力。

采桑子·重阳

（1929 年 10 月）

人生易老天难老，
岁岁重阳。
今又重阳，
战地黄花分外香。
一年一度秋风劲，
不似春光。
胜似春光，
寥廓江天万里霜。

【写作背景与简析】

1929年五六月间，红四军攻占龙岩，蒋介石组织兵力“会剿”红军，红四军主力配合当地游击战争，9月21日攻占上杭，击败敌人的“会剿”。此时毛泽东已经离开红四军的领导岗位，他深入上杭、永定的农村，一面养病，一面领导地方土地革命斗争。1929年10月11日（重阳节），毛泽东来到上杭，这时的闽西山区，黄色的野菊花竞相开放，毛泽东面对怒放的野菊花吟成了这首词。这首词描写重阳节的战地风光，借景抒情，表现战争胜利后的喜悦和对革命前途的乐观。

渔家傲·反第一次大“围剿”

（1931年春）

万木霜天红烂漫，
天兵怒气冲霄汉。
雾满龙冈千嶂暗，
齐声唤，
前头捉住了张辉瓒。
二十万军重入赣，
风烟滚滚来天半。
唤起工农千百万，
同心干，
不周山下红旗乱。

【写作背景与简析】

1930年岁尾，蒋介石调集约十万大军以伪江西省主席、国民党第九路军总指挥鲁涤平为总司令官，第18师师长张辉瓒为前线总指挥向中央革命根据地发动第一次大“围剿”。这首词上半阕写作战的胜利，下半阕是再发雄音以表第二次迎战之决心。

菩萨蛮·大柏地

（1933年夏）

赤橙黄绿青蓝紫，
谁持彩练当空舞？
雨后复斜阳，
关山阵阵苍。
当年鏖战急，

弹洞前村壁，
装点此关山，
今朝更好看。

【写作背景与简析】

大柏地位于江西省瑞金市北 30 千米。1929 年 2 月，毛泽东和朱德率领红四军同国民党反动派在大柏地打了一仗，大获全胜。1933 年夏天，毛泽东重返瑞金，途经大柏地时巧遇了一场大雨。雨过天晴，在斜阳辉映下，一碧如洗的天空悬挂着一抹绚丽的彩虹；碧空下的群山延绵起伏、苍翠欲滴。开阔壮美的景象激荡着毛泽东的内心，毛泽东触景生情写下这首词。“装点此关山，今朝更好看”，既描写“弹洞”装点苍翠的关山而别有一种美丽，又诗意地表达了自己的革命情怀，即以崇高的革命理想去“装点”人民的事业。

忆秦娥·娄山关

（1935 年 2 月）

西风烈，
长空雁叫霜晨月。
霜晨月，
马蹄声碎，
喇叭声咽。
雄关漫道真如铁，
而今迈步从头越。
从头越，
苍山如海，
残阳如血。

【写作背景与简析】

娄山关在贵州遵义北大娄山上，万峰插天，中通一线，是由四川进入贵州的要道，历来为兵家必争之地。1935 年 1 月，遵义会议召开，毛泽东重获军事指挥权。遵义会议以后，毛泽东率领第一方面军离开遵义，挥师北征，四渡赤水，成就了他人生中军事指挥方面最得意的一笔。这首《忆秦娥·娄山关》写在二渡赤水后。娄山关是战斗最激烈的地方。这次战役先后击溃和歼灭国民党军队 2 个师又 8 个团，俘敌约 3 000 人，取得长征以来第一个大胜仗。

清平乐·六盘山

（1935 年秋）

天高云淡，
望断南飞雁。
不到长城非好汉，
屈指行程二万。
六盘山上高峰，
红旗漫卷西风。
今日长缨在手，
何时缚住苍龙？

【写作背景与简析】

1935 年 8 月，毛泽东等粉碎了张国焘分裂党、分裂红军的路线后，率红一方面军继续向陕北根据地挺进。1935 年 9 月中旬，红军攻克天险腊子口，奇迹般越过岷山草地，进入甘肃南部。1935 年 10 月初，国民党一方面调集重兵“围剿”陕北革命根据地，另一方面在六盘山一带建立防线，妄图围歼长征红军。中国工农红军在毛泽东的指挥下，佯攻天水，示行于东，然后出其不意，从哈达铺掉头北进，攻克通渭城，进入平凉、固原大道。

1935 年 10 月 7 日，红军在宁夏六盘山的青石嘴又击败了前来堵截的敌骑兵团，扫清了阻碍，摆脱了追敌，当天下午，一鼓作气翻越六盘山。之后，红军长驱直入，于 1935 年 10 月 19 日到达陕北保安县吴起镇，与陕北红军胜利会师，完成了震惊世界的二万五千里长征。

七律·长征

（1935 年 10 月）

红军不怕远征难，万水千山只等闲。
五岭逶迤腾细浪，乌蒙磅礴走泥丸。
金沙水拍云崖暖，大渡桥横铁索寒。
更喜岷山千里雪，三军过后尽开颜。

【写作背景与简析】

1934 年 10 月，中央红军离开中央苏区。1936 年 10 月，三大主力红军在甘肃会宁和今属宁夏的将台堡会师。红一方面军中走得最远的作战部队走了 2.5 万里（1 里等于 0.5 千米，下同），各路红军行程总和为 6.5 万里，按现在的行政区划，一共途径 15 个省份。这首词生动地概述了二万五千里长征的艰难历程，赞颂了中国工农红军的革命英雄主义和革命乐观主义精神。

念奴娇·昆仑

（1935年冬）

横空出世，莽昆仑，阅尽人间春色。
飞起玉龙三百万，搅得周天寒彻。
夏日消溶，江河横溢，人或为鱼鳖。
千秋功罪，谁人曾与评说？
而今我谓昆仑：不要这高，不要这多雪。
安得倚天抽宝剑，把汝裁为三截？
一截遗欧，一截赠美，一截还东国。
太平世界，环球同此凉热。

【写作背景与简析】

1935年冬，中央红军走完了长征最后一段行程，即将到达陕北。同年10月，毛泽东登上岷山峰顶，远望青海一带苍茫的昆仑山脉有感而作这首词。毛泽东于1958年12月在批注中向人们揭开了这首词的谜底，即“昆仑：主题思想是反对帝国主义，不是别的”。

沁园春·雪

（1936年2月）

北国风光，千里冰封，万里雪飘。
望长城内外，惟余莽莽；大河上下，顿失滔滔。
山舞银蛇，原驰蜡象，欲与天公试比高。
须晴日，看红装素裹，分外妖娆。
江山如此多娇，引无数英雄竞折腰。
惜秦皇汉武，略输文采；唐宗宋祖，稍逊风骚。
一代天骄，成吉思汗，只识弯弓射大雕。
俱往矣，数风流人物，还看今朝。

【写作背景与简析】

这首词由上下两阕构成：上阕描写雪景，讴歌祖国河山的雄宏壮美；下阕纵论英雄，抒发共产党人的豪情壮志。其寓意深邃高远，情感大气豪放，文笔尽善至美，无不充分显示出一位无产阶级革命家超凡脱俗的崇高境界和博大胸怀。

七律·人民解放军占领南京

（1949 年 4 月）

钟山风雨起苍黄，
百万雄师过大江。
虎踞龙盘今胜昔，
天翻地覆慨而慷。
宜将剩勇追穷寇，
不可沽名学霸王。
天若有情天亦老，
人间正道是沧桑。

【写作背景与简析】

中国人民解放军在 1948 年 10 月到 1949 年 1 月底，接连取得了辽沈战役、淮海战役和平津战役的伟大胜利，使国民党统治陷入了总崩溃的局面。1949 年 1 月 1 日，蒋介石发表了一篇求和声明，拣起了“和平攻势”的招术以求苟延残喘，妄图据守长江天险，卷土重来。1949 年 4 月 20 日，国民党拒绝接受共产党提出的和平条款，和谈破裂。4 月 21 日，毛泽东和朱德发布《向全国进军的命令》，百万雄师即于当日在西起九江、东至江阴的长达 500 千米的战线上强渡长江，彻底摧毁了敌人苦心经营了三个半月的长江防线。4 月 23 日晚上，我人民解放军解放了国民党 22 年来的统治中心南京，宣告了蒋家王朝的灭亡。

水调歌头·游泳

（1956 年 6 月）

才饮长沙水，
又食武昌鱼。
万里长江横渡，
极目楚天舒。
不管风吹浪打，
胜似闲庭信步，
今日得宽馀。
子在川上曰：
逝者如斯夫！
风樯动，
龟蛇静，

起宏图。
一桥飞架南北，
天堑变通途。
更立西江石壁，
截断巫山云雨，
高峡出平湖。
神女应无恙，
当惊世界殊。

【写作背景与简析】

1956 年 5 月毛泽东视察南方，5 月 29 日视察了广州，30 日视察了长沙，31 日又到达武汉，乘轮船视察了武汉长江大桥的施工情况。毛泽东在武汉期间三次畅游了长江。第一次是 6 月 1 日从武昌蛇山一带下水，游到汉口谌家矶，游程 13 千米，历时 2 个小时零 4 分钟。第二次是 6 月 3 日从汉阳鹦鹉洲附近下水，游过龟山一带江面，到达武昌八大家附近，游程 14 千米多，用了两小时。第三次是 6 月 4 日从汉阳下水游到武昌。这首《水调歌头·游泳》是在畅游长江之后所写。

蝶恋花·答李淑一

（1957 年春）

我失骄杨君失柳，
杨柳轻扬直上重霄九。
问讯吴刚何所有，
吴刚捧出桂花酒。
寂寞嫦娥舒广袖，
万里长空且为忠魂舞。
忽报人间曾伏虎，
泪飞顿作倾盆雨。

【写作背景与简析】

这首词是毛泽东写给当时的湖南长沙中学语文教员李淑一的。词中的“柳”指李淑一的丈夫柳直荀烈士。柳直荀，湖南长沙人，1924 年加入中国共产党，曾任湖南省政府委员、湖南省农民协会秘书长，参加过南昌起义。1932 年 9 月，在湘鄂西苏区“肃反”中，柳直荀被作为“改组派”遭到枪杀。1957 年 2 月，李淑一把她写的纪念柳直荀的一首《菩萨蛮》词寄给毛泽东，毛泽东写了这首答词。

七律·到韶山

（1959 年 6 月）

别梦依稀咒逝川，故园三十二年前。
红旗卷起农奴戟，黑手高悬霸主鞭。
为有牺牲多壮志，敢教日月换新天。
喜看稻菽千重浪，遍地英雄下夕烟。

【写作背景与简析】

1927 年，毛泽东回韶山进行秋收暴动组织动员。32 年后，毛泽东第一次回故乡，已是“日月换新天”。这首词不仅表达了一种久别故里、重返家乡的喜悦，更是对一段 32 年星火燎原翻天覆地革命斗争经历的回顾，赞扬了革命人民艰苦卓绝的战斗精神，歌颂了中国人民战天斗地的风貌。

卜算子·咏梅

（1961 年 12 月 读陆游咏梅词，反其义而用之）

风雨送春归，
飞雪迎春到。
已是悬崖百丈冰，
犹有花枝俏。
俏也不争春，
只把春来报。
待到山花烂漫时，
她在丛中笑。

【写作背景与简析】

这首词问世于 1961 年 12 月，正值国内三年自然灾害和国外敌对势力联手反华的困难时期。面对寒冬般的严峻形势，毛泽东以“风雨送春归，飞雪迎春到。已是悬崖百丈冰，犹有花枝俏”的诗句来勉励和劝慰人们要像梅花那样不惧艰险，坦然勇敢地去迎接各种挑战。毛泽东颂扬了梅花“俏不争春”的傲骨、坚贞和美丽，彰显出革命者坚韧坚定、无私无畏的高贵品质。

水调歌头·重上井冈山

（1965 年 5 月）

久有凌云志，
重上井冈山。
千里来寻故地，
旧貌变新颜。
到处莺歌燕舞，
更有潺潺流水，
高路入云端。
过了黄洋界，
险处不须看。
风雷动，
旌旗奋，
是人寰。
三十八年过去，
弹指一挥间。
可上九天揽月，
可下五洋捉鳖，
谈笑凯歌还。
世上无难事，
只要肯登攀。

【写作背景与简析】

1927 年 10 月，毛泽东率秋收起义部队上井冈山，开辟了工农武装割据道路，并沿着这条农村包围城市的道路取得了中国革命的胜利。1965 年 5 月，毛泽东重上井冈山。这首词上阕描述重上井冈山的经过，叙事、写景、抒情融为一体，表达了诗人欢快的情绪和豪迈的气概；下阕触景生情，回顾 38 年革命历程，融情于理，以发人深省、深刻的哲理总结诗篇。

第五章　大学生讲解大赛

一、讲解和讲解技巧

讲解是一门融合了知识和语言的艺术，是运用语言和其他辅助表达方式，将知识传递给观众的一种活动。讲解是一种解释性的活动，不同于讲课，也区别于演讲，它综合了教师、演讲者，乃至播音员、表演者等角色的技术手段，具有较强的专业性、知识性和艺术性。在博物馆、展览馆、科技馆、动物园、植物园、名胜古迹等，都广泛存在着讲解活动。根据内容的不同，讲解涉及的文化讲解、旅游讲解、科普讲解等，既有一定的关联，又有各自的特殊性。无论何种具体内容的讲解，一般都有相接近的统一要求，比如要求语言简洁、通俗、流畅，内容生动活泼，朗朗上口，富有吸引力；要求讲解者具有较强的亲和力和感染力，现场讲解时亲切、自然，张弛有度。

过去的讲解由于辅助设备有限，主要依赖于讲解的内容和讲解者的语言、肢体动作等。随着互联网和信息技术的发展，越来越多的辅助工具运用于讲解中，尤其是对图片、音乐、视频等的运用，大大增强了讲解的效果。

（一）讲解词的撰写

撰写好的讲解词是讲解成功的基础。讲解词撰写应遵循准确、简明、客观陈述的原则，围绕讲解对象合理选取内容，体现出较强的逻辑性和条理性。讲解词应注意开篇的设计，特色鲜明的开篇方式能起到先声夺人的效果，能够在宝贵的比赛时间内迅速吸引大家。

讲解词撰写中还要适当运用一些技巧，增强吸引力和趣味性。例如，讲解词在开头环节设置悬念吸引听众注意力；在中间环节适当安排趣味点，调动听众情绪，减轻听众疲劳；在转换中注意使用具有感染力的语言，传递讲解者的感悟和情绪，增强感染力和亲和力。

这里尤为值得重视的一点是，具备基本的知识背景和文化修养是写好讲解词并成功开展讲解活动的基础。因此，选择参加讲解比赛或选择讲解对象时，学生一定要尽量从自己熟知的领域出发，选择自己基础牢固、把握透彻的选题。

（二）观众需求和讲解重点的把握

讲解是要用最短时间、最简练的语言向听众传递信息，因此把握听众需求突出重点是关键。无论是讲解词撰写还是现场讲解，都要及时了解和捕捉听众的需求，提炼重点深入讲解。根据听众的需求，把他们迫切想了解的东西深入浅出地表达出来，才能易于被听众接受且得到听众认可。这就要求我们在了解倾听对象和把握讲解内容的基础上，尽可能做到讲解内容贴近实际、贴近生活。

我们在讲解中应注意根据不同群体的认识基础和特点开展有针对性的讲解。在现场讲解中，与参观者保持必要的互动也很重要，我们既可以适当提问，也要及时回答参观者的疑问。讲解过程中合理使用设问句、疑问句等，或者是采用“讲故事”的方式，可以激发倾听者的兴趣，这种轻松愉快、针对性强的讲解，会营造更好的效果。

（三）多种辅助手段的采用

在当今这样一个“信息爆炸”和碎片化知识泛滥的时代，单纯的文字内容和单一的讲述，已经很难吸引观众了。相应地，我们的讲解也要从听众更容易接受的角度出发，一定要善于运用图片、动画、视频乃至实物，把它们作为重要的辅助手段，以此帮助听众更好地理解我们语言传递的内容。有很多专业知识和术语，仅靠单纯的语言讲述是很难为听众所理解的，只有借助相应的辅助手段，才能将其形象地展现出来，为听众所感知和接受。

（四）讲解仪态的保持

“讲”是讲解的核心和关键，手势、表情、体态不可过多，但并非完全可有可无。合理的语态、体态，能够增强讲解效果的呈现。讲解者站姿平稳、体态自然是基本要求，同时根据讲解内容呈现的需要，运用适当的眼神、表情、手势，也能收到更好的呈现效果。语音、语调也是讲解者需要重视的因素。讲解者语音要适度，既要考虑调动观众的情绪，也要根据讲解的内容转换，适当调节语音和语调。

二、讲解大赛

讲解大赛是政府机构和企事业单位推动，文博机构、科技展馆等积极参与，专门为一线讲解人员和讲解爱好者提供的竞技舞台。参赛选手通过同台竞技、相互比拼，实现自我学习、借鉴提高。从全社会范围看，举办讲解大赛既可以调动博物馆、纪念馆、科技馆等机构讲解员的参与热情，又可以激发讲解员对本职工作的热爱，促进讲解员综合素质的提高。

目前，在全国范围内比较有影响的大型讲解比赛有全国科普讲解大赛、红色故事讲解员大赛和自然资源科普讲解大赛等。

全国科普讲解大赛由全国科技活动周组委会办公室、广州市科技和信息化局联合主办，广州市科技创新委员会、广东科学中心承办。大赛以“科学生活·创新圆梦”为主题，旨在全社会广泛弘扬科学精神、普及科学知识、传播科学思想、倡导科学方法，为全国科普传播者、讲解人员和科普志愿者搭建学习交流的平台，提升各科普场馆、科普基地的科普传播能力，推动科普事业的发展。大赛分为自主命题讲解、随机命题讲解、科技常识测试、评委问答等环节。其中，自主命题讲解由选手自行确定一个科普内容命题进行讲解，而随机命题讲解内容则通过电脑随机选取。2014 年开始，全国科普讲解大赛每年举办一届，已成为深入实施《中华人民共和国科学技术普及法》、加强国家科普能力建设的有力举措，在全社会营造了崇尚科学的氛围，对进一步提高全民科学文化素养，推动科普事业的持续健康发展发挥了积极作用。

2019 年 2 月 28 日，由中央宣传部、文化和旅游部共同主办的首届“真理的味道——全国红色故事讲解员大赛集中展示活动”在上海举行。参赛的所有讲解员都来自全国爱国主义教育示范基地和全国红色旅游经典景区，具有较高的讲解水平和综合业务能力。

2019 年 5 月 20 日，由中国地质博物馆、湖南省自然资源厅主办，湖南省地质博物馆等单位协办的自然资源科普讲解大赛在湖南省郴州市举办。经过组织推荐、视频评审，来自全国的 35 名选手进入现场比赛环节。比赛现场，选手们围绕自然资源科学知识等相关内容进行讲解，比赛还设有自由命题阐述和随机抽题讲解环节，展现了丰富的自然资源科学知识和积极向上的精神风貌。

三、大学生讲解大赛的组织与实施

（一）举办大学生讲解大赛的目的和意义

由于讲解活动的特点，尤其是对讲解者知识基础、表达能力、综合素养方面的高要求，使得讲解活动在培养人才，尤其是锻炼增强大学生的可持续发展能力方面发挥着重要作用。因此，从学校人才培养质量提高的出发点考虑，尤其针对高职院校学生技术技能突出但综合素质欠缺的不平衡发展现状，举办大学生讲解大赛是一种非常好的实践教学活动方式。我们可以结合学校特色和专业实际，举办相应主题的大学生讲解大赛，锻炼和提高学生的语言表达能力和逻辑思维能力，从关键能力和综合素质上补足制约高职院校学生可持续发展的短板。以科普讲解大赛为例，讲解大赛内容对应的岗位、知识和技能要求如表 5-1 所示。

表 5-1　讲解大赛内容对应的岗位、知识和技能要求

内容	岗位	知识	技能
科普知识讲解	注重通用能力的相关岗位	科学技术知识、讲解知识	科技服务能力、语言表达能力、逻辑思维能力

（二）大学生讲解大赛主题的选定

综合考量高职学生的实际特点，紧密结合热点话题，竞赛项目立足人文综合素质和岗位通用能力的培养，以帮助学生提高科学素养、人文情怀为宗旨，实现课外活动与课堂教学融合衔接为遵循，以助推学生可持续发展为落脚点，具体确定相互关联又略显差别的主题。

以近期举办过的大学生讲解大赛为例，对主题的选定和把握进行分析，举例如下：

（1）“缅怀思想伟人，传颂经典故事”纪念马克思200周年诞辰讲解大赛，帮助学生全面理性地认识世纪伟人马克思，坚定马克思主义信仰，学会用马克思主义立场、观点和方法去分析和解决问题，提高语言表达能力、活跃学校校园文化氛围。

（2）“红色基因代代相传”纪念红军长征胜利80周年讲解大赛，帮助学生了解长征历史、弘扬长征精神、继承优良传统，提高语言表达能力，提升家国情怀，增强人文素质，从而为实现中华民族伟大复兴的中国梦、强军梦凝聚意志和力量，增强学生的责任感和使命感。

（3）航海科普基地讲解大赛，利用已经建成的广东省青少年航海科普基地，在相关专业内部学生中选拔讲解人才，在锻炼学生良好表达能力的同时，也夯实了学生的专业知识和技能。该赛事要求航海系学生结合本专业的实习、实训设备，高度结合航海知识科普教育，以一名航海科普基地讲解员的身份，通过展示航海、涉海的知识与操作技能，把海洋知识、技能和航海文化辐射到青少年群体，拓宽航海知识科普面，形成人人关注航海的良好氛围。

（4）“科技强国，创新圆梦”科普讲解大赛的举办，是为了响应国家实施的创新驱动发展战略，营造普及科学知识、弘扬科学精神、传播科学思想、倡导科学方法的良好氛围，帮助大学生增强科普意识、把握科技发展动态、提升科技服务能力，主动支持、积极投身建设世界科技强国的伟大实践，培养、锻炼一批热爱讲解、综合素质高的讲解人才，为学校志愿讲解队伍的组建储备人才。

我们在综合确定竞赛主题的基础上，应结合学生特点，提供一些具体参考选题，为参赛学生提供一定的主题指引，并在学生选题确定、讲稿撰写方面提供必要的辅导。

以科普讲解大赛竞赛选题参考为例，在自主命题讲解环节，参赛选手根据“科技强国，创新圆梦”主题自由选择题目讲解。在随机命题讲解环节，参赛选手根据抽取的题目进行讲解。竞赛选题参考《科技部 中央宣传部关于印发〈中国公民科学素质基准〉的通知》（国科发政〔2016〕112号）中的自然科学和社会科学知识，例如：

——关注与自己的生活和工作相关的新知识、新技术。

——关注科学技术发展，知道“基因工程”“干细胞”“纳米材料”“热核聚变”“大数据”“云计算”“互联网+”等高新技术。

——了解中国古代四大发明，农、医、天、算以及近代科技成就及其对世界的贡献。

——知道气候变化、海平面上升、土地荒漠化、大气臭氧层损耗等全球性环境问题及其危害。

——了解基本交通规则和常见交通标志的含义以及交通事故的救援方法。

——了解乘坐各类公共交通工具（汽车、轨道交通、火车、飞机、轮船等）的安全规则。

此外，该赛事鼓励参赛选手结合学校办学特色和所学专业，发挥学科优势进行专业（行业）科普知识的讲解。

（三）竞赛活动的组织

为加强对技能竞赛的领导，提升技能竞赛质量，赛事成立专门的竞赛项目工作小组，负责竞赛的组织和管理。赛事编制竞赛秩序册，由马克思主义学院院长（或副院长）担任组长，社团指导教师和学生社团负责人担任组员，分别成立竞赛组委会、仲裁组和保障组。赛事组建相应的学生社团（如大学生讲解协会、演讲与辩论协会等），由学生社团成员负责具体组织策划、报名登记、流程运作等相关事务。

（1）为扩大活动的覆盖面和影响力，全校各年级同学都可报名参加比赛。竞赛活动要求各思想政治理论课教师、通识课教师、班主任及相关社团负责人积极参与竞赛全过程，动员学生积极报名参加比赛。

（2）竞赛活动要求承担组织任务的学生社团做好竞赛项目的具体组织工作，在规定时限内完成报名登记工作，周密部署好各环节的组织工作。

（3）为强化过程指导，竞赛活动要求教师积极参与学生竞赛的指导，报名参赛的选手（队伍）自行联系 1 名指导教师，教师在赛前、赛中提供相应指导。

科普讲解大赛竞赛安排如表 5-2 所示。

表 5-2　科普讲解大赛竞赛安排

竞赛阶段	竞赛内容	竞赛方式	竞赛时间
第一阶段	知识初选	科普讲解选题答辩	×月×日
	基本技能培训	讲解技能培训	×月×日
第二阶段	复赛	自主命题讲解、科普知识问答	×月×日
第三阶段	决赛	自主命题讲解、科普知识问答	×月×日

科普讲解大赛竞赛流程可以分为初赛、复赛和决赛三个阶段。

初赛：本着动员更多学生参与，着重培训指导的竞赛初衷，初赛环节采用科普讲解选题答辩和讲解技能培训形式进行。初赛环节要求学生汇报自己的选题并接受提问，确定报名人数，并组织基础培训。

复赛：

（1）参赛者根据主题制作电子演示文稿（PPT），可配音乐。

（2）参赛者结合制作的 PPT 进行 5~8 分钟的讲解，并回答知识问答题目。

（3）评委根据选手表现评出分数（复赛评委由以往获奖的优秀讲解成员和学生社团负责人等担任）。

（4）复赛决出×名参赛选手进入决赛（一般不少于 12 人）。

决赛：

（1）参赛者在参赛前进行专业知识培训，邀请校外优秀讲解员进行指导。

（2）决赛对着装仪表有相应要求。

（3）选手配合精美的 PPT 进行 5~8 分钟讲解，并回答知识问答题目。

（4）评委根据选手表现评出分数（评委由教师和讲解员担任）。

（5）决赛最终决出一、二、三等奖共×人，优秀奖若干。

（6）评委教师为获奖选手颁奖。

（四）竞赛的规则和评分标准

1. 评委组成员工作守则

（1）评委组成员在比赛前熟悉、掌握比赛程序和评分规则。

（2）评委组成员根据评分标准进行评分，遵循民主、公平、公正的原则。

（3）评委组组长负责现场评分工作统筹，评判结果具有最高权威，各代表队应尊重评委组的最终决定。

2. 参赛选手守则

（1）参赛者（队员）务必注意自身举止，比赛中一旦出现违背党的路线、方针、政策以及攻击、侵犯他人的言论将当场提出警告，并在评价结果中扣分，警告无效者取消该成员的参赛资格。

（2）参赛者（队员）必须在开赛前 15 分钟到位。入场前，参赛者（队员）需携带相关证件（学生证、校园卡或身份证）核实身份，如有虚假，将取消参赛资格。

3. 竞赛规则和评分标准

初赛以动员报名和讲解技能培训为主，根据学生报名情况组织不少于 3 场讲解技能培训，围绕科普基础知识、科普讲解比赛的选题、科普讲解技巧等方面展开培训。

复赛根据初赛确定人数分若干个小组进行比赛，选手佩戴号码牌上场，依次进行自主命题讲解（5~8 分钟）、知识问答两个环节的比赛，共产生不少于 12 名选手参加决赛。

决赛总分 100 分，其中自主命题讲解 80 分，科普知识问答 20 分。评分保留到小数点后一位，超时由记分员进行扣分。

（1）自主命题讲解（80分）。评委分别从内容陈述、表达效果、整体形象三方面进行评分。

①内容陈述（30分）。科学准确、重点突出，层次清楚、合乎逻辑。

②表达效果（30分）。发音标准、吐字清晰，通俗易懂、深入浅出。

③整体形象（20分）。衣着得体、精神饱满，举止大方、自然协调。

（2）科普知识问答（20分）。评委根据选手讲解主题提出相关问题，选手进行回答。评委根据选手回答情况进行评分。

评委对自主命题讲解和科普知识问答进行综合打分，并委派评委对选手整体表现进行点评。所有评委打分的平均数为选手自主命题讲解和科普知识问答环节的得分。

大学生科普讲解大赛决赛评分表如表5-3所示。

表5-3　大学生科普讲解大赛决赛评分表

评委签名：

参赛选手	自主命题讲解			科普知识问答	总分
	内容陈述(30分)	表达效果(30分)	整体形象(20分)	答题情况(20分)	
1					
2					
3					
4					
5					
6					

评分参考标准	分值（分）
内容陈述：科学准确、重点突出，层次清楚、合乎逻辑	30
表达效果：发音标准、吐字清晰，通俗易懂、深入浅出	30
整体形象：衣着得体、精神饱满，举止大方、自然协调	20
科普知识问答：反应敏捷、回答流畅、内容准确	20
总分	100

本章附录一：讲解大赛主持稿示例

讲解大赛主持稿（A、B 两人主持）

A：请各位老师同学们安静就座，我们的比赛即将开始。

B：为了维持良好的秩序，请大家把手机调为静音或关机状态，对于您的大力支持与配合我们深表感谢。

A：尊敬的评委老师。

B：亲爱的同学们。

合：大家晚上好！

A：欢迎大家来到大学生科普讲解大赛决赛的现场，我是今晚的主持人××。

B：我是今晚的主持人××，我谨代表主办方欢迎各位的到来！

A：本次大赛以“科技强国，创新圆梦”为主题，由学校科协、马克思主义学院和教务处主办，大学生科协、××讲解协会以及演讲与辩论协会全力承办。让我们用掌声感谢各位领导、老师和同学们的支持！

B：下面我非常荣幸地向大家介绍莅临本次决赛的评委和嘉宾们，担任本次大赛评委的有……

A：欢迎××、××……评委老师！

B：出席大赛的嘉宾有……

A：此外，亲临现场的还有关心支持大学生科普教育和综合素质培养的老师们！让我们用热烈的掌声欢迎他们的到来！

A：下面有请嘉宾××上台致辞，掌声欢迎！

B：感谢××老师的精彩致辞。

A：本次大赛经过报名初选、科普培训、初赛、复赛各个环节，最终来自全校的 12 名选手晋级大学生科普讲解大赛决赛。今晚，他们将进行新一轮对决，展现各自的出色风采，精彩值得期待！

B：在比赛之前，请允许我宣读本次比赛的规则：第一，参加总决赛的 12 名选手佩带号码牌上场比赛，依次进行自主命题讲解、科普知识问答两个环节的比赛。

A：第二，自主命题讲解限时 4 分钟，总分 80 分。对不足 3 分钟和超时 10 秒后仍讲解的选手进行扣分。最高扣 10 分。

B：第三，科普知识问答环节，选手在主持人读完题目后作答，限时 15 秒，总分 20

分。选手根据抽到的题目回答。评委根据选手回答情况进行评分。所有评委打分的平均数为选手的最终得分。

A：现在让我们的工作人员为大家示范一下时间提醒，“还剩 30 秒”“时间到”，感谢我们的工作人员。

B：好的，下面我宣布“科技强国，创新圆梦”大学生科普讲解大赛总决赛正式开始！下面有请一号选手上台讲解，掌声欢迎！

A：感谢一号选手的精彩讲解，下面是科普知识问答，请选手选择题目。

A：（主持人读题）请选手作答！

B：感谢一号选手给我们带来的精彩回答，现在掌声有请二号选手上台。请三号选手做好准备。

B：感谢二号选手的精彩讲解，下面是科普知识问答，请选手选择题目。

B：（主持人读题）请选手作答！

A：感谢二号选手的精彩回答。现在掌声有请三号选手上台为我们讲解。请四号选手做好准备。

A：感谢三号选手的精彩讲解，下面是科普知识问答，请选手选择题目。

A：（主持人读题）请选手作答！

B：感谢三号选手的精彩回答。有请四号选手上台讲解，大家掌声欢迎！请五号选手做好准备。

B：感谢四号选手的精彩讲解，下面是科普知识问答，请选手选择题目。

B：（主持人读题）请选手作答！

A：感谢四号选手的精彩回答。有请五号选手上台，请六号选手做好准备。

A：感谢五号选手带来的精彩讲解。下面是科普知识问答，请选手选择题目。

A：（主持人读题）请选手作答！

B：有请六号选手上台讲解，大家掌声有请！

B：感谢六号选手的精彩讲解，下面是科普知识问答，请选手选择题目。

B：（主持人读题）请选手作答！

A：感谢六号选手的精彩回答。现在让我们轻松一下，也缓解一下选手的紧张情绪，下面进入观众互动环节，规则是：当我们看到大屏幕的题目时，有 5 秒的思考时间，5 秒后，由主持人喊“开始举手”，会的观众可以举手抢答，再由主持人指定举手中的一名同学回答，回答正确者获得精美的小礼品一份，希望同学们踊跃回答！

B：下面开始我们的第一题，请看大屏幕……有答案的观众可以举手回答。开始举手。好，请那位同学起来回答。请说出你的答案，那回答是否正确呢？马上揭晓答案。回答正确或错误（正确，请工作人员送上小礼品一份/很遗憾回答错误）……

A：接下来继续有请七号选手上台讲解（七号至十二号同前）。

A：感谢十二号选手的精彩讲解，12 位选手的比赛现已全部结束。

B：下面有请评委老师做比赛点评，有请评委××为本次比赛进行点评。

A：感谢××评委的精彩点评！

B：经过现场打分人员的仔细审核，比赛的结果已经揭晓。

A：下面由我公布“科技强国，创新圆梦”大学生科普讲解大赛总决赛获奖名单。

A：荣获三等奖的是……

B：荣获二等奖的是……

A：荣获一等奖的是……

B：接下来举行颁奖仪式：首先为荣获三等奖的选手颁奖，有请选手上台领奖，请嘉宾上台为选手颁奖并合影留念。大家掌声欢迎（准备颁奖音乐）。

A：接下来为荣获二等奖的选手颁奖，有请选手上台领奖，请嘉宾上台为选手颁奖并合影留念。大家掌声欢迎。

B：接下来为荣获一等奖的选手颁奖，有请选手上台领奖，请嘉宾上台为选手颁奖并合影留念。大家掌声欢迎。

A：习近平总书记在“科技三会”上作出了关于“科技创新、科学普及是实现创新发展的两翼，要把科学普及放在与科技创新同等重要的位置”的重要指示。掌握科学知识、弘扬科学精神、增强科技服务能力，是我们高职院校学子义不容辞的责任！让我们努力学习，积极投身建设世界科技强国的伟大实践！

B：老师们、同学们，我们的比赛也接近尾声了，感谢大家一起度过了一个有意义的夜晚。现在我宣布，“科技强国，创新圆梦”大学生科普讲解大赛总决赛——

合：圆满结束！谢谢大家！

A：请各位嘉宾老师、参赛选手以及工作人员上台合影留念！

大学生科普讲解大赛决赛赛程安排表如附表 5-1 所示。

附表 5-1　大学生科普讲解大赛决赛赛程安排表

时间	流程	备注
18:20	选手签到	
18:50-19:00	嘉宾、评委就位	
19:00	主持人宣布比赛开始，介绍评委、嘉宾	
19:05	嘉宾致辞	
19:10	介绍比赛规则、展示计时提醒	
19:15	比赛正式开始，一号至六号选手依次上场 选手依次完成自主命题讲解和科普知识问答	

附表5-1(续)

时间	流程	备注
19:50	观众互动：科普知识问答	
20:00	比赛继续进行，七号至十二号选手依次上场 选手依次完成自主命题讲解和科普知识问答	
20:30	评委点评、计分统分	
20:40	公布比赛成绩	
20:45	颁奖、合影	
21:00	宣布比赛结束	

本章附录二：讲解大赛优秀讲稿示例

车联网——为出行保驾护航

各位评委、老师、同学们，大家晚上好，我是××号选手。

首先请大家随我看一个数字：（1 250 000），125 万！我想大家更希望它的单位是“元”，可是我要告诉大家，它的单位是“人”！这是世界卫生组织公布的全世界每年因道路交通事故死亡的人数！这相当于说，全球每天有 3 500 人因交通事故死亡。酒驾、醉驾、疲劳驾驶、雾大追尾、雨天相撞等频频发生的交通事故，已经成为 15～29 岁年轻人的首要死亡原因。

有没有什么办法能减少交通事故发生，让我们的出行变得更加安全呢？有！那就是车联网！车联网是由车辆的位置、速度和路线等信息构成的巨大交互网络。车联网的主要装置有全球定位系统（GPS）、射频识别系统、传感器、摄像头图像处理系统、云端信息处理系统等。车联网的摄像头和激光雷，具有更突出的突破视觉死角和跨越遮挡物的信息获取能力，能感应周边复杂的环境，是唯一不受天气状况影响的车用传感技术，无论下雨、雾或强光照射都不会影响其正常工作，让车辆进行刹车、减速、避让等，通过车与路、车与车、车与人的对话，最终实现智能交通、智能汽车、智能驾驶、无人驾驶等，帮助预防 80%的各类交通事故的发生，使驾驶更安全、便捷、高效！

让我们一起畅想一下吧！我们要开车去公司面试了，自我介绍还没准备好，于是便按下了“无人驾驶”键。车启动了，因激光头能感应到红绿灯，系统播报“1 000 米处有红绿灯，将会刹车，请注意安全”；感应到前面有车，预警启动，车速自动降低，保持安全距离；到达目的地，车辆自动降速，拐弯避让行人，通过与闸机感应直接进入停车场，自动泊入车位。一路上熟悉了自我介绍，该去面试了！

就在 12 月 2 日，深圳开通试运营的“无人驾驶公交”，就是通过发射高频率激光束对环境进行持续性扫描，提供 360 度的路况信息，以确保安全无人驾驶，这就是车联网技术的现实运用！可能还会有很多人对无人驾驶公交疑虑重重，但我们还是相信科技的力量，它带给我们的是更加安全、更加便捷、更加高效的出行体验！让我们为车联网点赞（打 call）吧！

我的讲解结束，谢谢大家！

（科普讲解大赛获奖讲稿）

盾构机——地铁施工神器

尊敬的评委老师，亲爱的同学们，大家晚上好！

很高兴能为大家讲解，我是××号选手，今天我讲解的内容是盾构机。

在如今的大城市，地铁是一个必不可少的交通工具。它的优点在于不受地面不良环境的影响，能够准时、快速、安全地到达目的地。在私家车井喷式增长、地面交通拥堵日益加剧的情况下，地铁的存在彰显了极大的优越性。早在1965年，中国就开始建造第一条地铁。这个被叫做“07”号工程的北京地铁一期工程，在当时只能用明挖的施工方法，人们用“手挖肩扛”的原始方法对隧道进行挖掘。这种原始办法施工难度大、掘进速度慢、作业风险大、环境影响大。因此，这条地铁也成为改革开放前中国唯一一条地铁线路。

这些年来科技的发展最终使我们摆脱了这些苦恼，中国地铁迎来了飞速发展的40年。截至2017年年末，我国地铁累计通车里程高达5 000余千米，位居世界第一。是什么让我国城市地铁建设取得如此神速呢？

不得不提的一种“神器”就是盾构机！它拥有“工程机械之王”的美誉。其工作原理与蚯蚓相似，先用头部进行推进，同时对周围的泥土进行支撑，经过上万次的重复，一条又深又长的隧道就完工了。它装有自动化系统，因此在挖隧道的时候不仅节省人力，而且施工效率得到大大的提高。最重要的是其在地下进行施工的同时对地面上的交通和建筑物都没有任何的影响。

最初，盾构机制造技术掌握在德国、日本、美国等发达国家企业手中。早期中国的盾构机也是向德国和日本等先进国家购买，每年在这方面都是一笔巨大的开销。近年来，依靠自主创新，中国盾构机技术取得重大突破，一举打破了外国公司的技术垄断。

正是盾构机技术的突破和广泛运用，带来了地铁施工的技术性革命和大提速。随着人们对地铁的需求越来越高，地铁在城市中的地位也越来越高。经过了几十年的发展，中国的地铁有了极大的突破。

相信在不久的将来，越来越多的城市会通上便捷的地铁，而大城市的地铁线网也会越来越密集，地铁修建越来越高效。而我们相信，盾构机技术并未止步，需要我们更多地了解它的秘密。

我的讲解到此结束，谢谢大家！

（科普讲解大赛获奖讲稿）

CG 技术——虚拟“网红”是怎样炼成的

我是×号选手××，今天我要为大家揭开虚拟人物的神奇面纱。

屏幕中的这张照片相信在座的各位都看到了这上面的英文，这是一个叫米克拉的音乐人的名字。互联网最具影响力人物米克拉，被一名竞争对手百慕大黑进了她社交平台并宣称米克拉“不是真人”。这引起了广大网友的激烈争论。

当时网络上一片轰轰烈烈，但是谁也说不上来米克拉到底真实与否。

而更令网友们诧异的是米克拉的竞争对手百慕大也同样声明自己不是真人。但是她们今天并不是我们的主角。因为在米克拉和百慕大的背后，是 CG 技术提供的技术支持。

在解释这一事件之前，我想请现场的观众朋友们跟我一起观察一张照片。仔细观察，请问在画面背景出现的数字是 1，还是 0 呢？我们可以看到画面中出现了机器语言 0 和 1。这就是我接下来要和大家讲的 CG 编程系统实现虚拟人物的过程。

CG，即计算机动画，原为“Computer Graphics”的英文缩写，是指借助计算机来制作动画的技术，大致可以分为二维动画（2D）和三维动画（3D）两种。CG 虽然说是一种技术，同时它也包括艺术。

接下来我想请现场的观众朋友们跟我一起制作虚拟“网红”：

首先来摸摸你的手和脸，能感觉出自己骨骼的轮廓吗？我们用编程系统中的建模脚本、骨骼系统设计出轮廓来；再看看我们的头发，要用毛发系统做出发型，这里的毛发是用法线来生成头发丝的。

第二是赋予材质。触摸下我们自己的衣服，面料也是各有不同的，那咱们就用布料系统描绘出我们想要的质感。在人物身上增加一个细节，举起你的小手，握住拳。是不是在虎口处可以看到自己皮肤的褶皱呢？用雕刻系统中的“刻刀”就可以刻出来。

第三是处理光影效果，制造出在自然光照下的光影效果。接下来就是运用渲染器，用强大的渲染插件渲染我们的人物，给她原本苍白的脸涂上粉底和腮红。

你看，虚拟人物制作成功了是不是？

米克拉其实是一个三维动画，最开始大概只是一个单纯的数码艺术项目，可如今已经远远不是这样了，她被誉为史上第一个 CG 时尚商标式人物。

不过，和 CG 技术有关的内容并不是只有这些，还有比如 CG 制造出的虚拟歌手、计算机里的建筑设计以及电影特效等。

其实，科学就在我们的身边，只要你用心观察，就会发现它无处不在。

（科普讲解大赛获奖讲稿）

缅怀思想伟人，感悟朴实人生

尊敬的各位老师，亲爱的同学们，大家晚上好！

我是×号选手××，我讲解的主题是“缅怀思想伟人，感悟朴实人生”。

近期的热点围绕着纪念马克思 200 周年诞辰的话题，马克思是劳动人民的精神领袖，是国际共产主义运动的领导者。这似乎已经成为很多年轻人眼中关于马克思教科书式的认知。其实，伟人也有平凡朴实的人生。下面我们一起去了解一个“真实”的马克思。

一方面，作为思想伟人的马克思一生贡献巨大，有着为人民服务的坚定信念。在看到资本主义制度下的黑暗时，在目睹工人群众垂死挣扎在社会底层时，他选择了揭露真相，与可怕的制度作斗争，倾尽毕生的心血完成了科学著作《资本论》《共产党宣言》。其中马克思主义被确立为中国共产党的指导思想，对中国发展之路的影响像穿破雾霾、普照大地的阳光。

另一方面，马克思也有着浪漫的追求。古有诗篇司马相如《凤求凰》，今有马克思缠绵不绝《致燕妮》。其中写到，马克思对燕妮说，“世界上，唯独你才是我灵感的源泉，希望之光，慰藉的神”。设想放在现在，马克思一定是一个备受女生喜欢的浪漫之人。这位把毕生精力都献给无产阶级革命事业的伟人，竟然也会写出如此缠绵、热烈而又细腻的情诗。经常在外奔波、不能厮守在妻子身边的马克思总是再忙也忘不了向燕妮表达他浓浓的爱意。

不仅如此，马克思在拥有伟大爱情的同时，还有一份堪称人类历史典范的友谊。他跟恩格斯可谓是“一见不钟情，再见定终生”。从 1851 年到 1869 年，马克思总共收到恩格斯汇款 3 121 磅，他们之间互通 1 000 多封信。马克思去世后，恩格斯花了 11 年时间完成了《资本论》后两卷的整理和出版。可以说，没有恩格斯，马克思就少了最基础和可靠的支持。列宁也大大赞扬他们的友谊“超过了关于人类友谊的一切最动人的传说”。

纵观马克思的一生，他是伟大的思想家、政治家和哲学家。但从生平细节去了解，你会意外，马克思原来是一个有故事的“男同学”。作为大学生的我们，更应该扩大视野，学会从多角度思考，辩证地去看待人和事物，说不定你可以认识到一个更加喜欢的马克思。

我的讲解完毕，谢谢大家。

（“缅怀思想伟人，传颂经典故事”主题讲解大赛获奖讲稿）

第六章　大学生主题辩论赛

一、辩论及辩论的技巧

德国浪漫主义诗人诺瓦利斯曾言：为了正确地认识真理，我们首先必须怀疑它并同它辩论。辩论的“辩”就是辩解、辩驳，“论”就是分析和说明事理。从广义上来讲，辩论是指彼此用一定的理由来说明自己对事物或问题的见解，揭露对方的矛盾，以便最后得到正确的认识或同意的意见。通常辩论的前提是双方对事物或问题的看法不同，途径是以一定的理由申明自己的看法，揭露对方的矛盾，否定对方的看法。从狭义上来讲，辩论根据不同的场合可以有略微不同的理解。例如，法律意义上的辩论一般指法庭上由诉讼双方就调查的事实和证据如何认定、是否构成犯罪等问题进行的互相争论和反驳；上下级工作中的辩论一般指遇到思想、观点、行为方式、看法等方面相异的人，为了统一认识，说服别人；宣传舆论中的辩论一般指社会上两种观点或各个派别发生意见分歧时，以相互对峙的态势批驳对方的观点。从类型上来看，根据场合的不同，辩论一般可以分为赛场上的辩论、法庭上的辩论、交谈中的辩论、学术争辩以及协商等不同的形式或类型。

本章重点介绍的类型是赛场辩论，它是一种有组织地将辩论按照一定规则，作为竞赛项目来进行的活动。赛场辩论的双方围绕同一问题当面交锋，各自论述自己的观点和见解，同时抨击对方的观点，揭露对方的谬误。赛场辩论侧重于人们言辞表达能力，旨在培养人的思维能力以及查找资料、统筹分析的能力，乃至对于团队协作和个人勇气的锻炼等。大学生参加辩论赛的热情普遍很高，却往往由于缺乏一定的辩论赛知识，或者赛前不懂如何正确准备，或者赛中不得要领，初次上阵便容易遭受挫折。因此，掌握一些辩论赛的基本入门知识和技巧显得十分必要。

（一）深入细致的调查研究

辩论的目的并不在于捍卫自身信仰而是在于通过质疑寻找真理。对辩论主题和对方立场进行全面深入的调查，要准确地做出有利于己方的解释，找出站稳脚跟、出奇制胜的论据。

对辩题的分析和调查可以从以下三个方面展开：一是辩题如何归类，从辩题的类型、性质、内容上多角度分析；二是涉及的相关概念如何界定，同时对对方可能涉及的概念也要提前准备；三是支撑论点的论据的挖掘，可以围绕哲学原理、经典论述、生动案例展开大量的调查分析工作。

总之，经过深入细致的调研，赛前准备应确保达到以下状态：

第一，能对对方的观点、理由等方面进行一个概括性的了解，以形成“共同背景”，为辩论的顺利进行做好铺垫。

第二，能从对方所持的观点和理由中找出突破口，完善自身理论，形成有力的观点，为辩论提供有力的依据。

第三，充分的准备是赢得比赛的前提，参赛者在比赛时要尽量提前到场，控制好时间，避免因临时意外影响发挥。

（二）充分利用语言的艺术

有人说，辩手是语言的魔术师，因此辩论首先考验的就是辩手对语言运用的精妙程度。一场精彩的辩论赛，除了严密的逻辑、充足的论据、犀利的辩驳之外，富有情感、彰显魅力的语言也是最容易受到评委和观众青睐的观测标准。辩论中的语言艺术，应着重注意以下几点：

其一，要注意语言的修辞方法，多使用比喻、举例、反讽、排比等方法，让字里行间更具有美感和说服力。

其二，要准确引用格言警句、古诗词、歇后语，涵盖古今的旁征博引会使辩论文采斐然，并产生强烈的感染力。

其三，要尽量避免使用专用术语，即使要用也要做阐释性说明，以方便对方、评委和观众可以清晰地了解己方的观点，切忌自说自话。

其四，要力求清晰迅速发言，语言简练精当，反应迅速，及时展示自己的论点和论据，充分把握时间，尽快抓住对方的把柄。

其五，要注意语言幽默诙谐，运用适当的技巧调动比赛现场气氛，在巧妙地反驳对方的同时，既能调节己方队员的情绪，也可调动听众和评委的兴趣。

（三）对时间的充分把握

辩论中的时间性是很强的，立论和总结队员的陈词一般只允许 3 分钟或 4 分钟，攻辩环节的辩手每个问题提问和回答的时间一般限制在 30 秒。要在如此短暂的时间里充分陈述自己的观点，就需要根据时间的长短来确定内容。在立论或者总结陈词阶段，辩手既不能超时，也要避免剩余过多时间，恰到好处的结束会增强己方信心，同时也会让评委和观众眼前一亮。攻辩和自由辩论阶段，双方从一问一答到唇枪舌箭，对时间的把握显得尤为重要。

（四）对自身角色的把握

我们必须了解一支辩论赛队伍中，不同角色的能力要求和特殊技巧。

一辩主要是阐述本方观点，要具有开门见山的技巧和深入探究的能力，具有演讲能力和感染能力。

二辩、三辩主要是针对本方观点，与对方辩手展开激烈角逐，要求具有较强的逻辑思维能力和非凡的反应能力。攻辩中辩手要注意提问的技巧，提问的目的是揭露对方自相矛盾的地方，因此切忌提太过简单的问题，也不要陷入与对方的争辩中，而应该设置能置对方于两难境地的问题。

四辩要能很好地总结本方观点，并能加以发挥和升华，要求有激情，句句铿锵有力。

总体而言，一辩求稳，语言有震撼力，对整场辩论赛观点的把握能力强；二辩、三辩要求现场应变能力、语言的及时组织能力以及对观点的把握能力强；四辩是为整场辩论赛画上一个圆满句号的人，要求有思想、有高度、有热情，能够在情感上带动评委、观众。

辩论还有一个基本的礼仪风度的问题，就是赛场上只能针对对方的观点和理由进行攻击，而不能涉及对方个人的品质、能力和行为，也就是要注意自己的语言美和仪态美，以争取听众和评委的认可和好感。同时，作为竞赛类的辩论，其规则必须得到每个参赛成员的尊重和遵守。

二、辩论赛

辩论赛是参赛双方就某一问题进行辩论的一种竞赛活动，实际上是围绕辩论的问题而展开的一种关于知识、思维、语言表达能力的竞赛。在辩论赛中，正反双方通常会以一个有争议的话题作为命题，并站在相反立场上进行辩论。裁判员或评委在听过双方辩论后选出胜出一方。辩论者如要赢得比赛，就要说服裁判员或评委，而不是去说服与自己立场相反的另一方。为确保整个流程规范有序，由主持人（或称主席）对赛事进行主持，并借助一系列相关软件进行流程控制。

在一场辩论赛中，辩论的意义在于增加知识认同和思想认同，双方获得共同意见的同时促进事物的发展，因此反驳与争论要遵循一定的礼仪和礼貌。举办辩论赛，可以开阔学生思维，锻炼辩手的口头表达的能力、查找资料的能力、搜索的能力、统筹分析的能力、追求和探索真理的意识等。组队参加辩论赛还能增强辩论团体之间的默契和团结协助能力。

辩论赛有相对统一的比赛规则和流程，但并无绝对一致的规则。具体来看，目前高校组织的辩论赛规模有大有小，层次有高有低，各主办单位的具体要求也会因时因地而不尽相同，因此辩论赛的规则也很难趋于统一。这就要求参赛者在接到比赛通知后，不能立即简单地按照通知上的要求去准备，更不能想当然地去准备，而应设法主动地找主办单位仔细核对一下通知上各项比赛规定和要求是否真实无误。

高校组织的辩论赛一般是 4 人组成一队，根据自身特长选择一辩、二辩、三辩、四辩角色，一场比赛由两支队伍选择正方和反方展开辩论。主持人也是一场辩论赛中非常重要的角色，负责按照规则和流程主持辩论赛，维护良好秩序。评委是评判比赛过程并决定胜出队伍的重要角色，是具有与辩论内容相关的专门知识的人员，由多人构成，其中一人负责总结点评。更正式的比赛还会安排公证人或仲裁组，负责争议和投诉争端的解决。

比较有影响力的国际性的辩论赛事有国际大学群英辩论会。作为华语辩论的最高赛事之一，国际大学群英辩论会素有“华语世界杯”之称。这项赛事的前身是国际大专辩论赛，于 1993 年首创，两年一届，轮流在北京和新加坡举行，曾于 2007 年更名并于 2011 年永久落户青岛，2013 年停办。国际大学群英辩论会吸引上百所国内外著名大学的学生参加，影响逐渐扩大到世界各国，成为一个有国际影响力的汉语文化品牌。该赛事涌现出的蒋昌建、胡渐彪、马薇薇、陈铭等一大批优秀辩手，至今仍是很多年轻辩手崇拜学习的榜样。

2013 年、2015 年连续举办两届的“廉洁·诚信”大学生主题辩论赛，在广东高校中产生了较大的影响力。此项赛事是广东省委教育工委、教育厅、团省委、省教育纪工委联合举办，旨在在广东省高校大力推进“廉洁文化进校园”主题教育活动。广东省 90 多所高校组队参赛，赛事持续 3 个多月，产生了较大的影响力。

如今，辩论赛依旧活跃在各大高校里，无论是院系之间或者专业之间的对决，还是班级队伍的拉练，辩论赛仍然是深受学生喜爱的一项赛事。

三、大学生主题辩论赛的组织

（一）竞赛目的和意义

高职院校学生的语言表达能力、逻辑思维能力、敬业诚信意识和法律素养是学生关键能力的重要组成部分，是确保学生可持续发展的必备素质，也是长期以来技能培养过程中相对薄弱的环节。为锻炼和提升参赛学生的关键能力及综合素质，在开展学生敬业精神、诚信意识、法律意识、思辨能力的教育的基础上，“敬业·诚信”主题辩论赛和“廉政·法律”知识辩论赛分别举办。大赛面向全校学生，重在扩大影响、加强教育、培养队伍，提升大学生综合素质尤其是人文素养和法律素养。

竞赛内容与岗位、知识、技能对应表如表 6-1 所示。

表 6-1　竞赛内容与岗位、知识、技能对应表

竞赛内容	岗位	知识	素质
围绕“敬业·诚信”主题设定辩题，展开辩论	注重通用能力（关键能力）的相关岗位	“爱岗敬业、诚实守信”相关理论知识、案例等	语言表达能力、逻辑思维能力、思辨能力
围绕“廉政·法律”主题设定辩题，展开辩论	注重通用能力（关键能力）的相关岗位	“廉洁自律、知法修身”相关理论知识、案例等	语言表达能力、逻辑思维能力、思辨能力、法律意识、法律素养

（二）竞赛主题的选定

综合考量高职院校学生的实际特点，竞赛项目立足“人文综合素质和岗位通用能力”的培养，基于大学生语言表达能力、逻辑思维能力、敬业诚信意识和法律素养的提升，紧密结合时政热点和学生困惑，助力课外活动与课堂教学融合衔接的实现，具体确定相互关联又略显差别的主题。以下以大学生“敬业·诚信”主题辩论赛辩题为例：

（1）诚信主要靠自律还是他律？

正方：诚信主要靠自律。

反方：诚信主要靠他律。

（2）道德舆论与法律约束对诚信的作用哪个更有效？

正方：道德舆论对诚信的作用更有效。

反方：法律约束对诚信的作用更有效。

（3）善意的谎言是否有利于诚信？

正方：善意的谎言有利于诚信。

反方：善意的谎言不利于诚信。

（4）在当前社会经济条件下，建立诚信档案利大于弊还是弊大于利？

正方：当前社会经济条件下，建立诚信档案利大于弊。

反方：当前社会经济条件下，建立诚信档案弊大于利。

（5）影响诚信度的因素主要是社会因素还是个人因素？

正方：影响诚信度的因素主要是社会因素。

反方：影响诚信度的因素主要是个人因素。

（6）敬业精神与业务能力哪个更重要？

正方：敬业精神比业务能力更重要。

反方：业务能力比敬业精神更重要。

（7）当今社会应提倡爱一行干一行还是干一行爱一行？

正方：当今社会应提倡爱一行干一行。

反方：当今社会应提倡干一行爱一行。

（8）培育工匠精神应注重夯实技能还是塑造品格？

正方：培育工匠精神应注重夯实技能。

反方：培育工匠精神应注重塑造品格。

（三）竞赛的组织

为加强对技能竞赛的领导，提升技能竞赛质量，组织方应成立竞赛项目工作小组，负责竞赛的组织和管理；编制竞赛秩序册，由马克思主义学院院长（或副院长）担任组长，社团指导教师和学生社团负责人担任组员，分别成立竞赛组委会、竞赛仲裁组和竞赛保障组。竞赛组织机构表如表6-2所示。

表6-2　竞赛组织机构表

（一）竞赛组织单位 主办单位：××××学院 承办部门：马克思主义学院 协办部门：学生工作处（团委）
（二）竞赛领导小组 组长：马克思主义学院院长 成员：副院长、教研室主任等
（三）竞赛组委会 1. 秘书组 组长：××× 成员：负责教师、学生 2. 评委组 组长：××× 成员：校内外专家、教师 3. 宣传组 组长：××× 成员：负责教师、学生
（四）竞赛仲裁组 组长：××× 成员：教师、学生社团负责人
（五）竞赛保障组 组长：××× 成员：教师、学生社团负责人

为增强竞赛的覆盖面和影响力，组织方要下发专门通知，进行广泛宣传，各思想政治理论课教师、通识课教师、班主任以及相关社团负责人应积极动员学生报名参加比赛。承担组织任务的学生社团要做好竞赛项目的具体组织工作，在规定时间内完成报名登记工作。

竞赛内容与分值、竞赛方式、竞赛时间如表 6-3 所示。

表 6-3　竞赛内容与分值、竞赛方式、竞赛时间

竞赛阶段	竞赛内容	分值	竞赛方式	竞赛时间
初赛	综合素质		选拔，筛选，组队	×月×日
	敬业·诚信		抽签辩论，8 进 4	×月×日
复赛	敬业·诚信		抽签辩论，4 进 2	×月×日
决赛	敬业·诚信		抽取辩题，决出冠、亚、季军	×月×日

本章附录一：竞赛守则、竞赛规则及评分标准、竞赛奖励、竞赛报名表、辩论赛主席主持词

竞赛守则

评委组成员工作守则

1. 评委组成员在比赛前熟悉、掌握比赛程序和评分规则。

2. 评委组成员根据评分标准进行评分，遵循民主、公平、公正的原则。

3. 评委组组长负责现场评分工作统筹，评判结果具有最高权威，各代表队应尊重评委组的最终决定。

4. 主题辩论赛项目中，若辩论双方分差在 3 分以内，由评委组成员以无记名投票决出胜者。

参赛选手守则

1. 参赛者（队员）务必注意自身举止，比赛中一旦出现违背党的路线、方针、政策及攻击、侵犯他人的言论将当场提出警告，并在结果中扣分，警告无效者取消该成员的参赛资格。

2. 参赛者（队员）必须在开赛前 15 分钟到位。入场前，参赛者（队员）需携带相关证件（学生证、校园卡或身份证）核实身份，如有虚假，将取消参赛资格。

3. 主题辩论赛中的所有辩论队员在比赛中必须尊重主席和对方辩友。参赛时选手可以自备卡片、小纸条，但切忌通篇宣读。选手可以引述国家领导人讲话和报告、研究成果、统计数字等的摘要，但不应展示预先准备好的图表，评委对违规者将酌情扣分。

竞赛规则及评分标准

（以学校大学生“敬业·诚信”主题辩论赛为例）

一、比赛程序

（一）主席致辞

主席致开场辞，宣布辩题及相关背景资料，介绍比赛规则及到场评委、嘉宾，介绍正反双方代表队。工作人员演示提示铃声，主席宣布比赛开始。

（二）比赛阶段

1. 开篇立论（共 6 分钟）。

先由正方一辩进行立论，再由反方一辩立论，双方时间各为 3 分钟。

2. 攻辩阶段（共 12 分钟）。

（1）由正方二辩选择反方二辩或者三辩进行攻辩，时间为 3 分钟。

（2）由反方二辩选择正方二辩或者三辩进行攻辩，时间为 3 分钟。

（3）由正方三辩、反方三辩重复上述步骤（一方的两个攻辩手可以重复选择对方同一辩手进行攻辩）。选择对手完毕后，攻方向守方提问，由守方作答。攻方只能提问，守方只能回答。每轮攻辩限时 3 分钟，每次提问时长不超过 30 秒，每次回答时长不超过 30 秒。问、答采取一问一答的方式，即一次提问不要提多个问题，一次回答不要回答多个问题。若攻方一次提出一个以上问题，由守方任选一个问题回答。在每个攻辩阶段中，攻守双方不能中途换人，攻守双方站立进行。

3. 攻辩小结（共 4 分钟）。

先由正方一辩进行攻辩小结，再由反方一辩进行攻辩小结，时间各 2 分钟。

4. 自由辩论（共 8 分钟）。

双方交替发言。先由正方的任意一位队员起立发言。双方每次一人轮流发言，不可由同一方连续发言，每方分别计时 4 分钟。在一方时间到后，可以由时间未到的一方四位辩手自由发言直到时间用尽，也可以由时间未到的一方放弃时间结束自由辩论。

计时员将分别为两队计时。当一方队员发言完毕（以坐下为标准），另一方的计时立即开始。辩论员应该尽量争取时间，在对方代表发言完毕后，即刻发言，简洁明了地强化自己的论点，反驳对方的论点。如进行空洞无物的进攻，有意回避对方的质询，发生言语混乱，将影响到该队成绩。

5. 总结陈词（共 8 分钟）。

总结陈词先由反方四辩进行，再由正方四辩进行，时间各 4 分钟。

6. 现场观众提问（约 6 分钟）

观众向正反双方中任何一方提问，被提问的一方任意一人作答。此环节正反双方的表现不计入比赛成绩。

7. 主席请评委组评议和裁决。

8. 主席邀请评委组代表点评比赛。

9. 主席宣布本场比赛的获胜代表队和“优秀辩手”名单。

10. 主席宣告本场比赛结束，有序退场。

二、评判程序

（一）辩论结束后，评委成员先将评分表的有关事项逐项填好，然后交由工作人员统计得分及得票情况。

1. 评委计算出每个代表队的得分，同时结合双方辩手在场上的表现选出“优秀辩手”，填于评分表上。初赛、复赛阶段采取直接取平均分的方式计算各代表队总分；决赛阶段采取去掉最高分和最低分后取平均分的方式计算出各代表队总分。如双方分差在 3 分以内，由评委组无记名投票决出胜者。

2. 评委组组长或其他评委代表点评比赛，并做评判发言。工作人员统计代表队得分情况，清点“优秀辩手”得票情况。

（二）工作人员将含有本场比赛“优秀辩手”和“获胜代表队”名单的评分表交予主席。

（三）主席宣布本场比赛的“优秀辩手”和“获胜代表队”名单，宣布进入下一场比赛的代表队名单，并宣布本场比赛结束。

评委组根据评分标准进行评分，遵循民主、公平、公正、公开的原则，评判结果具有最高权威，各代表队应尊重评委组的决定。

三、申诉和仲裁

比赛结束后，参赛队伍若对比赛结果感到不公，可以在 2 小时内提交书面形式的申诉书，提请仲裁组裁决。大赛仲裁组受理申诉后，将根据该场比赛的赛场录像、评委组意见等具体情况做出最终裁决，并在 48 小时内以书面形式通知有关方面。参赛队伍必须尊重并服从仲裁组的裁决。

四、注意事项

（一）参赛队伍成员务必注意自身举止，辩论中一旦出现违背党的路线、方针、政策及攻击、侵犯他人的言论将当场提出警告，并在结果中扣分，警告无效者取消该队员参赛资格。

（二）所有辩论队员在比赛中必须尊重主席和对方辩友。参赛时选手可以自备卡片、小纸条，但切忌通篇宣读。选手可以引述国家领导人讲话和报告、研究成果、统计数字等的摘要，但不应展示预先准备好的图表，评委对违规者将酌情扣分。

（三）参赛队伍必须在开赛前 15 分钟到位。入场前，参赛辩手需携带相关证件（学生证、校园卡或身份证）核实身份，如有虚假，将取消该队参赛资格。

五、评分标准

（一）团队评分标准（总分 100 分）。

团体分按辩论阶段评分。

1. 开篇立论（20 分）。

论点明晰，论据充足；引证恰当，分析透彻；层次清楚，逻辑严密；语言表达流畅。

2. 攻辩阶段（20 分）。

提问简洁，击中要害；回答精准，富于技巧；表达清晰，论证有力。

3. 攻辩小结（10 分）。

根据队友的提问和对方回答的漏洞进一步阐述本方观点，扩大战果，并辩驳对方的不足，有理有据，表达清晰。

4. 自由辩论（30分）。

能迅速而准确地抓住对方观点的漏洞或不足展开辩论，驳论精准，切中要害；分工合作，互相配合；层次分明，有的放矢；各种辩论技巧运用得当；观点犀利，高潮迭起。

5. 总结陈词（20分）。

语言清晰流畅；首尾呼应，进一步归纳和梳理辩论中本方观点、立场，驳斥对方观点的漏洞和不足，进一步扩大战果；逻辑严密，层次分明；结尾观点鲜明，说服力强。

出现以下情况，将酌情给予团体和个人以适当扣分：

（1）辩手发言内容违反国家法律法规、内容不健康或进行人身攻击。

（2）攻辩环节的提问、回答与辩题内容无关。

（3）攻辩小结不是紧扣攻辩内容进行，而是简单背稿或陈述其他内容。

（4）自由辩论环节的辩论远离辩题、对对方已经明确回答或陈述的问题仍然纠缠不清、对方发言完毕本方长时间不回应、本方队员多次同时抢着站立发言等。

（5）总结陈词脱离本场辩论内容，机械背稿。

（二）辩手个人的评分标准。

1. 论据内容丰富，引述资料准确、充实、恰当。

2. 论证的逻辑性、说服力强。

3. 语言表达。普通话标准，语言表达流畅，有文采、有幽默感。

4. 辩驳能力。合理运用各种辩论技巧，机智、敏锐、反驳和应变能力强。

5. 美感风度。举止、表情大方得体，风度上佳。

竞赛奖励

希望各竞赛项目的指导教师做好赛前、赛中的指导和训练工作，各参赛同学（队伍）积极参加赛前、赛中训练，争取在竞赛中取得好成绩。

1. 凡报名参加比赛均按学生手册相关规定计入素质学分，获得奖项均按相关规定加操行分和附加分。

2. 主题辩论赛项目设冠军、亚军、季军队伍（各1支），最佳辩手1人（决赛产生），优秀辩手5人（复赛产生），颁发获奖证书、奖品。

（1）凡是报名参加并最终参加的同学获得相应的操行分以及素质学分。

（2）冠军队伍获得操行分和素质学分、0.5分附加分，一张奖状，一份奖品（注：操行分及素质学分不重复加分）。

（3）亚军队伍获得操行分和素质学分，0.4分附加分，一张奖状，一份奖品（注：操行分及素质学分不重复加分）。

（4）季军队伍获得操行分和素质学分，0.3 分附加分，一张奖状，一份奖品（注：操行分及素质学分不重复加分）。

（5）获得最佳辩手的同学获得操行分和素质学分，一张奖状，一份奖品（注：操行分及素质学分不重复加分）。

（6）获得优秀辩手的同学获得操行分和素质学分，一张奖状，一份奖品（注：操行分及素质学分不重复加分）。

（7）凡观看比赛的同学以及工作人员，获得相应操行分和素质学分。

竞赛报名表

每个班级最多一支队伍进行报名。可在班级内自由组队，也可以跨专业进行组队，每队报名人数为 4 人。马克思主义学院、二级学院党总支、思想政治理论课教师、承办社团负责宣传动员工作。承办组织工作的社团负责报名登记工作。报名表示例如附表 6-1 所示。

附表 6-1 ××××年大学生“敬业·诚信”主题辩论赛报名表

代表队名称：				
领队（姓名、联系电话、邮箱）：				
指导老师（姓名、联系电话、邮箱）：				
序号	姓名	年级	专业	联系方式
1				
2				
3				
4				
5				
6				
7				
8				

注：参赛队名称统一为××学院辩论队。请于×月×日前将此表以电子邮件方式报送至邮箱：××××××@ qq.com。

辩论赛主席主持词

请观众们安静一下，比赛马上开始。

各位领导、老师，亲爱的同学们，大家晚上好！这里是大学生“敬业·诚信”主题辩论赛首场比赛现场。

首先请允许我介绍今晚到场的各位评委及嘉宾。他们是……

让我们再次以热烈的掌声对评委及嘉宾的到来表示衷心的感谢。

人无信不立，诚信是个人必须具备的道德素质和品格，是我们中华民族优秀的传统美德，更是现代社会的基石。诚信意识的培育是一个需要广泛参与、久久为功的重大课题。那么，对当前大学生来说，诚信意识该如何提高，从何处着力呢？

今天，我们的辩题是：大学生诚信意识的提高重在学校教育，还是自我修养。

请允许我介绍一下今天的两支代表队，正方 A 代表队，请四位辩手上场。正方支持的观点是：大学生诚信意识的提高重在学校教育。反方 B 代表队，请四位辩手上场。反方支持的观点是：大学生诚信意识的提高重在自我修养。

下面有请双方辩手进行自我介绍。

首先有请正方 A 代表队……

下面有请反方 B 代表队……

在比赛开始之前，我对在场观众提出以下几点要求，希望大家能够配合。

第一，请将手机调至振动或静音状态，以维持现场的秩序。第二，请将最热烈的掌声保留到辩论结束，在辩手辩论期间，尽量不要哄堂大笑或鼓掌，以免打断辩手的思路，影响比赛结果。第三，再次提醒一下在场的观众朋友，你们在场下的表现也将直接影响到你们所支持的代表队的最终得分。

本次比赛，时间剩余 30 秒和时间用尽时均有提示。下面有请工作人员为我们演示时间剩余 30 秒时的提示音，请演示；时间用尽时必须终止发言，请演示。下面我宣布，大学生“敬业·诚信”主题辩论赛首场比赛，现在开始！

1. 首先进入陈词阶段。

（1）由正方一辩进行开篇陈词，时间 3 分钟，计时开始。

（2）感谢正方一辩富有激情的陈词，反方又将如何破题而论呢？下面有请反方一辩进行开篇陈词，时间同样为 3 分钟，计时开始。

2. 下面进入攻辩阶段。

此阶段规则是由一方二辩选择对方二辩或三辩进行提问，被提问方应作答。正反方二辩都进行攻辩后，由正反方三辩选择对方二辩或三辩进行攻辩。攻方只能提问，守方只能回答。每轮攻辩限时 3 分钟，每次提问时长不超过 30 秒，每次回答时长不超过 30 秒。问答采取一问一答的方式，即一次提问不要提多个问题，一次回答不要回答多个问题。若攻方一次提出一个以上问题，由守方任选一个问题回答。在每个攻辩阶段中，攻守双方不能中途换人，攻守双方站立进行。攻辩环节也是非常考验双方辩手反应能力的。

（1）下面由正方二辩选择反方二辩或者三辩进行攻辩，时间为 3 分钟，有请。

（2）感谢正方二辩，有请反方二辩提问。

（3）好，双方的提问都很巧妙，下面就到了双方三辩正面交锋的时刻。此环节，双方三辩需起立进行攻辩，每方发言时间累计 3 分钟。

（4）由正方三辩先开始，请选择反方的二辩或三辩中任意一位选手攻辩，时间为 3 分钟。

（5）现在由反方三辩选择正方的二辩或三辩中任意一位选手回答。

（6）非常感谢双方三辩，刚才的攻辩可谓是旗鼓相当，非常精彩。

（7）下面请正方一辩做攻防小结，时间为 2 分钟，计时开始……谢谢正方一辩。

（8）下面请反方一辩做攻防小结，时间为 2 分钟，计时开始……谢谢反方一辩。

3. 下面即将进入大家期待已久的自由辩论阶段，也是整场比赛最能展示辩手风采的时候。此阶段，时间用尽时有提示，此时必须终止发言，另一方可以选择继续发言或放弃发言。

由正方先开始，每方累计发言时间为 4 分钟，双方每次一人轮流发言，不可由同一方连续发言，发言完毕后立即落座，等待对方起立发言，每方辩手不得同时起立发言，也不得打断对方的发言，请双方辩手注意。好，请正方开始。

4. 刚才的自由辩论双方针锋相对，我们看到了逻辑思维碰撞的火花，但四辩的总结也往往起着举足轻重的作用。下面进入总结陈词阶段，时间剩余 30 秒时有提示，时间用尽时也有提示，此时必须终止发言。

（1）先请反方四辩就全场比赛做总结陈词，时间为 4 分钟，有请反方四辩。

（2）好，感谢反方四辩的精彩总结，同样，让我们来听一听正方四辩的总结陈词。时间为 4 分钟，有请正方四辩。

5. 好，谢谢正方四辩。非常感谢 8 位辩手的精彩表现。那么本场比赛的结果究竟怎样，让我们把最后的裁判权交给评委，请各位评委离席讨论并为正反双方和各位辩手打分。

利用这段时间，观众朋友可对辩手进行提问。此环节仅作为观众和场上辩手之间的交流，不影响评委评分。希望辩手能够积极回答，同时请观众注意，每人每次仅允许提一个问题。好，那么哪位观众先来呢？

6. 好，我们的观众提问时间就到此为止，非常感谢观众的积极参与。如果还有很多想法想跟辩手交流，可以留到赛后继续探讨。有请评委老师就座，下面让我们以热烈的掌声有请×××老师就全场比赛做点评。

7. 谢谢×××老师的点评。相信大家等这一刻已经等了很久了。下面我宣布本场比赛结果：最佳辩手是×方×辩。正方 A 代表队最终得分×分，反方 B 代表队最终得分×分，获胜方为×方。

8. 好的，亲爱的朋友们，大学生“敬业 · 诚信”主题辩论赛首场比赛到此结束，请大家稍事休息，我们下场比赛再见。非常感谢大家的合作。

辩论赛主席主导辩论程序时间把控表如附表 6-2 所示。

附表 6-2　辩论赛主席主导辩论程序时间把控表

顺序	程序	时间	备注
1	开场	机动	
2	正方一辩陈词	3 分钟	
3	反方一辩陈词	3 分钟	
4	正方二辩一对一攻辩	3 分钟	每个提问不超 30 秒
5	反方二辩一对一攻辩	3 分钟	每个提问不超 30 秒
6	正方三辩一对一攻辩	3 分钟	每个提问不超 30 秒
7	反方三辩一对一攻辩	3 分钟	每个提问不超 30 秒
8	正方一辩攻辩小结	2 分钟	
9	反方一辩攻辩小结	2 分钟	
10	自由辩论	8 分钟（各 4 分钟）	
11	反方四辩总结陈词	4 分钟	
12	正方四辩总结陈词	4 分钟	

本章附录二：大学生辩论赛辩词示范

一、正方一辩立论稿：大学生诚信意识的提高重在学校教育（反方自我修身）

谢谢主席，大家下午好！

今天我方的立场是：大学生诚信意识的提高重在学校教育。开篇明义，概念先行。大学生是指在高等学校接受教育的学生。提高是指程度、水平、数量和质量等方面在原来基础上的进步。学校教育是一种人才培养教育，强调学校教育知行合一，做中学，学中做。它包括第一课堂教育，第二课堂校内活动教育，第三课堂校外实践教育和第四课堂网络文明教育。我们并不否认自我修身也是提高大学生诚信意识的手段，但我们认为大学生诚信意识的提高还是重在学校教育。接下来我将从三个方面论述我方观点。

第一，从大学生群体特点来说，学校教育的效果要好于自我修身。诚信认识化为诚信意识是一个内心升华的过程，需要千锤百炼。大学生虽然“三观”基本形成，但他们正处于与社会的接轨时期，社会阅历、责任意识、思辨和分析能力欠缺，这也是许多大学生容易被误导的因素所在，也决定了自我修身不可能一蹴而就。只有通过学校教育去引导、约束和激励才更能在大学生的心中树立起诚信意识并不断深化发展！

第二，从修身的含义来看，学校教育重于自我修身。修身即修养身心，最早出现于《荀子·修身》。荀子特别强调了修的含义。修，即修正、修订。荀子指出，人修正自己，走向完善，更多的是靠鞭策和引导；同时也指出了教师的重要性。“无礼何以正身？无师，吾安知礼之为是也？”由此可见，学校教育对于大学生诚信意识的建立和发展至关重要。

第三，从价值导向看，学校教育更能提高大学生的诚信意识。学校是社会主流价值观传递与发展的主要场所，而良好的校园文化氛围对品德的养成有着潜移默化的作用。无论大学生是否主观接受，学校的规章制度和奖惩制度都会使大学生不断修正自己的行为，依据正确的行为导向，养成良好的行为习惯，最终从量变到达质变，形成诚信的品德。新华网调查显示，将近70%的大学生有想要作弊的欲望。而在学校对于作弊行为严厉的惩戒制度下，大学生基本不敢作弊。显然，学校教育比自我修养更能提高大学生的诚信意识。

综上所述，我方坚定地认为，大学生诚信意识的提高重在学校教育。

二、反方一辩立论稿：官员财产公开不能遏制腐败（正方能遏制腐败）

谢谢主席，大家好！

开宗明义，“官员财产公开”是指将官员本人及其家庭成员全部财产依照法定程序向社会公布，并接受监督。遏制腐败指的是腐败蔓延的趋势得到有效减缓与控制。众所周知，遏制腐败是惩治腐败和预防腐败体系建设的重要任务，官员财产公开只是预防腐败体系中制度建设的一个环节，单靠这个环节是难以起到遏制腐败的作用的。我方理由有三：

第一，从腐败类型的多样性来看，官员财产公开无法遏制腐败。腐败是世界公认的“政治之癌”，其类型众多，花样层出不穷。官员财产公开的内容仅仅为财产性收入。试问，非法获得财产性收入是腐败的全部内容吗？显然不是！诸如用权为他人谋取利益、公车私用、公款吃喝等行为并不直接涉及官员本人及家庭财产，因此并不能通过官员财产公开暴露出来。可见靠官员财产公开来遏制腐败，那是强其所难！

第二，官员财产公开的局限性，决定了其无法遏制腐败。官员财产公开是一项极为复杂的设计，是从酝酿到实施的持久性过程，更需要推力和阻力的博弈。官员财产公开的对象、范围、程序、审查、监督等诸多环节，还需要建立一系列配套制度。这个前提我们具备了吗？从我国最近查办的一些贪腐大案来看，数以亿计的现金，数以十计甚至数以百计的房产以及足够开奢侈品商铺的受贿财物，隐匿、转移财产的手段层出不穷，没有其他关键手段，单靠官员财产公开，如何发现这些腐败？我们的答案是，既无法发现，也无能为力，更无法遏制。

第三，官员财产公开的定位决定了其虽有助于廉政建设，却不能遏制腐败。反腐是长期性、系统性工程，必须标本兼治、综合治理、惩防并举。唯有建立健全的惩治和预防腐败体系，方可遏制腐败。因此，遏制腐败必须至少做到以下三点：第一，强化权力监督，保持权力阳光运行；第二，加强思想道德教育，营造廉洁社会氛围；第三，完善制度建设，健全反腐制度体制。三者缺一不可，而官员财产公开充其量只是制度建设的一部分而已。在××、××、××等清廉指数很高的国家，官员财产公开得以有效执行，无不得益于反腐机制形成了合围之势。而诸如××、××、××等反腐体系不健全的国家，官员财产公开难免不流于形式，遏制腐败从何说起？

综上所述，我方认为官员财产公开不能遏制腐败。谢谢大家！

三、正方四辩总结稿：廉政建设重在治心（反方重在治权）

谢谢主席，尊敬的评委，亲爱的同学们，对方辩友，大家早上好！

我们不妨思考一个问题，那就是我们的主管部门为什么要花这么大的精力来组织这样一次辩论赛。这不正是对我们心灵的一次洗礼吗？通过这一次辩论赛，我们已经对廉政建设有了更深的认识，这正是廉政建设的根本性举措。

针对对方辩友一再强调的问题，我做如下回应：第一，对方辩友在辩论中多次提及廉政建设需要什么什么，其实“需要什么”和“重在什么”是不同的。对方辩友在辩论中犯了偷换概念的错误；第二，对方辩友反复提到现阶段加强组织监管的有效性，我们不否认，但我们也要知道，对腐败问题而言，眼前需要治标，而长远治本才更重要，不能只见树木、不见森林啊！

在此，请允许我再次陈述一下我方观点：廉政建设重在治心，理由有三。

第一，廉政建设的对象是社会全体成员，而不单是掌握权力者。今天对方一直在强调治权，强调对权力掌握者的作用。事实真的是这样吗？不，正如我方一辩所说，廉政建设的对象是社会全体成员，绝不单单只是官员。要达到廉政建设的目的，需要治权，但更重要的是治心，让廉洁诚信根植于每个人心中。只有全体社会成员深深认同，乃至上升为人生信仰，成为行为准则，廉政建设的目标才能实现，人人清廉、风清气正的社会氛围才能形成。

第二，廉政建设要求无禁区、全覆盖，治心比治权更有效。近年来对权力的约束可谓是一天比一天严格，可为什么腐败案件还是存在呢？我们认为是因为没有做到根治于心。治权具有局限性，而治心却能无时无刻，最终形成长久的廉洁习惯和信仰。我们并不是否认治权的重要性，而是强调治心的根本性和长效性。

第三，权是心的外化，治权说到底也需要作用于心。虽然治心和治权都是廉政建设的手段，但治权可以起到让人不敢贪的作用，而治心却能让人做到思想上的不愿贪。我们要使广大人民群众有坚定的理想信念，崇高的道德情操，从而廉洁从政，不愿腐败；使广大人民群众共同营造廉洁政治的良好氛围。权是心的外化，治权最终也要作用于心，因此廉政建设重于治心。

最后，让我们重温《大学》中的古训：古之欲明德于天下者，先治其国；欲治其国者，先齐其家；欲齐其家者，先修其身；欲修其身者，先正其心。心正而后身修，身修而后家齐，家齐而后国治，国治而后天下平。

四、反方四辩总结稿：官员财产公开不能遏制腐败（正方能遏制腐败）

谢谢主席，尊敬的评委，亲爱的同学们，对方辩友，大家下午好！经过一番唇枪舌剑，我想大家都对今天的辩题有了一定的理解。

下面我将再次重申我方观点：我方坚定地认为，官员财产公开不能遏制腐败。

第一，财产类型和腐败方式的多样化决定官员财产公开不能遏制腐败。我方一辩说过，财产包括显性和隐性财产，而官员财产公开仅仅对房产、存款、有价证券等显性财产进行公开，但这只是冰山一角，对藏匿于冰山底下的隐性财产，如现金、金银首饰、个人收藏等，靠官员财产公开如何发现？更何况官员公车私用、公款吃喝、用权为他人谋取利益等腐败方式，根本不属于官员私人财产的范畴，靠官员财产公开又如何发现呢？

第二，国际化和信息化发展的今天，世界已然成为地球村，腐败手段的多样化决定了官员财产公开不能遏制腐败。从大肆收受现金到转入地下钱庄，从制作假账到资金外流，从一名裸官到外逃贪官，国际化和信息化带来的资金链跨国流通，使得洗钱手段愈发隐蔽。因此，官员财产公开还需要一系列完善的配套制度建设，缺少任何环节，都只能流于形式。这也就是近年来我国只能在部分地区试点官员财产申报制度，而不能在全国实行官员财产公开的原因！因此，天网尚未织成，官员财产公开如何遏制腐败？

第三，腐败是世界公认的“政治之癌”，治理腐败是惩治和预防相结合的系统工程，而官员财产公开只是预防体系中制度建设的一部分，让小个子去挑起整座大山，实在是强人所难啊！

众所周知，××国家也实行官员财产公开，但清廉指数很低，其根本原因在于监督体系不完善、廉洁教育不深入、制度体系不健全。官员财产公开流于形式，何谈遏制腐败？遏制腐败，必须标本兼治、综合治理、惩防并举。我方承认，官员财产公开有助于廉政建设，却远不能遏制腐败，请对方辩友不要夸大其作用。要想遏制腐败必须要做到：强化权力监督，加强思想教育，健全体制机制。

对方辩友、各位观众，我们刚刚度过了“5·20”，借此机会，我们要说“我爱你”，我爱我们美丽的家园，我爱我们伟大的祖国，风劲帆满海天阔，俯指波涛更从容，祝福我们的祖国历经苦难辉煌，构建反腐长效机制，迎来风清气正的每一天！

第七章　社会热点问题调研

社会实践是大学生思想政治教育的重要环节，对于促进大学生了解社会、了解国情，增长才干、奉献社会，锻炼毅力、培养品格，增强社会责任感，具有不可替代的作用。毛泽东思想和中国特色社会主义理论体系概论课作为大学生思想政治理论课的核心课程之一，实践教学是其不可缺少的重要组成部分和重要环节，是课堂理论教学的延伸和补充。社会实践涉及的诸多社会热点问题可以结合毛泽东思想和中国特色社会主义理论体系概论课展开。社会实践既是以毛泽东思想和中国特色社会主义理论体系为依据，以激励学生主动参与和自觉思考为特征的一种现实性活动，又是一种将毛泽东思想和中国特色社会主义理论体系具体化、应用化的教学活动。大学生在社会实践中，真正贴近社会、贴近生活、贴近实际，通过亲身体验和感受，加深对毛泽东思想和中国特色社会主义理论体系的认识与理解，提高自己的思想觉悟和道德修养，从而切实提高毛泽东思想和中国特色社会主义理论体系概论课教学的实效性。

一般而言，实践教学是一种基于实践的教育理念和教学活动。实践教学通常指在教学过程中，建构一种具有教育性、创造性、实践性的以学生主体活动为主要形式，以激励学生主动参与、主动思考、主动探索为基本特征，以促进学生整体素质全面发展为目的的教育教学观念和教学形式①。进行社会实践调研又是毛泽东思想和中国特色社会主义理论体系概论课实践教学的一种主要手段和常见方式。毛泽东思想和中国特色社会主义理论体系概论课实践教学有广义与狭义之分。广义的实践教学是指除进行理论教学之外所有与实践相关的教学方式，既可以体现在课堂教学之中，也可以体现在课堂教学之外。狭义的实践教学是指相对于传统的课堂教学的一种教学模式，主要体现在课堂教学之外。本书的毛泽东思想和中国特色社会主义理论体系概论课实践教学主要指狭义的方面。

毛泽东思想和中国特色社会主义理论体系是马克思主义基本原理和中国革命、建设以及改革各个时期的具体实际相结合的产物，是中国化的马克思主义。它们来源于实践，发展于实践，而又指导实践。可以说，理论联系实际、理论结合实践、理论指导实践，是毛泽东思想和中国特色社会主义理论体系的生命力与活力之所在。因此，毛泽东思想和中国特色

① 冷舜安. 学习实践认识：以《毛泽东思想和中国特色社会主义理论体系概论》实践教学为例［M］. 北京：中国出版集团，世界图书出版公司，2012.

社会主义理论体系概论课教学中坚持实践教学无论是对教学内容的理解还是对大学生的培养都十分必要。

一、社会调研

社会调研，即社会调查研究，是人们有计划、有目的地运用一定的手段和方法，对有关社会事实进行资料收集整理和分析研究，进而做出描述、解释和提出对策的社会实践活动和认识活动。社会调研是一个由系统的理论和方法组成的完整的知识体系，其主要内容包括社会调查研究的基本理论、基本方法、基本类型、基本程序和基本原则等。

社会调查研究的基本方法是指认识方法之外的具体操作方法，其中包括课题确定的方法，明确调查研究的具体目的、抽样的方法，确定调查研究的对象、内容和类型的方法，调查研究方案设计和条件准备的方法，抽样的方法，各种收集资料的方法，调查资料整理、分析的方法，撰写调查报告的方法，等等。

根据不同的要素（目的、时序、范围、性质等），社会调查研究可以分为不同的类型。按照目的来划分，社会调研可分为描述型社会调研和解释型社会调研；按照时序来划分，社会调研可分为横剖社会调研和纵贯社会调研；按照调查的性质来划分，社会调研可分为定性社会调研和定量社会调研；按照调查对象的范围来划分，社会调研可分为全面社会调研和非全面社会调研。不同类型的社会调查研究在调查方式、方法、适用范围上具有不同的特点。

作为思想政治理论课理论教学的重要辅助手段的大学生社会实践调研，虽然不同于那些专门的调研组织和机构，但是社会调研这些基本的要素和要求还是相同的。大学生的社会调研因为时间、人力、经验、经费等各方面的限制和束缚，所以具有一些自身的特点。大学生社会实践调研虽然主体是学生，但是整个活动的完成也是离不开教师的。教学相长，无论是课堂内还是课堂外，教师和学生两者都是搞好社会实践教学的核心要素。在教学活动过程中，我们要充分地看到两者的不同地位和角色，更要充分发挥各自的作用。

（一）体现大学生自主是搞好社会实践教学的重点

学生自主，就是在社会实践教学中，从制订计划、组织实施到成绩评定等，都是以学生为主体。在教师的指导下，学生通过多种形式和途径，积极、主动、自觉地参与到实践的全过程中，由传统的“配角”转换为现实的“主角”。这样可以提高学生的学习积极性，从而提高教学的针对性和实效性，增强教学的吸引力和感染力。一般来讲，高职院校学生在毛泽东思想和中国特色社会主义理论体系概论课社会实践教学中的自主，具体体现在以下几个方面：

1. 自行分组

学生按照任课教师每组不超过 6 人的要求（现在大学生的住宿一般是每间 4~6 人，

这样可以宿舍为单位），也可以根据具体的选题要求和难易情况，自由分组，多则 8 ~ 9 人，少则 3 ~ 4 人。在分组的基础上，小组成员选出组长（人数较多则还有副组长），然后进行小组成员的明确分工。学生采取何种形式分组、选组长以及怎样分工协作等，完全由学生自己决定。

2. 自行选题

选题时，教师一般有一个总的要求或大的范围，那就是主题必须与毛泽东思想和中国特色社会主义理论体系概论课内容有关，大至国际国内经济、政治、文化、社会，小至与学生自身相关的学习、生活、就业等，都可以。学生可以根据形势的发展变化调研社会焦点问题，比如 2019 年美国与中国的贸易争端，学生可以特别关注我国中小企业生存和发展问题、农民工就业与再就业的问题等。又如 2019 年中华人民共和国成立 70 周年，学生对这 70 年中我国经济、政治、文化生活和社会各个方面的变化特别感兴趣，可以就有关方面进行实地调研，亲身感受种种变化和成就。再如，2019 年年末至 2020 年年初，对全国乃至全世界都产生重大影响的新冠肺炎疫情的相关情况，学生可以从不同角度进行调研。学生可以结合自己所学专业调研相关的且是民众关注的热点问题，如贫富差距、城乡差距、社会保障、医疗改革、城市化、环境保护、城乡中小学教育差异情况、农民精神生活状况、农村基层民主情况、农村留守儿童情况等。学生可以结合自身实际调研相关的且是大学生感兴趣的问题，如大学生兼职情况、大学生消费情况、大学生就业情况、大学生恋爱观和婚姻观、大学生生活习惯和生活方式等。学生确定的实践主题只要在教师的要求范围之内，都是可以的。选题完全是学生自己的事情。这样在确定实践主题时学生选择范围比较广，自主性比较大，积极性也比较高。

3. 自行调研

在确定实践主题后，小组成员根据主题需要和具体情况，自行设计问卷，在规定时间内自行确定调查时间、调查地点、调查对象，自行进行问卷统计分析。小组成员之间有明确的分工和协作。因此，在实践过程中，由于主题不同，小组与小组的情况不一样。例如，每个小组安排的时间是不同的，有的是寒暑假假期，有的是节日期间，有的是周末，还有的利用平时没有课的时间等。总之，从问卷设计到调查对象的确定，从实践时间的安排到实践地点的选择，从问卷数据的统计到调查情况的分析，从实践报告的撰写到 PPT 的制作与演示，全过程都掌握在学生手中。自由度大、活动空间广，能最大限度地发挥学生的主观能动性。

4. 自行评价

学生在规定时间按要求完成社会实践后，每个小组都有社会实践报告和相应的 PPT。实践过程怎样、报告质量如何、感受怎样、收获如何、成绩如何评定等，这一系列问题或任务同样交给学生自己去解决或完成。具体做法是：教师与班级学习委员协商一个时间，召开总结交流大会。在大会上，每组选出一个或两个代表担任评委，相互打分。当然，任课教师也是评委。每组选出一个代表结合 PPT 向全班同学介绍本组实践情况，谈感想、谈收获，同样也谈问题、谈疑惑。每个小组的成绩由评委打分而定，去掉一个最高分、一个最低分后取平均数得出的分数就是这个小组的成绩。每个小组的成绩也就是该组每个学生的成绩。这个过程对于全班同学和任课教师来说都是透明的，能很好地做到公开、公正、公平，不存在教师偏袒某个小组或某个学生的现象。通过总结交流，学生在介绍中共同感受，在比较中相互学习，在竞争中相互提高。学生看重结果、看重成绩，但更看重过程。在这个过程中，学生一如既往是主角，教师继续履行其配角的职责。

（二）突出教师主导是搞好社会实践教学的关键

思想政治理论课社会实践教学过程由任课教师、教学内容、教学形式和教学对象等基本要素构成，其中教师的职责就是从实际出发，有针对性地进行马克思主义理论，思想品德和党的路线、方针、政策、纲领的教育，启发和提高大学生的思想政治觉悟，引导大学生树立正确的世界观、人生观和价值观。在社会实践教学中，虽然学生是主角，但是主角若要光彩夺目，配角很重要，既不能喧宾夺主，又不能漠不关心，最终的成功在于他们之间各司其职、默契配合、协同作战。因此，教师主导社会实践教学是成功的关键。在社会实践教学中，教师的主导作用主要体现在以下几个方面：

1. 教师提出要求

每个学期课堂教学的最后一次课，任课教师的主要任务就是讲授社会实践教学的目的、内容和方法，布置社会实践任务。根据教学计划和教学目标，教师在布置这一任务时，从自由分组到完成时间、从主题确定到提纲拟订、从问卷设计到数据统计分析、从报告撰写到 PPT 制作、从成绩评定到优秀报告集出版等，每个方面都有具体的安排和明确的要求。教师应尽可能避免学生偷懒、走过场，甚至不同专业、不同学院学生互相复印学科论文应付教师的现象。例如，对于自由分组，教师明确要求至少要有 3 人，不能单枪匹马、孤军奋战。其目的是培养学生的团结协作精神，增强学生的团队意识。教师在布置社会实践教学任务时，各个方面、各个环节都要具体明确，既要做到防止学生钻空子而弄虚作假，又要尽可能提高学生的积极性、主动性。

2. 教师调控全局

学生社会实践的整个过程都与教师密切联系着，教师始终在幕后引导启发、传道解惑。学生分组过程中，学习委员把本班学生分组及组长情况报告给教师后，需经教师审查认可才能进入下一步，否则教师可以要求学生重新调整。确定主题时，教师要求每个小组的组长与教师保持联系，协商一致后再进行具体的分工协作。在问卷设计过程中，教师必须参与其中，进行具体指导。撰写实践报告前，教师要求各小组先写一份比较详细的提纲，这份提纲必须得到教师的认可或按照教师提出的修改意见修改后，学生才能着手撰写实践报告。PPT 的制作同样离不开教师的具体指导。在成绩的评定和优秀报告集的编辑出版过程中，教师不但参与评分细则的制定工作，而且是评委之一、编辑之一，自始至终参与、协调、监督。可见，在社会实践教学的全过程中，学生是名副其实的主角，教师是时隐时现的配角，但是主角表演得精彩与否，很大程度上在于配角调控水平的高低。

3. 教师协调各方

社会实践教学是一项系统工程。这项工程要顺利完成，需要学校相关部门，如教务处、学工部、团委、财务处、后勤处等的积极配合，也需要相关人员，如校领导、专业课教师、行政管理人员、辅导员等的大力支持，还需要社会相关组织，如企业、村委会等的密切配合等。社会实践教学就像一首大合唱，负责协调指挥的就是任课教师。演出效果好坏，与任课教师是否有左右逢源的协调能力、炉火纯青的指挥才能有着极为密切的关系。

二、社会热点问题

（一）社会热点问题与高校思想政治教育工作

社会热点问题是社会矛盾的集中反应，从社会热点问题可以看到时代的变迁。社会热点问题对于高校思想政治教育的价值相当大，社会热点问题融入高校思想政治教育中可以让学生了解国家大事，了解国家的发展动向，未来可以在国家发展潮流中准确定位。社会热点问题融入高校思想政治教育符合高校的课程标准。现在的高校教育不仅注重书本知识的传播，更注重学生的思想道德建设。只有学生的思想正确，高校才能培养出优秀的时代人才。社会热点问题融入高校思想政治教育工作有利于学生树立健全的人格。很多社会热点问题包含着社会正能量的传播，学生形成自己对社会的正确理解，这是其他教育比不上的。

1. 社会热点问题能够对大学生的思想动态产生影响

高校思想政治教育工作的开展首先要明确思想政治教育的目的，即通过思想政治教育培育出具有先进思想的当代大学生。要想真正做好思想政治教育工作，必须要提升当代大学生对于思想政治的兴趣，从而提高大学生对于思想政治教育的关注度。在高校思想政治教育的过程中，社会热点问题的讨论，能够对大学生的思想动态产生非常显著的影响。大学作为大学生进入社会的准备期，大学生在大学必然会接收到社会生活各个方面的信息，从而提前做好准备。但是大学生对于社会生活还不够深入了解，看待社会热点问题也缺乏深入、详细的分析，因此很容易受到社会热点事件的影响，从而使大学生的心理产生一定的波动。比如面对庆祝中华人民共和国成立 70 周年阅兵仪式、党的十九大等热点事件，大学生在关注的过程中也会增强自身的爱国情怀，从而更好地提高思想道德水平，提高自身的思想政治觉悟。但是如果面对大量的负面社会热点事件，大学生又会受到各种负面情绪的煽动，对人生、对社会、对未来失去信心，甚至出现极端不良情绪。由此可见，社会热点问题对大学生思想动态产生的影响非常明显，因此必须要加强对于社会热点问题认识的积极引导。

2. 社会热点问题能够促进思想政治教育顺利开展

高校开展思想政治教育很容易采取单一的教学方式，往往只重视理论知识的学习，而忽略了学生实际参与的活动。这样的教学方式不仅无法充分帮助学生锻炼实践能力，而且也无法有效开展思想政治教育活动。在高校思想政治教育中积极引入社会热点问题，能够充分激发学生的学习兴趣，进一步提高学生的参与感。在进行课程讲解的过程中，我们必须要重视理论知识联系实践知识，从而让知识得到有效的外延与扩展，让学生能够接触到更多的知识理论。在课堂教学的过程中，我们可以适当地讨论社会热点问题产生的矛盾，从而深入剖析热点问题暴露出的社会问题。一些热点问题虽然离大学生还是很遥远，但却是他们未来人生发展必须经历的。对于这些问题的讨论不仅能够让大学生充分参与并讨论，而且还能够提高大学生对于社会的全面认识。关注与分析热点问题能够更好地帮助学生看清事物的本质，从而提高他们明辨是非、严格约束自我的能力。无论理论知识掌握得多么扎实，也要理论联系实际，参与到社会热点问题的讨论之中，只有这样学生才能够将所学的知识灵活运用，更好地提高思想政治教育实效。

3. 社会热点问题的分析能够提高学生解决问题的能力

客观而言，优秀的大学生并不是掌握书本中的知识与内容就足够了，还必须有自己的深刻见解，这样才能够更好地在工作和生活中发挥出自身的优势，从而有效地提高解决问题的能力。分析热点问题，大学生能够进一步形成自己的态度与观点，从而对于社会热点问题进行灵活的判断与分析，明辨是非。在这样的情况下，社会热点问题能够为学生提供实践平台。

（二）主要社会热点问题

在对社会热点问题在高校思想政治教育中的作用进行分析和研究的过程中，我们首先需要了解社会热点问题的主要内容。在某个时期或阶段产生的具有一定影响或体现社会矛盾等内容的重大事件，属于社会热点问题。这些社会热点问题的表现可能较为简单，但是其本质与内涵中透露的内容则会与时代发展主题相关。一些社会热点问题的表现和反映内容是积极正面的，能够以相对公平正义的内容给予人们鼓励，而一些突发性或对社会发展产生危害的内容会通过个人或媒体进行负面宣传，从而形成真假难辨的情况，严重时还会引起社会思想混乱等情况。社会热点问题通常具有一定的代表性，且容易被大众关注，相关高校对此进行有效利用，能够以社会热点问题来对学生进行思想政治教育。

社会热点问题主要是指在某一个特定的时间段内，社会公众高度关注同时存在较大社会影响力的问题或重大事件，其可以与经济、政治、文化、外交、军事等有关，也可以与人民群众的日常生活存在一定的联系。群体性事件和突发性事件在社会热点问题之中所占比重相对较高。如果站在宏观的角度对该问题的参与度和社会关注度进行分析和研究，那么在不同的领域之中，只要能够引起受众争议或者是大众热议的问题都可以作为社会热点问题。

在推动市场经济建立的过程中，我国的社会经济发展模式和经济现状产生了较大的变化，人们的思维模式和思维理念也受到了一定的影响，因此难以避免地会存在一些社会问题和社会矛盾，大部分的问题与人们的生活实践有着紧密的联系，因此非常容易引起大众的关注和热议，由此带来的各类负面影响也非常明显。作为我国社会群体之中的重要组成部分，大学生的教育背景较好，同时对新事物的接受能力也较强，能够利用不同的信息渠道对各种信息进行有效的接收和传递。

在互联网时代之下，青少年对社会热点问题的关注度越来越高，同时也成为社会热点问题的重要传播者和接收者。如何实现社会热点问题与高校思想政治教育工作之间的紧密结合成为高校工作者需要考虑的重点问题。学校领导必须要立足于社会热点问题与大学生思想政治教育工作之间的相关性，积极探讨两者之间的融合策略和融合手段，通过这种形式来更好地解决目前的思想政治教育问题。

例如，在2018年的一次社会实践（调查）中，我们围绕着毛泽东思想和中国特色社会主义理论体系概论课的主要教学内容，结合当时的社会热点问题，提出了如下调研选题：

（1）当代大学生择业观和创业观的调查与分析。

（2）当代大学生上网状况的调查与分析。

（3）当代大学生使用信用卡和网贷情况的调查与分析。

（4）本校本专业大学生就业情况调查与分析。

（5）大学生消费状况与家庭承受力的调查与分析。

（6）大学生婚恋观调查与分析。

（7）目前大学生最关心的问题的调查分析。

（8）大学生勤工助学活动的调查与分析。

（9）当代大学生精神文化需求的新特点、新变化的调查与分析（对文化产品的消费能力、鉴赏水平、趋势等）。

（10）大学生生态文明意识调查与分析。

（11）大学生投资理财意识调查与分析。

（12）大学生网络安全意识和安全问题的调查与分析。

（13）对你居住地“二胎”政策实施情况的调查与分析。

（14）大学生“四个自信”（道路自信、理论自信、制度自信、文化自信）情况的调查与分析。

（15）对你所在地红色旅游资源情况的调查与分析。

（16）对你所居住地（农村、社区）居民的日常生活中资源节约方面情况的调查与分析。

（17）大学生践行绿色发展理念的调查与分析。

（18）当地住房情况的调查与分析（居住面积、购房的承受力、困难、希望和要求）。

（19）大学生践行社会主义核心价值观情况的调查与分析。

（20）大学生对每年国家召开全国人民代表大会、中国人民政治协商会议了解情况的调查与分析（是否了解、关注程度、关注哪些方面等）。

（21）关于新时代社会主义主要矛盾变化情况的调查与分析。

（22）你所居住地社会治安情况的调查与分析。

（23）你所居住地居民对党风廉政建设和反腐败工作满意度的调查与分析。

（24）高校学生社团（学生团体）状况的调查与分析。

（25）对全面建成小康社会重点难点情况的调查与分析。

（26）你所居住地深化供给侧结构性改革情况的调查与分析。

（27）你所居住地学习贯彻党的十九大精神情况的调查与分析。

（28）你所居住地居民心中的“中国梦”调查与分析。

（29）家乡居民收入差距及其原因的调查与分析。

（30）对你所居住地（城镇）房价及销售情况的调查与分析。

（31）城镇新增劳动力、农村富余劳动力或下岗失业人员就业状况的调查与分析（从事的产业、行业、职业和岗位、收入等情况）。

（32）你所居住地生活环境改善情况的调查与分析。

（33）进城农民工社会保障状况解决思路的调查与分析。

（34）当地就业服务机构发展状况的调查与分析（中介机构、社会劳动就业保障局等）。

（35）当地对劳动者职业技能培训、创业培训、再就业培训的措施及实施情况的调查与分析。

（36）当地政府对零就业家庭及就业困难人员的援助情况的调查与分析（担保贷款、免费职业介绍、职业培训补贴、社会保险补贴等）。

（37）你所在乡镇普及九年义务教育情况的调查与分析（校舍、师资、经费保障、学杂费等）。

（38）当地适龄儿童入学率、失学率、辍学率情况的调查与分析。

（39）当地中小学学生学习负担情况的调查与分析（现状及改造）。

（40）当地养老情况的调查与分析（养老方式、养老院建设、老年生活状况、需要解决的突出问题）。

（41）当地工资情况的调查与分析（最低工资制度标准、当地高收入的职业、中等收入水平、农民增收减负机制、工资正常增长机制）。

（42）农民工子女接受义务教育情况的调查与分析。

（43）当地农村新型合作医疗发展情况的调查与分析。

（44）对你所居住地的文化建设设施（社区或农村图书馆、文化馆、乡镇综合文化站、村文化活动室等）现状以及发展状况（国家投资、规模等）的调查与分析。

（45）你所居住地的基层自治组织（农村村民委员会、城市居民委员会、企业职工代表大会）情况的调查与分析（产生、成员构成情况、职责、作用、重大事项的决定、是否定期召开代表大会、基层自治组织政策和法律法规情况）。

（46）对你所居住地民间文化社团（音乐、舞蹈、美术、书法、曲艺、文学、摄影、戏剧等）的调查与分析。

（47）对你所居住地志愿者、志愿服务组织情况的调查与分析（数量、服务内容、典型事例、群众反映等）。

（48）对你所居住地居民健身情况（人数、频率、设施数量、群众反映等）的调查与分析。

（49）本村矿产资源、水能资源、生物资源、特色农产品、旅游资源、特色民俗资源的开发现状及潜力评估。

（50）农村环境污染类型和发展趋势及污染治理情况的调查与分析。

（51）当地居民学法、用法、守法情况的调查与分析（最关注哪些方面的法律、了解相关法律知识的途径、利用法律维护自己的合法权益、身边的法律遵守情况）。

（52）当地社会保障体系调查与分析（社会保险、社会救助、社会福利、慈善事业等机构）。

（53）对你所在地贫困户的调查与分析（他们的生活状况、所在地政府扶持情况、社会资助情况、脱贫措施）。

（54）调查当地对困难群众救助情况（城市低保、农村五保供养、特困户救助、灾民救助、流浪乞讨人员救助等）。

（55）当地城镇医疗保险制度情况的调查与分析（涉及的范围、执行情况、改进方面）。

（56）城镇低收入家庭住房保障情况的调查与分析。

（57）中小股民的投资行为调查与分析。

（58）对你所居住地调整经济结构、转变经济增长方式情况的调查与分析。

（59）对当地农村医疗合作制度的调查与分析（参与方式、建立情况、运行情况）。

（60）你所在的村镇龙头企业发展情况及带动效果的调查与分析。

（61）贫困农民生活状况及当地的精准扶贫情况的调查与分析。

（62）农村基础设施建设情况的调查与分析（农村道路、通信、水电气、水利以及基本农田改造、环境设施等现状与建设投资总量及结构、当地政府对农村基础设施建设的支持力度等）。

（63）农业科技服务机构及队伍情况的调查与分析（机构的数量、经费来源、科技人才数量、结构、工资水平等）。

（64）当地农民被征地的补偿标准的调查与分析。

（65）被征地农民的就业和社会保障问题的调查与分析。

（66）当地社会福利情况的调查与分析（扶老、助残、救孤、济困等方面）。

（67）家乡家庭收入情况的调查与分析（家庭收入有哪些、基本的收入、家庭成员的收入差距）。

（68）贫困村脱贫致富途径的调查与分析。

（69）对你所在地环境保护情况的调查与分析。

（70）农村金融服务体系的调查与分析（金融服务机构服务类型、服务职能等）。

在这些参考选题当中，有相当一部分与学生密切相关，同时也与当前的社会热点密切相关，如大学生的择业、就业和创业问题。习近平总书记指出，就业是最大的民生。提供这样的参考选题，既能加深学生对自己专业的熟悉认知，同时也让他们对现实有清晰的认识，对未来有合理的定位。这样的选题既可以算是常态选题，也可以因为每年的情形不一样而成为热点选题。此外，农村的空心化问题、城镇差距问题、社会保障问题、粤港澳大湾区建设问题等都是当前的社会热点问题。

三、社会调研的实施步骤

大学生社会实践的实施要通过一定的流程和操作来开展①，一是要将任务明确无误地布置下去，二是开展社会实践活动。

（一）布置任务，明确要求

（1）全员参与。全校大一、大二学生必须人人参与社会实践（调查）活动。

（2）就近就地进行。自主社会实践（调查）的学生，建议结合学校所在的市（县）和家乡所在的市（县、镇、村）相关实际情况进行调查。

（3）社会实践（调查）要“眼睛向下”，充分占有第一手材料，利用掌握的思想政治理论知识以及专业理论知识实事求是地进行研究分析，创造性地提出思考和建议。

（4）调查对象必须真实、具体，最好有相关照片为证。

（5）学生可以自行组建小组，明确分工，合作完成调查报告。

（6）开展社会实践（调查）需要认真填写大学生社会调查信息反馈表。

① 刘煜．大学生社会实践导论［M］．杭州：浙江大学出版社，2017：74-76.

（7）自主社会实践（调查）的学生应及时通过电子信箱、电话加强与指导教师的交流。指导教师选取大学生社会实践（调查）较为集中的地区进行走访指导。

（8）社会实践（调查）活动时间为1~17周，活动结束撰写报告，报告的撰写要明确一个主题，以事实为根据，尽量做到内容详实，围绕一个中心问题展开论述（报告题目可参考提供的参考选题），3 000字左右。

（9）社会实践（调查）报告成绩由指导教师与学生班组代表根据调查报告完成质量评定分数或等次。

（10）社会实践（调查）报告注意事项。

①封面、正文须统一用A4纸型打印，格式要规范。

②封面上须注明社会实践（调查）题目、个人信息、指导教师、报告撰写日期。

③除封面外，报告应包括摘要、问题的提出、正文、结语、参考文献等。

④理论联系实际、观点明确、材料详实、逻辑严密、语言流畅、论据确凿、论证合理。

⑤严禁以各种方式抄袭或剽窃，一经发现该报告判零分，不给予补考机会。

⑥凡引用他人文献必须注明出处，文字重复率不得超过20%，否则重写。

（二）具体展开，指导督促

一般来说，社会实践通过准备工作、活动实施、活动方案调整、活动记录、活动宣传、活动实施总结等步骤来实施。下面分别对各步骤进行具体分析。

1. 准备工作

（1）行前准备。行前准备是大学生实施社会实践活动的重要保障。俗话说："在家千日好，出门一日难。"当走出校门，踏上社会实践的旅途，衣食住行及有关文件资料等相关准备工作都要做好。

①衣：以轻便实用为原则。为防天气骤变，大学生应当根据当地的气候准备一两件较厚的衣照，最好有一套防雨的外套，准备一双舒适的运动鞋，一顶遮阳帽；留意天气动向，及时增减衣服。

②食：以卫生为原则。出门在外，由于周围环境的改变、乘坐交通工具的颠簸以及身体的劳累，很容易造成消化功能紊乱。若不讲究饮食卫生，可能导致"病从口入"。饮食要有节制、有规律，不要乱吃不干净的食物，另外需要注意多喝水。

③住：以安全为原则。在选择住宿地点时，一定要谨慎，以安全、卫生、经济为宜，注意保证睡眠充足，按时作息，以养精蓄锐。

④行：以简易方便为原则。临行前大学生要检查生活必需品是否齐备，如衣物、洗漱用具、防晒驱虫用品、雨具、常用药品等。行李压缩打包，以精简为宜。

（2）相关方案准备。大学生实施社会实践活动之前要准备好相关的活动方案，比如社会实践活动实施总体方案、社会实践活动应急预案等。此外，学生还要准备好相关的文件资料、证明材料等。证明材料主要是介绍信、实践地接收证明等。其他文件资料主要包括学生证、身份证、社会实践活动考核表等。

（3）思想准备。大学生在进行社会实践活动之前，应当在思想上做好充分的准备。大学生要把自己的角色从学校的一名学生转换成一个能够融入环境的社会人。大学生要从思想上正确认识社会实践活动中遇到的困难，不要因为生活环境、物质条件等外在条件的变化而变得不适应、垂头丧气，甚至退出社会实践。

（4）体质准备。社会实践的地点有可能会选定在某些大学生的家乡或附近地区，但大学生也有可能会离开家乡到比较远的地方，有可能会从都市走向农村，从平原走向山川。为了社会实践能够顺利开展和进行，拥有良好的身体素质是必不可少的。为了保障社会实践活动顺利进行，圆满完成社会实践活动的各项调研任务，大学生要在实践活动开展之前做好体质上的充分准备，如加强身体锻炼、调整饮食习惯等。这些充分的准备有助于社会实践活动的顺利开展。

（5）知识准备。经过系统学习，大学生已经具有了一定的知识储备，但是在社会实践开展之前，还是应当有针对性地进行相关知识准备。除了准备实践主题的相关知识，大学生还应当对实践地的风土人情、生活习俗等有深入了解。

此外，行前准备还可能有其他方面的准备工作，这些都要根据外界环境和客观条件的变化做相应的调整。例如，关于社会实践活动经费问题，在实践活动开始之前，大学生要根据实践活动的需要提前做好经费预算，在实践活动开展前准备好相应的活动经费。

2. 活动实施

在进行了充分的行前准备工作之后，大学生个人或各实践团队就要根据计划奔赴实践地开展社会实践活动。在社会实践活动实施时，一般情况下，大学生要紧密结合原定计划，按步骤开展实践活动。大学生社会实践活动一般可分为三类，即学术研究型、社团活动型以及志愿服务型等。由于内容、条件、特色等方面的不同，每一类社会实践活动的实施既有共同之处，又在内容等方面有所区别。就学术研究型实践活动的实施来说，学术研究活动的实施，一般通过学生参与教师的课题或者结合专业特点自行选题来开展学术实践调研。学术研究活动的指导教师负责指导学生申报和设计课题，传授给学生必要的专业知识和调研方法，指导学生分析调研数据、提炼学术成果、撰写调研报告。学术研究活动开展时，学生将按照项目申报书上的活动设计开展社会调查，统计调研数据，并及时向学校团委等部门报送新闻稿。在调研报告撰写阶段，学生将进一步分析调研获得的第一手资料，形成理性认识。学术研究活动的调研课题多为当下政治、经济、社会、文化、生态发展过程中出现的热点问题，调研获得的第一手资料具有较高的价值，可以作为企业、组织和部门决策时的参考资料。

3. 活动方案调整

为了顺利完成社会实践活动既定的计划和任务，一般而言，社会实践活动方案在报学校团委等相关部门批准、确定之后便不再进行更改，但是如果遇到一些特殊情况则有必要进行调整。这些特殊情况可以分为两类，即客观情况和主观情况。客观方面的情况主要有天气变化、突发的地质灾害等。遇到这些因素，尤其是地震、台风等自然灾害时，大学生一定要及时调整实践方案，确保实践队员的人身安全。主观方面的情况主要有因某种原因不能完成预先协商好的接待任务，造成实践对接单位的衔接不畅；实践队员突发疾病；等等。对于这种突发事件，实践队员应该灵活应对，及时调整社会实践活动方案，确保社会实践活动的顺利进行。

4. 活动记录

大学生社会实践活动一般要经历 2~4 周时间，集中实践时间一般为 2 周左右，做好实践情况的记录对于事后整理和归纳相关材料非常重要。社会实践活动的记录，既可以采用纸质材料书写记录的方式，也可以利用先进的通信媒介，如录音笔、手提电脑、智能手机等进行录音、拍照。记录下来的资料既是社会实践活动开展的证明，也是顺利完成社会实践活动总结的重要保障。

5. 活动宣传

在大学生社会实践活动开展过程中，大学生要做好宣传报道和信息报送等相关工作。大学生要根据团队实践活动的开展情况及时与报纸、电视台、网络等新闻媒体联系，深刻挖掘社会实践活动内涵及活动新闻亮点，扩大实施活动的影响力，争取在国家级、省级、市级各主要新闻媒体上进行报道。同时，大学生要及时上报工作材料，切实有效地推进社会实践活动的深入开展。以某高校为例，学校组织的每一支社会实践团队都建立了专属微博、网站、QQ 群以及微信群等网络系统，并在腾讯网站上根据实践进度情况，实时发布活动情况，展示实践团队风采。实践团队也通过关注“××团省委学校部”腾讯官方微博或者“××省学生联合会”新浪官方微博，及时向其发送有关社会实践活动的相关信息，让社会及时了解大学生社会实践活动的开展情况及取得的成果。

6. 活动实施总结

社会实践活动在实施后，大学生要进行全面总结和分析。社会实践活动实施后的总结，能够让实践的参与者从不同的角度分享实践活动中的所见所闻、认识以及感想；能够让参与者回忆、思索社会实践过程中的点点滴滴；能够让参与者充分认识到“实践是检验真理的唯一标准”的真谛。在实践中，大学生能够发现自身存在的缺点和不足，更好地提升自己。社会实践活动实施后的总结也能够凝练社会实践活动开展过程中取得的经验，能够帮助大学生发现社会实践活动实施中存在的不足，为下一次社会实践活动的顺利开展奠定基础。

四、社会调研报告的写法

大学生社会实践需要做好规划、联络、宣传、总结等许多方面的工作，涉及许多实用文体的写作，调查报告、实践报告、新闻稿是社会实践最常使用的文体①。

大学生社会实践还会涉及介绍信、证明信、表扬信、感谢信、慰问信、申请书、决心书、保证书、倡议书、建议书、海报、请柬、启事、聘书、公约、制度、规则、单据、工作计划、总结等事务类应用文书以及简报、广播稿、墙报与板报等宣传类文书的写作。由于这些文体都属于常用文书，本书将不做介绍。本章重点介绍社会实践报告、典型新闻作品以及社会实践中涉及的学术论文等文体。

实用文中的报告主要包括各种工作汇报。报告的基本功能是向有关对象提出工作申请，汇报工作的进展情况、经验和问题以及取得的成果等。报告的内容比专业论文广泛，形式比论文灵活，读者既可以是专业人员，也可以是非专业人员。其运用频率远远高于论文。

（一）报告的分类、结构和写作注意事项

报告按其主要功能和特点可以分为以下三种类型：

1. 陈述型报告

陈述型报告的主要功能是及时记录、反映考察事实，向读者提供真实的材料。其特点是材料详实，作者很少分析论证，多以叙述性语言反映事物的真实情况。表达方式可以是笔记形式，也可以是情况汇报形式。

2. 分析型报告

分析型报告的主要功能是及时总结典型经验和反映问题。内容要素包括考察对象的基本情况，对考察情况的分析、归纳以及获得的基本规律，作者的认识和建议。典型分析型报告内容组合方式的特点是作者的认识和建议一般以小标题或提要形式置于段首，不展开议论，主要用客观事实反映事物本质，揭示事物规律性。

3. 论证型报告

论证型报告的主要功能是运用大量考察材料论证某种新发现、新观点。内容要素的特点是以大量考察的事实材料为依据，运用理论推导、数学模型等多种方法展开论证。论证报告可以分为论证正确性的论证报告和论证可行性的论证报告两种。论证正确性的论证报告的内容表达方式与理论证明型的论文基本相同，一般按事物内部的联系安排结构。由于这类作品具有较强的科学性、创造性、理论性和较高的学术价值，在大多数情况下，论证

---

① 张子睿. 大学生社会实践教程［M］. 北京：国防工业出版社，2012：181-183.

正确性的论证报告是一种论文，可用于一切学术场合。论证可行性的论证报告与论文的论证方式、方法上的差异较大，习惯上常常称为可行性研究报告。

一般情况下，报告的表达方式不会是一种。在现实生活中，许多报告都是综合使用上述三种表达方式中的两种或三种来完成写作任务的。报告应根据其写作目的、功能、特点来安排结构，其结构要素一般有标题、引言、正文、结尾等几部分。

标题用以概括考察的对象、内容、范围或揭示主题。常见形式有以下三种：

（1）只有正标题，标题直接揭示报告的主题。

（2）正副标题兼用，大多用正标题揭示主题，用副标题概括考察的对象和范围。

（3）介宾结构式标题，即关于××的报告。

引言又称前言，以考察的基本情况为要素，主要介绍考察的目的、意义、内容、方法、时间、地点、范围以及人员组成和考察结果等。如果作者将有关基本情况放到正文相关部分说明，那么引言可以不写。因此，作者可以根据报告的功能决定是否写引言。同时，在引言的写作中选择介绍哪些基本情况，也主要是由作者决定的。引言写作的标准是重点突出，简明扼要。

正文是报告的主体。内容要素是陈述考察事实，报告考察的经验或问题，阐述作者的主张与建议。正文的内容要素应视报告的类型而各有侧重。情况陈述型以反映客观事实为主；典型分析型以揭示规律为主；观点证明型以论证作者的认识或主张为主。组合方式通常有三种：一是按空间顺序排列；二是按时间顺序排列；三是按事物的不同性质及内在联系排列。较长的报告各部分应用小标题或序号引领，较短的可连贯而下，一气呵成。

结尾是报告内容的归结和补充，写作者应视报告的不同类型和具体内容，或者补充说明未尽事项；或者提出建议，指出问题；或者写出结论，引发讨论；或者自然收结不另外写结尾。

报告的基本写作要求和写作方法与后文将提到的论文的写作有一些相似之处，在此不做过多展开，但在写作中需要注意的问题是：第一，由于读者对象不同，因此报告比论文要写得通俗一些，要适当增加一些背景材料，即来龙去脉要讲清楚。据国外有关资料，总经理阅读研究报告的情况是读内容摘要的占 100%，读引言的占 60%，读正文的占 15%，读结论的占 50%，读附录的占 10%。因此，撰写研究报告要特别注意写好摘要、引言、结论等部分。第二，研究报告，特别是开题报告、进度报告、专题性报告和综合性报告要适当说明研究的情况、过程以及存在的问题和建议等，这些内容要具体、明确、重点突出。第三，报告的附录和附件很重要，它一般比论文的附录要长，有的甚至超过报告正文的字数。

（二）报告写作材料的选用方法

报告的写作过程中，关键环节是整理分析材料。

因为作者手中的材料不可能都写进报告，所以材料的选择是不可避免的，必须择优采用。其基本过程是：第一步，按照报告的功能结构特点，将所有的材料汇总分类，可分为综合、典型、概括、具体等几个类型，也可以把同一性质的材料归类。第二步，按照报告的主题和写作提纲选取材料，与主题及提纲无关的材料应剔除。第三步，按照报告的基本特点确定材料。报告写作材料的选用方法主要如下：

1. 筛选法

对分类的材料进行鉴别，辨别真伪，分清主次，选用真实可靠并具有普遍意义的综合、概括材料和能反映问题实质的典型、具体材料。

2. 对比法

一是将同类、同质的几个材料加以比较，确定选用最能反映事实、最有说服力的材料；二是把同类不同质或同质不同类的材料进行纵横比较，如将同一事物的前后变化加以对比，将甲事物和乙事物的优劣加以对比，从中选取更有价值的材料。对比一定要注意事物之间是否具有可比性，不能强拉硬扯。

3. 统计归类法

制图、列表、进行数据统计分析，是报告最常用的方法。在起草报告前，写作者应将汇总、分类、选用的资料绘制成图、表进行统计分析，使原始的统计数字质变为能反映出现象总体特征和相互联系的依据。这些数据通常有总量（绝对数），能反映对象的规模、水平；相对数，如百分数、倍数，能反映对象的结构比例、动态关系；平均数，如简单平均数、加权平均数，能反映对象的特点、发展趋势。报告写作者要尽可能地从各方面统计分析，找出各种数据之间的差异及产生差异的原因。

（三）调查报告的写作方法

陈述型报告主要有实验报告、检测与鉴定报告、调查报告等形式。实验报告按其功能来划分，有科研实验报告和教学实验报告两种。科研实验报告是研究人员向有关部门报告或向同行交流自己的实验成果，特别是创新性成果的报告，由于其实用性强，因而被科技工作者广泛采用。教学实验报告是学生在校学习期间，教师训练、检查学生动手能力和表达能力的一种手段。因为教学实验报告是重复前人已做过的实验，所以其报告的保存价值不大，但能较全面地反映学生运用专业知识的实际水平，更是评定学生学业成绩的重要依据。

调查报告在大学生社会实践活动，尤其是大学生暑假社会实践活动中使用频率很高。因此，下面重点介绍调查报告的写法。

调查报告是一种通过调查研究来反映客观事实并力求揭示事实本质或发展规律的文体。调查报告的产生不能没有调查。调查是一种手段，调查需要有明确的目的和对象，怎样调查，在事先要有周密的打算和准备。调查报告的产生不能没有研究。研究是以一定的理论或思想为依据，对调查得出的事实或情况进行分析、概括，去伪存真，由表及里，揭示出事实的本质，得出正确的结论。在此基础上写成完整的书面报告就是调查报告。

1. 调查报告的特点

（1）针对性。调查报告的写作通常都有明确的针对性和目的性，或者是总结推广某一个典型经验，以带动整个“面”上的工作；或者是对某方面的工作或问题进行分析研究，为制定方针政策提供依据；或者是搜集情况，加以必要的分析综合，以供有关部门决策时参考。

（2）指导性。调查报告不只是客观事实的叙述，更重要的是对于事实的分析和概括，对于事实的内在规律的探求。因此，高质量的调查报告不仅能深入揭示出事物发展的一定规律，而且能充分体现党和国家的有关方针政策，对具体的工作实践具有很强的指导意义。

2. 调查报告写作的一般过程

（1）明确调查目的，编制调查计划。调查计划的内容一般应包括调查目的、调查对象、调查步骤、调查项目和调查方法等。

（2）收集资料，初步分析。开始调查之前，调查者应围绕调查目的，多渠道收集有关资料，以熟悉和掌握调查对象的基本情况，并通过初步分析，确定调查的重点和主题。

（3）做好准备，实地调查。调查者应根据不同的调查方法，做好充分的准备工作，如采用询问方法所要用的询问提纲或询问表格等，然后进行实地调查，以全面地了解和掌握情况。

（4）资料汇总，分析研究。在大量、全面占有资料的基础上，调查者应认真进行汇总分析，去粗取精，去伪存真，并以一定的理论或思想为指导，深入研究，得出结论。

（5）写调查报告。写调查报告，标志着调查研究的结束，同时又是总结整个调查研究成果至关重要的一个阶段。

3. 调查报告的类型

调查报告运用广泛，形式灵活，可以从不同的角度进行分类。调查报告从调查内容和功能可以分成以下三种类型：

（1）经验调查报告。经验调查报告又称典型调查报告，主要用于介绍和推广实际工作中出现的具有一定普遍意义的新鲜经验，往往带有较强的政策性和指导性。为了使报告发挥更大的作用，经验调查报告的内容必须真实、典型。

（2）问题调查报告。问题调查报告是针对经济建设中某一方面（或某一个）问题进行调查分析后写成的报告。问题调查报告的主要功能是通过调查研究，分析问题产生的原因，探索其规律，有针对性地提出解决问题的办法或建议，以供领导部门或有关机构决策时参考。

（3）情况调查报告。情况调查报告也称基础调查报告或资料性调查报告，其主要功能是客观、真实地提供情况，为有关部门了解历史和现状、正确地研究和处理问题、制订计划或采取必要的措施等创造条件。情况调查报告一般也围绕着某一方面（或某个）问题来展开，但不像问题调查报告那样必须对问题进行深入分析研究，并且明确地提出解决问题的建议或未来工作的思路。情况调查报告主要提供经过选择、归纳的情况。

五、评价标准与方法

（一）成绩评定

任课教师根据学生拟定的实践教学活动主题及难易程度、提供的书面材料、活动参与程度以及实际表现等各个方面，对学生实践教学的成绩做出客观、公正的评定。

实践教学成绩评定采用100分制，占整个课程考核总成绩的30%。

（二）教师职责

（1）教师负责组织安排、监督检查本人负责班级的各项实践教学活动。

（2）教师负责加强与学生的联系、交流，及时提供咨询、指导和帮助。

（3）教师负责查收学生的实践作业并存档。

（4）教师负责根据学生提交的材料及在实践活动中的实际表现评定成绩，评阅要做到客观公正并写下中肯的评语。

（5）教师负责期末对本届实践活动情况进行总结、评价，写出书面总结报告。

（三）总结评价

实践教学结束之后，在任课教师自我教学评价的基础上，马克思主义学院组织召开实践教学总结交流会。总结评价应着眼于促进实践教学工作的不断改善，重点在于形成进一步改进教学的措施和计划。

（1）根据各活动开展情况，评选出×个优秀个人奖；抓好优秀课件及调查报告的交流工作，组织跨班级的研讨、交流活动。

（2）引导学生关注社会热点，鼓励学生走出校门开展社会调查和社会实践活动，指引学生觉悟人生、奉献社会，志愿参加义务劳动。

（3）教研室教师总结经验，整理材料。

（4）召开总结表彰大会，邀请学校有关领导出席并指导工作。

本章附录一：调研报告模板

标题：关于××××的调查报告（宋体3号加粗）

——小标题（小4号宋体加粗）

班级：　　　　　　　　　　　组长：姓名（学号）　　（宋体小4号）

组员：姓名（学号）（标明每位同学负责的项目）　　（宋体小4号）

【摘要】：（黑体4号）

内容：宋体5号

【关键词】：（黑体4号）

内容：宋体5号

【调查目的和意义】（黑体4号）

内容：宋体5号

【调查过程】（黑体4号）

内容：宋体5号

【基本情况与分析】（黑体4号）

内容：宋体5号

1.

2.

3.

……

【调查结论】（黑体4号）

内容：宋体5号

【评价建议或对策】（黑体4号）

内容：宋体5号

本章附录二：调查报告示例（封面、目录略）

关于农村基础教育开展现状的调查报告

——走进农村教育一线

班级：××班　　　　　　　　　组长：陈××（121323××××）
组员：薛××（121323××××）、黄××（121322××××）、赵××（121323××××）
李××（121323××××）、李××（121323××××）

【摘要】

为了了解农村基础教育现状，主要包括农村基础教育中学生学习环境情况、教师师资配置情况、学生家庭状况、学校状况以及以农民工留守儿童为主的学生状况，从中发现优点与不足，反馈给当地教育部门，并且提出建议，为其做出相应调整以及为新农村教育建设提供必要的依据，因此我们面向农村学生、家长进行了一次关于农村教育问题的调查。

【关键词】

农村学生 家庭教育 学校教育 教育资源

【调查目的和意义】

发现农村基础教育的优点与不足，明确目前农村基础教育的现状，并反馈给当地教育部门，提出建议，为其做出相应调整以及为新农村教育建设提供必要的依据，从而帮助教育部门合理地分配师资力量，促进农村教学方式的改变。

我们经过充分的实地考察及资料分析，选取了具有代表性的中学联安中学作为调查学校，开展调查。

【调查过程】

1. 调查前期：前期工作准备

（1）了解考察的基本范围，主要是实地了解当地学校基础教育的基本情况，帮助确定调查的大体内容与方向。

（2）信息准备。网上搜索花东镇基础教育开展情况的资料，准备前期的参考资料。

（3）设计调查问卷。根据调查的目的与意义，利用收集的信息与资料，制作调查问卷（见附录1）。

（4）确定调查的方式（问卷调查法、走访调查法、文献查阅法）。

2. 调查中期：收集信息，进行实地的调查与研究，运用多种调查方式

（1）问卷调查法：派发问卷给当地基层群众，完成相关问卷，记录内容。主要针对农村不同年龄阶段的特殊性，调查不同年龄阶段的学生及其家长。

（2）走访调查法：与群众交流信息，了解他们对于孩子教育的看法；走访当地学校，了解学生对于自己目前所接受教育的满意程度；走访学校教师，了解其对调查情况的看法以及了解近些年教育的开展情况。

3. 调查后期：整理信息和资料

（1）统计与分析调查的有效数据，主要是调查问卷收集得来的数据信息。

（2）利用收集的数据进行结论分析，撰写调查报告的内容。

（3）把收集的录像、图片与调查报告归档，并打印文字手稿作保存。

本次调查以问卷（见附录1）的形式面向花东镇的家长、学生展开，从2014年5月5日至2014年5月19日为期两周，共发放问卷100份，收回92份，有效88份。由于调查对象的限制，问卷的内容较为通俗浅显、简单明了。

【基本情况与分析】

1. 农村教育背景

现在的课程表虽然有了音乐、美术、体育课程的设置，但往往是流于形式，基本上还是自习课，真正认认真真上下来的仍然只有语文、英语、数学、社会等几门基础课，农村教育仍没有走出“学好数理化，走遍天下都不怕”的误区。再有，农村教育还存在应付考试的现象。在教育改革已进行了多年的今天，农村仍然雷打不动地组织着各种竞赛。分数是学生的命根子，是教师教学的指挥棒。从一年级起，教师就开始抓班内的前十名，平时多鼓励、多提问，周末“开小灶”，因为能参加竞赛的也就只有七八个人，他们的成绩代表了学校的教学水平，也代表了教师的教学能力，因此班内的大部分学生得不到重视，作业做得如何、知识掌握得怎样，教师很少问津，于是部分孩子的自尊心受到了不同程度的伤害，他们的上进心受到了一定的伤害，学习的动力也受到了影响。

2. 农村教育之家庭教育面临的问题

2.1 农村家长的文化程度问题

调查问卷1题目（1）~（3）及统计结果如下（见附表7-1和附图7-1）：

（1）您的职业是什么？

A. 教师　B. 工人　C. 经商　D. 农民　E. 行政官员　F. 其他

附表 7-1　题目（1）统计结果

选项	内容	比例（%）
A	教师	9
B	工人	25
C	经商	11
D	农民	40
E	行政官员	8
F	其他	7

（2）您的文化程度是什么？

A 小学及以下　　B 初中　　C 高中　　D 大专及师范类　　E 其他

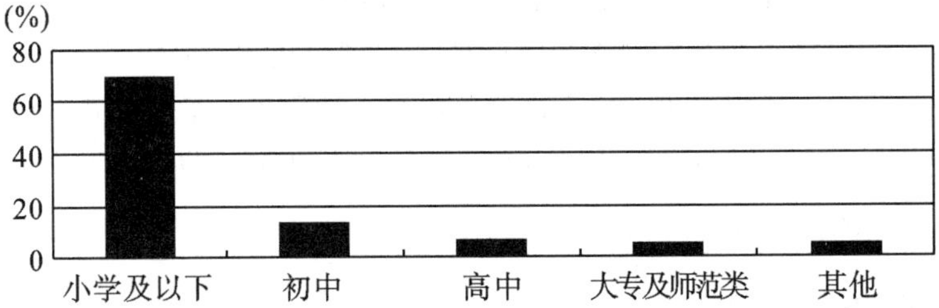

附图 7-1　题目（2）统计结果

（3）您认为供孩子上学是否重要？

A. 重要　B. 不重要　C. 无所谓

上述统计数据显示，目前农村家长的受教育水平普遍偏低，在很大程度上阻碍了农村家庭教育的发展。农村中大部分人是农民和工人，而且他们受教育程度并不高，大专及师范类文化程度的仅占 5%，高中文化程度的仅占 7%，初中文化程度的占 13%，小学及以下文化程度的占比高达 70%。家长受教育程度不高，孩子的家庭教育往往无法得到保障。孩子只能通过学校教育提高自己。虽然如此，农村父母是十分重视孩子的学习的。调查发现，超过 90%的学生家长认为孩子上学是一件十分重要的事情。这是一件好事，说明现在农村家长对教育的认识程度提高了，但同时问题也随之出现了，对于农村家庭来说，孩子的教育费用并不是一个小数，因此他们不得不远离家乡，前往城市打工赚钱供孩子读书。这样一来，留守儿童的教育问题出现了。

2.2 留守儿童的教育问题

不少留守儿童在没有父母在身边管教、关心的情况下，心理上就出现了诸多问题。不少留守儿童总是感到别人在欺负他们，一点小事就计较，与别人交流时充满警惕甚至敌意。不少留守儿童对老师、监护人、亲友的管教和批评产生较强的逆反心理。有的留守儿童自暴自弃，丧失信心，学习上不求上进。留守儿童往往表现出性格柔弱内向、沉默、孤僻、自卑、盲目反抗或逆反、怨恨父母和老师等心理状况。

调查问卷1题目（4）、题目（8）、题目（10），调查问卷2题目（7）、题目（11）及统计结果如下（见附图7-2、附图7-3、附表7-2）：

（4）您的孩子是否是由您亲自抚养、教育？

A. 是　　B. 否

（8）当孩子遇到挫折时，您是否会主动去与孩子进行心理上的交流与指导？

A. 会　　B. 不会　　C. 偶尔会

附图7-2　题目（8）统计结果

（10）您是否关心孩子的学习成绩？

A. 非常关心　B. 关心　C. 偶尔关心　D. 不关心

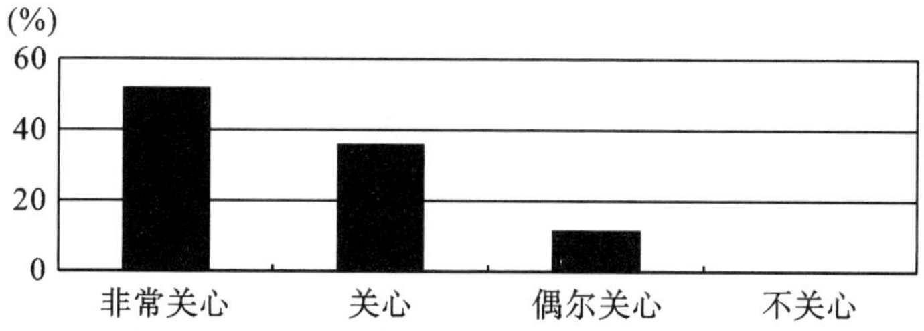

附图7-3　题目（10）统计结果

由附图7-3可知，52%的父母对孩子的学习非常关心，36%的父母对孩子的学习关心，12%的父母对孩子的学习偶尔关心，没有父母不关心子女的学习的。

（7）你在学校里见到老师会怎么做？

A. 向老师主动打招呼　B. 向老师微笑一下　C. 绕道走开

附表7-2　题目（11）统计结果

选项	内容	比例（%）
A	是	61
B	否	39

大多数学生会主动与老师打招呼，但是有相当一部分学生会选择绕道走开，因为他们觉得不知道应该怎样去面对老师，怕自己犯错。可见连简单的一个问好尚且如此，更别说平日里遇到不会的题目主动去请教了。

（11）在你遇到挫折时，你的家长在意你的成绩超过在意你的心理成长吗？

A. 是　　　B. 否

根据调查，我们得出了这些留守儿童的心理问题产生的原因如下：

（1）在这项调查中，超过60%的家长都是外出工作，将孩子交由爷爷奶奶或亲戚抚养。有的监护人对孩子很溺爱，有的监护人对孩子很苛刻、过度严厉。这两种极端对孩子都有很不好的影响。比如有的孩子有了零用钱就去上网打游戏，因为缺少家庭教育，那些不好的习惯、越轨的行为很容易就被孩子学到。由此导致学生无心上学，没有进取心。

（2）亲情缺失是留守儿童成长中最严重也是最现实的问题。这种孩子在日常生活中享受不到父母的关怀，遇到困难不能从父母那里找到感情支撑，容易出现性格缺陷和心理危机。在孩子遇到挫折后，大多数父母并不是很重视与孩子心理上的交流，只是偶尔会与孩子谈谈心，这对孩子的成长教育并不好。当然，这其中难免有知识普及程度不够的原因，但更重要的是父母并不懂得怎样在心理上给孩子关爱。

（3）学校对留守儿童的过失性教育。除了在家里，学生大多数时间都是在学校度过的，有的学校对留守儿童不够重视，没有对留守儿童开展心理上的交流和指引，对他们的错误行为只给予严厉的批评和惩罚，而没有从侧面去鼓励、引导他们。

（4）社会环境造成的心理抵抗能力降低。目前的社会环境复杂，孩子特别需要父母和社会的关爱与引导。可是留守儿童的父母远在他乡，对孩子的关爱和引导缺失。同时，中小学周围的网吧、游戏厅等会让孩子走错路。

3. 农村教育之学校教育面临的问题

调查问卷2题目（3）、题目（4）、题目（6）及统计结果如下（见附表7-3、附图7-4）：

（3）你们学校有组织过课外活动吗？你参加过吗？

A. 有，我没参加　B. 有，我有加入　C. 没有

附表7-3　题目（3）统计结果

选项	内容	比例（%）
A	有，我没参加	25
B	有，我有加入	15
C	没有	60

（4）你在节假日一般做些什么？

A. 与邻居朋友一起出去玩　　B. 在家干农活　　C. 在家看电视

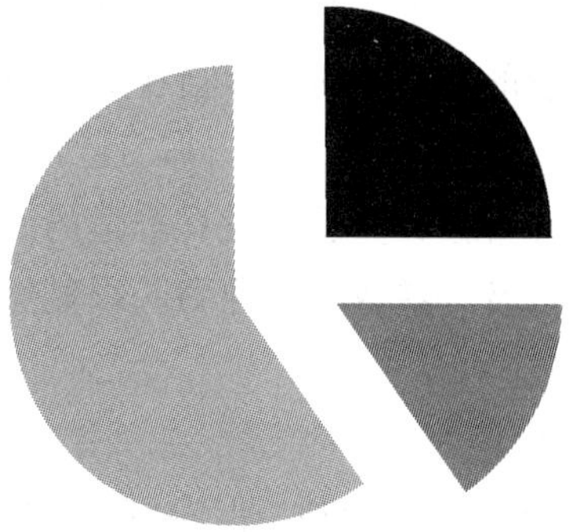

附图 7-4　题目（4）统计结果

（6）你觉得你们学校硬件设施好吗，比如说图书馆、体育场、实验室……

A. 好　　B. 不好

超过 90%的孩子认为学校的硬件设施跟不上教育的进度，由此看出学校的日常教育并没有顺利开展，学校的基础设施不齐全也是孩子不参与学校日常活动的原因之一。

3.1 教育经费短缺，教育设施短缺老旧

国家投入到教育事业的经费，大部分还是用于城市重点学校的发展上，农村学校的教育经费并不充足，教学设施比较匮乏。

我们在调查过程中发现，由于资金不足，学校基础设施情况不是十分乐观。首先是学校的教室资源不足，由于学生多、教室少，所以不得不实行大班制教学，这样一来教学质量难免就下降了。老师无法对班上每一位学生都照顾周到，难免会忽略少部分同学。这对一部分同学的学习成绩与心理发展是不利的。同时，尽管目前农村小学在校舍及硬件设施配备上已有了很大的改善，但是与城市小学相比仍然差距很大。由于农村教育经费有限，很多需求无法得到满足，大部分农村小学微机室、多媒体教室缺乏或不完备，图书馆的书籍数量少且陈旧。这使得这里的学生到初中毕业，电脑方面的知识往往只停留在理论上，对于课外知识的了解更是较少。

学校的体育器材也很贫乏，很多设备仅仅是摆设，坏了也经常缺乏资金更新。学校最好的运动场地也就是篮球场了，平日里同学们会在这里进行锻炼和比赛，但由于年久失修，部分场地也已经变得凹凸不平，同学们在打球时经常会有人因为场地问题而受伤。至于其他运动设施，像乒乓球台、羽毛球场等就更加没有配备齐全了，并且其他一些体育设施也存在着安全隐患。因此，平日里同学们大多是自己组织趣味运动会等活动，或者由广东交通职业技术学院的志愿者们到这里来举办各种各样的户外活动，让同学们的课余生活更加丰富。

学校只有一个实验室且实验设施较少，只有一些简单的工具。据了解，在平日的教学中，老师们并不会使用这间实验室进行教学。因为实验室的仪器并不齐全，且现有的实验设施存在安全隐患，连基本的上课要求都满足不了，所以实验室基本上是空置着的。尽管如此，该实验室作为举办活动的空间，学校的聚会等活动都会在这里举行，如志愿者的主题活动等。

学校没有图书室，只有一个阅览室，并且极其简易，没有舒适的课桌椅、台灯，有的只是几张凳子与一些过了期的报纸、杂志以及一些教学辅导书。很显然，这远远不能满足老师和同学们对于课外知识的渴望。

3.2 教师的业务水平不高，工作负担重

（1）师资水平低。都说一个好学校不能没有好老师，但农村中小学的教师队伍中，几乎没有所谓的教学能手、学科带头人等优秀教师，有的只是刚毕业的年轻大学生，而刚毕业分配来的年轻老师，在锻炼一两年后往往去了较大的学校，农村学校成为新教师的“练兵场”。在这种情况下，面对目前的教育改革，老师们显得力不从心。试想，这样一支师资队伍承担着培养新型人才的艰巨任务，谈何容易。为了缓解老师们的压力，学校不得不聘请代课教师，然而最终结果就是影响教学质量。

（2）教师负担重，多数教师依然是用“一支粉笔+一张嘴+一本书”的传统方法来完成教学，而学生的“学法”仍是“听、写、读、背、考”。这种落后的教学方式，不但不能适应当代教学的需要，而且加重了师生负担，消耗了师生大量时间和精力，取得的却是事倍功半的教学效果。

（3）教师培训落后，教师传统的专业知识储备已经不能满足实施新课程教学的需要，教师必须加强培训、自学自研，不断丰富和完善自己的知识结构。由于学校学习资源的限制，教师外出培训成果在校内得不到巩固练习和及时消化理解，不能内化和深化，久而久之，出现培训成果的流失。教师自学自研的落后严重影响了教师专业的发展和素质的提高。

3.3 口头的素质教育，实质的应试教育

在调查对象中，90%的被调查对象对当前的应试教育提出强烈不满：学生要分数考得高，而老师更要教得出色，双方压力非常大。素质教育只停留于口头上，而实际上仍是应试教育。应试教育的思想已深深地禁锢着教师的教学行为和学生的学习行为，但家长和社会过分看重学生的成绩和学校的教学结果，导致上级教育部门对学校和老师们定指标、下任务，根据期末统考、会考的成绩来对学校和老师们进行考核。学生每天不仅要完成应有的作业，还要去死记硬背那些乏味的课本知识。在这种情况下，学校就成了一个“读死书”的场所，学生的思维能力、观察能力局限于一个狭窄的范围内，得不到充分的锻炼，导致部分学生无法适应社会的发展。

【调查结论】

农村教育关乎学校、家长和学生三个方面，要想全面改善农村教育现状，应该在这三方面努力，无论是学校的硬件设施、教育理念、师资队伍，还是学生自身素质的培养以及家长对学生正确的引导和督促，哪一项都不可以落下。

【评价建议或对策】

1. 孩子的家长

通过问卷调查，我们了解到家长都很重视孩子的教育，都想让孩子享有优质的教育资源，但在具体认识上并不高明，这也与农村家长文化素质水平不高有关，他们以为把孩子送到学校里去就可以了。其实，作为关心孩子的家长应该对农村基础教育有一个清楚的认识。

1.1 主动了解农村基础教育现状，不盲目跟风

许多父母看到其他家长将孩子送到城里去读书，就跟风随大流，也把孩子送到城里去读书，其实这是不对的。关心孩子的父母应该多与孩子沟通交流，即使自身的文化水平不足以教孩子一些文化知识，但也可以教孩子一些为人处世的道理。家长应该试着去了解孩子所在学校的教育现状，比如说老师教得如何、学校情况如何等。家长应与孩子的班主任多加沟通，了解孩子的情况，增进对孩子的了解，这样才能真正帮助到孩子。

1.2 敢于向有关监管部门反映农村教育情况

有一些学校把几个年级的学生混合在一个班级上课，或者有些任课老师为谋取利益，找人为自己代课，而自己外出赚钱。家长对此是颇为不满，却忍气吞声，没有人向上级反映。鉴于这种情况，家长应该敢于反映问题。

1.3 关注孩子的成长

父母应该协调好打工挣钱和照顾孩子之间的关系，如有可能尽量降低母亲的外出率。毕竟爷爷奶奶或亲戚们代管往往存在着精力不足、责任心有限、重养轻教的问题，无法很好地代替父母所起的作用，这对孩子的成长是非常不利的。

2. 政府与学校

2.1 基层政府

政府应当鼓励大学毕业生进农村学校就业，加大对农村基础教育的投入，以给农村的基础教育注入新的活力。政府应进一步整合距离较近的小学，以确保学校的长远规划和长期发展。同时，政府应鼓励当地大学生积极参加支教活动以及与偏远农村地区学校的联谊活动，让当地高校与农村学校建立配对关系，保持长期的教学方面的沟通与交流。

2.2 学校

农村学校应组织老师去先进的学校进行课程配置及教学方法的学习，从而为学生提供

一个更为科学的课程安排。学校最好是能够组织老师一起进行心理培训，在日常生活上多多关注学生的心理动态，了解学生、帮助学生。学校应尽可能地改善教学环境，完善教学设施，最好是能与当地企业合作，由企业对学校的教学设施进行更换。只有这样孩子们才能够有更加良好的学习环境。优质的教学环境对孩子们的学习是非常有帮助的。

同时，学校应与广东交通职业技术学院的志愿者合作，开展内容丰富、形式多样的团体活动。例如，广东交通职业技术学院每年都开展的暑期“三下乡”志愿服务活动，充分发挥大学生的优势和高校资源，重点加强和改进未成年人思想道德建设，根据学生成长需要，自主开发心理、文化、艺术等志愿服务项目。

【我们的心得体会】

陈××：我们通过调查发现，当前农村的基础教育情况不容乐观，我们的教育部门必须高度重视农村的基础教育存在的问题。基础教育不扎实，教育的发展也就只能成为一句空洞的口号。

在调查过程中，我觉得我们还需要花费更多的精力来关心这样一个群体——留守儿童。父母常年在外地打工赚钱，留守儿童长期得不到父母的关爱，在情感上有一定缺失，造成心理阴影，部分留守儿童有孤僻、沉默的现象。作为一名志愿者，我觉得我们应该多给这些孩子一些关爱，让他们感受到来自社会的爱，弥补他们缺失的爱，多给他们鼓励。今后我会多多组织我们学校的志愿者前往该学校开展志愿服务活动，引导留守儿童多参加文娱活动，尽我们所能去帮助我们身边需要帮助的人。当然在帮助关爱这些孩子的同时，我觉得我们要注意保护他们的自尊心，让他们在健康的环境下成长。

薛××：经过调查，我感觉到现在的城乡教育差距依旧是存在的，而且差距很明显。农村儿童的独立性较强，自我认知能力却相对较弱，导致部分青少年沉迷于游戏，或者辍学打工。现在我们的教育制度是相对完善的，但在农村地区却因种种因素仍存在不足，我们的任务是要不断开展文化下基层活动，把学习的主动性和重要性传递给孩子们，让大家都有一个好的学习环境，共同成长，共同进步。

黄××：通过此次调查，我觉得城乡教育差距较大。但是由于条件的限制，农村孩子接受公平的教育也是有一定难度的。我希望国家加大对落后地区的教育投入，促进我国教育的相对公平，让更多的人都能接受良好的教育，为国家的建设提供强大的后盾。

李××：通过从网络查看更多新闻及此次亲身体会，我知道很多父母为了生活，只有把自己的孩子留在老家，长期下来，留守儿童就缺少了父母的关爱。留守儿童缺少父母的关爱，整个成长过程就不完整了。

赵××：我是从农村里出来的大学生，我非常能感受到作为一个农村学生在学习方面面临的困难和挑战。我们没有像城市孩子那样，资料有电脑来查，有补习班，有很好的学习条件，相反我们要去做农活，帮忙打理一切家务，父母很多时候在外打工无法回家。这些困难并不是我们日常总能发现的，我们应该细心去关心周围的同学，关心那些在农村的贫困学生。

李×：通过调查，我发现我国农村的教育水平偏低。农村的教育不仅资金短缺、设备落后，而且师资水平也较低，使我国农村与城镇的教育水平有较大的差距。我认为我国应增加教育资金的投入，加强农村教师的培训，提高农村教师的待遇，引进一些优秀的教师到农村，缩小农村与城镇教育水平的差距，促进我国教育的公平。家长应该增加对孩子的关注，协调好外出打工挣钱和照顾孩子之间的关系。

附录 1：关于农村基础教育问题的调查问卷

尊敬的各位家长：

您好！为了更好地了解农村孩子的受教育状况，以便发现问题、解决问题，给孩子创造良好的学习条件，应学校要求，我们进行本次调查。在此真心希望您能够如实填写并提出宝贵意见，我们一定尊重和保护您的隐私。谢谢您的合作！

1. 您的职业是什么？

A. 教师　B. 工人　C. 经商　D. 农民　E. 行政官员　F. 其他

2. 您的文化程度是什么？

A. 小学及以下　B. 初中　C. 高中　D. 大专及师范类　E. 其他

3. 您认为供孩子上学是否重要？

A. 重要　B. 不重要　C. 无所谓

4. 您的孩子是否是由您亲自抚养、教育？

A. 是　B. 否

5. 您有没有孩子在上学或者已经毕业？

A. 有　B. 没有

6. 供孩子上学您最担心什么问题？

A. 费用　B. 毕业后的工作问题　C. 费用和工作　D. 不担心

7. 您有几个孩子是高中以上（含高中）文化程度？

A. 4　B. 3　C. 2　D. 1　E. 0

8. 当孩子遇到挫折时，您是否会主动去与孩子进行心理上的交流与指导？

A 会　B. 不会　C. 偶尔会

9. 您的孩子中最高文化程度是什么？

A. 小学　B. 初中　C. 高中　D. 大学　E. 正在上学　F. 其他

10. 您是否关心孩子的学习成绩？

A. 非常关心　B. 关心　C. 偶尔关心　D. 不关心

11. 您所知道的应该接受义务教育的中小学生中有没有辍学的现象？

A. 有　　B. 没有　　C. 不清楚

12. 您的孩子为什么会退学呢？

A. 家庭困难不能支付高额费用　　B. 学习成绩不好

C. 早点儿找份儿工作挣钱　　D. 其他原因

E. 没退学

13 您的孩子因为成绩不好而不愿意上学，你会怎么做？

A. 强扭的瓜不甜，不想上了就退学吧

B. 逼他继续上学直到毕业

C. 分析成绩不好的原因，找出解决办法激励他努力学习

D. 不知道该怎样做

14. 谢谢您的参与，请问您对本问卷感觉如何？

A. 非常满意　　B. 比较满意　　C. 不满意　　D. 很不满意

* * * *

您对于教育或者本问卷的建议（可选填）：

____

____

____

附录 2：关于农村基础教育问题的调查问卷

亲爱的同学：

你好！为了更好地了解同学们的受教育状况，以便发现问题、解决问题，给你们创造良好的学习条件，应学校要求，我们进行本次调查。在此真心希望您能够如实填写并提出宝贵意见，我们一定尊重和保护您的隐私。谢谢您的合作！

所在年级：____________　　年龄：________

1. 你觉得你们学校的教育存在着“一言堂”和“满堂灌”的教育方式吗？

A. 是　　B. 否

2. 你觉得你们学校的教育存在片面强调智商，忽视德育和体育吗？

A. 是　　B. 否

3. 你们学校有组织过课外活动吗？你参加过吗？

A. 有，我没参加　B. 有，我有加入　C. 没有

4. 你在节假日一般做些什么？

A. 与邻居朋友一起出去玩　B. 在家干农活　C. 在家看电视

5. 你对你们学校的课程安排满意吗？

A. 满意　　B. 不满意

6. 你觉得你们学校硬件设施好吗，比如说图书馆、体育场、实验室……

A. 好　　B. 不好

7. 你在学校里见到老师会怎样做？

A. 向老师主动打招呼　　B. 向老师微笑一下　　C. 绕道走开

8. 你认为你们的任课老师的教学态度怎么样？

A. 认真负责　　B. 态度一般　　C. 马马虎虎

9. 课余时间你对待学习的态度是怎样的？

A. 积极主动学习　　B. 偶尔抽空学习一下

10. 你的家长会经常关心和督促你的学习吗？

A. 经常　　B. 偶尔　　C. 几乎不

11. 在你遇到挫折时，你的家长在意你的成绩超过在意你的心理成长吗？

A. 是　　B. 否

12. 你有没有想过辍学？

A. 有　　B. 没有

13. 你会不会因为成绩不好而辍学？

A. 会　　B. 不会

第八章　校园文化热点问题调研

文化是一个国家、一个民族的灵魂，是人民的精神家园。习近平总书记在文艺工作座谈会上的讲话中指出："如果没有共同的核心价值观，一个民族、一个国家就会魂无居所、行无依归。"大学不仅是大学生学知识、练本领的地方，同时也是进行思想政治教育和培育正确观念的重要地方。大学思想政治教育除了课堂的理论课教学外，实践教学也是十分重要的一环。在实践教学中，实践的形式是多样化的，可以校内校外相结合，走出去和请进来并举；可以远近结合，本地、外地都能开展活动；可以点面结合，班级集中开展和分小组开展活动等。尽管各种形式都有其特点和专长，但是最容易、最便捷、最直接的就是在大学校园里进行的各种实践活动。校园内的实践活动，与这个学校的校园文化环境和氛围是紧密相关的，实践活动既能反映和体现校园文化的内在精神与外在特质，同时又成为校园文化的一个组成部分。校园文化作为一种隐形课程也是引导大学生正确树立人生观和价值观的过程，对大学生良好个性的发展、气质的塑造、理想的树立和坚定思想信念的培养，都会起到潜移默化的熏陶和引导作用。高校校园文化建设更是培养大学生思想政治素质的一种途径，大学生进行校园文化调研活动是一种非常必要的实践方式。

一、校园文化与校园文化调研

（一）校园文化

校园文化是以学生为主体，以校园为主要空间，并涵盖院校领导、教职工，以育人为主要导向，以精神文化、环境文化、行为文化和制度文化建设等为主要内容，以校园精神、文明为主要特征的一种群体文化。

校园文化是学校本身形成和发展的物质文化和精神文化的总和。由于学校是教育人、培养人的地方，因而我们通常讲的校园文化一般取其精神文化之含义，即学校共同成员在学校发展过程中，逐步形成的涵盖学校最高目标、价值观念、校风学风、传统习惯、行为规范和规章制度在内的精神总和。特定到大学校园文化，那么大学生特有的思想观念、心理素质、价值取向和思维方式等是大学校园文化的核心。其主要包括学生课余生活中一切以群体形式出现的文化活动，如诗社、书社、文学社、俱乐部等社团活动，其中最能体现校园文化本质内容的是校园风气或校园精神。校园文化作为一种亚文化，是社会整体文化的重要组成部分。健康的校园文化，可以陶冶学生的情操，启迪学生的心智，促进学生的全面发展。校园文化对于提高师生员工的凝聚力、培养良好的校风、培育“四有”新人都具有重要的意义。

（二）校园文化调研

校园文化调研就是以校园文化为对象开展的，以发现或解决一些问题为目的的调查研究。这个调研的主体可以是校外的专门组织机构，也可以是校内的领导、老师和学生。作为思想政治理论实践教学的重要方式之一的校园文化调研则是专指以在校大学生为活动主体，以校园内出现的常见现象、热门问题、新鲜事件等为内容，以大学生自身为对象，体现大学生的思维特征、价值观念、态度取向的调查研究。

校园文化调研与社会实践调研是既有联系又有区别的。社会实践调研是学生利用周末和假期围绕经济、政治、文化、社会、环保、教育、医疗、养老、低保、就业、住房、安全等与群众切身利益相关的民生热点展开调查并撰写调查报告。其覆盖的面更广，包含的内容更丰富，当然要求也相对更高，开展的难度也要大一些。若把上面社会实践调研涉及的内容进行分类的话，其大体可以分为四篇，分别为“农村篇”“社区篇”“高校篇”和“综合篇”，而校园文化调研大致可以归类到“高校篇”中。社会实践调研主要是在校园外进行的，涉及的人或发生的事不一定与大学生有关。校园文化调研主要是在校园内进行，对象与大学生密切相关。当然，作为调研方式，两者在实施的步骤与要求上还有许多相同之处。

社会实践调研是思想政治理论课实践教学的重要方式，而校园文化调研也不例外。无论从思想政治理论课教学要求来说，还是从大学生成长成才来说，进行校园文化调研都是十分必要的。

校园文化活动是自发的，也是自觉的，是受社会生活影响也受自我心灵主宰的，是无处不在的，是充满现代意识的，也是反映大学生复杂心态的；是心灵的自然流露，也是充满创造力的；是受时代文化潮流影响的，也是苦乐兼备的。人生与社会、理想与追求、情与爱，都会在校园文化中表现出来。在这种以大学生自身为主体营造的人文环境和文化氛围中，有校园特色的人际关系、生活方式以及由大学生参与的报刊、讲座、社团及其他科学、文化、体育活动和各类文化设施会作为校园文化的主要特征，充盈着大学校园的各方面建设，从而使得大学校园更富有生机和活力。

大学生的可塑性很强，正处于一种人格的完善、价值取向的形成和自我发展的定位中。高校校园是大学生生活与学习的场所，建设繁荣的校园文化是提高大学生思想政治素质的重要途径，也是全面深化高校素质教育与思想政治教育教学改革的重要手段。营造浓郁的校园文化氛围与校风精神环境，有利于促进大学生思想政治素质的培养。为了使校园文化充分发挥感染青年、文化育人的作用，我们必须进行校园文化调研，加强校园文化建设。由此，我们就需要创设思想政治理论课教学情境，调动大学生调研校园文化的积极性。创设丰富多彩的教学情境，是提高思想政治理论课教学效率、培养大学生能力的有效途径。在教学中，教师应努力创设大学生自主调研校园文化的问题情境，激发大学生探讨校园文化的兴趣，让大学生感受到自己在校园文化建设中的主体作用，并使大学生在情感中形成对大学校园文化的亲近感、认同感和归属感①。这样才能使校园文化建设与思想政治教育相互促进，良性互动，共同育人。

发挥校园文化的思想政治教育功能对全面发展的高素质创新人才培养和推进高校持续健康发展也将起到积极的作用。“高职院校必须树立全员共建校园文化的意识”。高职院校要从“把握校园文化的政治导向”“把握校园文化的社会价值导向”“增强校园文化的系统性、规范性，构建有特色的校园文化”“坚持开放性和选择性相结合”“加强管理、动态地构建校园文化”五个方面入手做好校园文化建设。丰厚的校园文化所渗透弥漫的精神氛围，需要依靠高职院校师生和管理人员的整体努力。校园文化全员共建，要求全体师生员工在教学、管理中努力做好本职工作，努力营造良好的校园文化。高职院校校园文化对塑造大学生的人格、培养社会主义合格建设者起着十分重要的作用。课堂教学输送给学生的文化知识需要通过相应的校园文化积淀才能深化和巩固。

二、主要校园文化热点问题

校园文化在高等教育中应该发挥重要的作用，校园文化是常新的，是能够保持永恒魅力的，是能够唤起青年一代心灵的，是能够激发青年学生激情的，是能够唤起青年一代高尚的、独立的人格追求和高尚的道德追求的。随着时代的发展变化，校园也不可避免地会受到外界影响。校园文化的热点问题大体可以分为这样两类，即常态性的热点问题和时新性的热点问题。

（一）常态性的热点问题

常态性的热点问题是与我们大学生的日常校园生活相关的，是每一届大学生都存在或者需要面对的问题。常态性的热点问题主要有大学生的价值取向问题、大学生的恋爱观、大学生的就业观、大学生的兼职问题、大学生的心理健康问题、校园文化建设问题等。

---

① 李忠. 校园文化调研实践引入大学生思想政治理论课程研究［J］. 沈阳农业大学学报（社会科学版），2013（1）：54-57.

1. 大学生的价值取向问题

大学生的价值取向在很大程度上取决于社会、学校、家庭三方面的共同作用。目前我们的很多高校都忽略了这一问题，除了形势与政策课外，只有很少部分的老师会将当下社会发生的热点事件与学生教育结合起来。这就会导致大学生容易受到网络或者传言的影响，产生错误的价值取向。

我们的大学生最缺乏的不是先进的知识，而是独立思考的能力与意识，有的大学生看似有了自己独到的想法，但不够成熟，又或者与社会的主流价值取向相背离，而这就需要我们的大学来起到重要的引导作用。大学不应干预学生的思想，但必须培养学生的基本判断能力。

2. 大学生的恋爱观

大学生绝大多数都已经成年了，脱离了父母的看管，又正当青春勃发时期，因此当前大学生谈恋爱的现象越来越普遍。恋爱已经成为大学生生活中的一个重要内容。同时，大学生又面临学业的压力，谈不谈恋爱、以什么样的态度谈恋爱，每个人的选择是不一样的。因此，大学生的恋爱观问题是一个经典且持久的热点问题。由于年纪比较小的原因，很多大学生对待自己的感情问题都没有过多的理性认识，更多地倾向于感性认知。对于很多大学生而言，年龄、距离、身份、职业都已不是问题，至于毕业以后能否生活在一起更不是他们所关心的，他们渴望恋爱，喜欢恋爱的感觉，希望被异性关心。有一些大学生同异性网友网聊几次后，只要感觉谈得来，哪怕是异地，哪怕没见过对方的面，甚至不知道对方的身份、职业是什么，他们也敢于同对方谈恋爱，甚至有个别大学生会不远千里去异地见网友。由于受某些不良思想的影响，部分大学生在恋爱观上出现了一些不良倾向，如从众恋爱、攀比恋爱、匆忙恋爱以及痴迷性恋爱等，这些错误的价值观念已经对大学生的成长成才产生了一定的不良影响。

3. 大学生的就业观

大学岁月固然美好，但大学生终究有走出象牙塔的那一天。就业就成了每一届大学生、每一个大学生必然要面临的问题。理所当然，就业问题也是当代大学生最为关注的社会热点问题。随着近些年来经济下行压力的加大和国际大环境的影响以及我国大学教育体制和机制的问题，大学生就业成为社会上不容忽视的问题。就业难的问题表面上看是毕业生的实践能力差（所谓的“高分低能”）、高校教学与社会需求脱节造成的，但综合来看，是多种因素共同作用的结果。除了前面所述的客观大环境外，大学生自身的就业观也是十分重要的。大学生要更加努力学习，提高各方面的素质和能力，以适应社会的需要。大学生不能抱怨，应在提高自己适应社会的能力的同时，思考如何找到工作。当然，政府也应在此方面给予更多的关注和支持，使人才得到合理利用，缓解就业压力。另外，大学生对于自己不太熟悉的社会焦点问题应多加了解，对于密切关注的热点问题应有所思、有所想，树立正确的就业观。

4. 大学生的兼职问题

身处21世纪，当代大学生已不再是困于象牙塔之内“两耳不闻窗外事，一心只读圣贤书”的纯粹的学生了。相较于高中时期，大学的自主时间多了一些，再加上大学生基本上都是成年人了，自主自立意识增强。特别是大学是临近社会的最后一环，当代大学生已经逐渐步入社会，参与社会实践，进行各种兼职活动。兼职成为很多大学生课余时间锻炼自己能力，并赚取收入的主要方法。当然，由此也引发一系列的问题。例如，大学期间去做兼职，到底值不值呢？兼职的目的是什么？是为了增加收入、减缓家里的经济压力、改善生活条件，还是为了加强与社会的紧密联系，以培养自身的综合能力？大学生花多少时间用在兼职上？兼职真正达到了锻炼自己、增强能力的作用吗？再细追问还有：你兼过职吗？最多兼过几份职？你有意向兼职吗？兼的是什么类型的职业，与专业相关度强吗？这一系列的问题，都可以调查。

5. 大学生的心理健康问题

大学生的感情生活是丰富多彩的，大多数人已具有了独立生活而不依赖父母的能力，能够独立地解决问题，克服困难。大学生注重友谊的发展，注重人际交往，在友谊中吸取营养，完善自我。另外，大学生在对待爱情的问题上持一种开放的态度，随着心理和生理上的成熟，对爱情的向往和对异性的关注显得格外突出。大多数大学生认为应把握好原则和度，不应影响学业和事业，应将其当成一种动力。我们不得不提出的是，在丰富多彩的感情生活中，也有些学生个性孤僻，喜欢独来独往，他们对感情生活淡漠，过分追求个性、追求自我，实际上这对于个性、人格的塑造和正确定位是十分有害的。大学生的心理认知如何？有多少大学生存在心理健康问题？有多少大学生存在着心理疾病？诸如此类的问题，也是大学校园里应当关注的热点。

6. 校园文化建设问题

在建立文化自信的时代背景下，高校更需要将自身的教育理念融入校园文化建设过程中，彼此促进，共同发展，起到引领校园文化、教育师生员工、服务社会公众、推动学校发展的重要作用。每个高校都有自身的教育理念和办学方式，正是因为教育理念和办学方式的不同，才形成了各自的风格和特点，但是将教育理念和办学方式与校园文化品牌建设相融合，是实现校园文化全面、协调、可持续发展的必然之路，也是高校校园文化建设步入常态化、制度化、科学化路径的重要保证①。有些学校充分利用校园的每一个角落，拓宽和挖掘本校的文化资源，使校园内的一草一木、一砖一石都体现出教育的引导和熏陶，形成丰富的教室文化、寝室文化、走廊文化、墙壁文化、道路文化等特色文化。有些学校以书香校园、墨香校园、文化长廊、科普长廊等建设为载体，不断丰富校园文化的底蕴，充分发挥环境育人的功能。有些学校鼓励学生主动参与校园文化建设的各项活动，如学生

① 赵闯. 高校校园文化品牌建设培育机制研究 [J]. 长春工程学院学报（社会科学版），2018（2）：26-29.

管理制度的制定、班级文化建设、校园文化节和文化长廊的设计、校园宣传标语的征集等，最大限度地征求学生的意见和建议，努力形成自主、健康、发展的校园文化。

（二）时新性的热点问题

时代在发展，社会在进步，科技在更新，当今社会变化的节奏越来越快，各种新鲜事物也不断涌现。新兴科技和网络为大学生提供了更大范围的群体环境、更为便捷的交互方式和更加迅速的信息通道。总之，网络作为前所未有的科学技术，极大地影响和改变着人们的生活。大学校园也并非世外桃源，相反，它的反应更为迅速，与时代的接轨更为直接。因为大学生这一青年群体往往走在前列，是各类新鲜事物的创造者和推动者，各种时新问题优先反映出来。所以校园文化除了常态性的热点问题外，还有及时反映时代发展、与时代密切关联的时新性热点问题，如大学生网购问题、大学生校园贷问题、大学生实行无手机课堂问题、快递进校园问题、外卖进校园问题、大学生做微商问题、大学生强制安装应用软件（APP）问题等。这些都是当前与大学生息息相关，引发热烈讨论的问题。

1. 大学生网购问题

随着信息技术的发展、生活节奏的加快以及电脑的普及，作为最先接受新技术的群体，大学生对电脑和互联网更是极为青睐，网购的优势也在日益突显，高校学生如今已经成为网购市场上的主力军，因此研究高校学生的网购行为、对网购的认知、网购存在的问题以及如何解决这些问题，对于探求高校学生的消费特征、掌握大学生的思想动态，具有一定的参考价值。

随着互联网技术的飞速发展，网络购物成为当下消费者购物的主要方式之一。2018 年天猫“双十一”总成交金额达到 2 135 亿元，比 2017 年成交金额增长 27%。2018 年，中国互联网络信息中心发布第 42 次《中国互联网络发展状况统计报告》（以下简称《报告》）。《报告》显示，截至 2018 年 6 月底，我国网民规模达 8.02 亿人，普及率为 57.7%。其中，手机网民规模已达 7.88 亿人，网民通过手机接入互联网的比例高达 98.3%。从年龄结构上看，占比最高的是 20~29 岁网民；从职业结构看，占比最高的是学生。由于中小学生消费能力有限，结合数据不难判断大学生是网民中数量最大的群体。大学生庞大的消费基数和日趋增长的消费能力，使其不仅成为当前重要的网购顾客，更是未来网购市场上的潜在客户。因此，探讨大学生的网购消费行为特点以及对电商的感知，对进一步开拓大学生网购市场，为电商营销提供参考建议具有重要意义①。

2. 大学生校园贷问题

关于校园贷，网络上的解释是指一些网络平台面向在校大学生开展的贷款业务。其特点是无需任何担保，无需任何资质，只需身份证和个人信息，就可以申请到一定金额的贷

① 杨燕. 大学生网购现状的调查分析［J］. 现代商业，2017（12）：189-190.

款，由于简单方便，因而备受大学生的追捧。现在的大学生拥有着强烈的消费欲望，为满足个人虚荣心而买很多化妆品、名牌包、数码产品等，消费巨大，导致不得不向很多“高利贷”贷款平台贷款。当然，其中也有一部分大学生确实是由于家里困难，想要周转资金，但是最后被“高利贷”所害。

那些借校园贷的学生，很大一部分是因为虚荣心，追求高档化妆品、名牌包和衣服以及高档场所的吃喝，他们对非正常渠道的贷款利息偿还没什么概念，不知道会有什么严重后果。

当然还有一些网上金融借贷平台打着“资助困难大学生”“支持大学生微创业”等名义给大学生借款，实际上却是做着“挂羊头、卖狗肉”的勾当。一些实在没有能力还款的大学生，在几番威逼利诱下，甚至变成了这些非法平台的“下线”，通过微信、QQ、贴吧等多种渠道，向身边的同学推荐此类贷款。

对于大学生来说，银行贷款的门槛高，银行往往不会给大学生放贷，除非申请助学贷款，而且大学生申请助学贷款需要准备身份证、学生证、户口本、国家助学贷款申请书以及在其他较复杂的手续齐全的情况下才可以办理，并不是每个大学生都可以申请助学贷款的。

网络放贷机构不同，大学生只要有身份证、学生证，再加上简单的个人信息，就可以贷款，金额 500~5 000 元不等。这恰恰解决了大学生想超前消费的烦恼，因此不少大学生都比较青睐这种校园贷款。加上大学生的金融知识比较欠缺，自律能力与抵抗诱惑的能力较弱，更加容易上当。

如今，各类贷款平台鱼龙混杂，大学生一定要根据个人经济负担能力及各类平台的资信情况审慎使用，防范不合规平台给自身带来伤害和损失。另外，大学生一定要维护自身信用，不要将个人姓名、身份证、学生证借他人使用，以免产生法律纠纷，被列入征信系统“黑名单”，给今后的工作和生活带来不便。最后要提醒的是，法律保护市场正常交易行为，任何书面签字等都要谨慎，以免产生法律责任，给自身带来不必要的麻烦。

3. 大学实行无手机课堂问题

无手机课堂是指为了净化大学课堂环境，要求大学生在上课时将手机统一放置，下课再取回的措施。最早于 2014 年就有学校提出并实施该措施。直至今日，还有不少高校在讲这个话题，似乎仍然是一个热点。

近年来，大学教师和学生逐渐分成两大阵营：一派认为应该允许手机、笔记本电脑和平板电脑这类设备进入课堂，利用这些设备辅助学生进行课堂学习，引导学生合理使用这些设备；另一派则认为应该禁止这些设备进入课堂，以便学生专心听课。

“把手机收入口袋，将知识装进脑袋。”高校课堂是一个安静、专心、效率的求知之所。规避手机干扰，或许可以采取将手机调至“关机”或“静音”的办法，未必一定要收缴，但“无手机课堂”着实契合了高校教学秩序的环境要求。东北师范大学教师教育研究院副院长王向东介绍，高校整治课堂秩序，不妨就从打造“无手机课堂”开始。无手机课堂会限制学生和手机的接触时间，可以给课堂教学提供一个较为安静的环境，没有手机的牵绊，大多数学生可以更认真地学习。课堂互动增多，学习注意力和关注度也会加强。

但是，对于那些生于 21 世纪的“千禧一代”，他们被称为“数字原住民”——依赖智能手机之类的移动设备，甚至对这类设备非常“上瘾”。许多学生从中学时就在各种移动设备上花了很多时间，如今他们已经陆续步入大学校园，随之要面对“该不该禁止带手机进课堂”的问题，自然会掀起讨论热潮。

4. 快递进校园问题

如今，“快递小哥”已经成了很多人生活中不可缺少的人，对喜欢网购的大学生来说，尤其如此。但是，有些学校却严禁快递进入校园。这又导致了师生取件不方便，招致师生的不满。那么，校方对进入校园的快递人员严格管理错了吗？显然没有。快递员一般都会骑着电瓶车或电动三轮车，有时候因为时间紧、任务重，还会行驶得“风驰电掣”，这对于校园交通安全来说是个很大的隐患。而且，外来人员在高校生活区随意出入、在上课时间打电话通知取件，不仅扰乱教学和生活秩序，带来的风险也是不可控的。出于对学生、教职员工的负责精神，校方应该也必须承担其管理责任。面对这样的情况，大学生怎么看、有什么好建议，通过对该问题的调研或许能找到破解的方案。

5. 外卖进校园问题

随着外卖行业的兴起，越来越多的大学生喜欢“宅”在宿舍靠外卖解决就餐问题。因此，我们可以看到每天都有着数以百计的“外卖小哥”进出各高校为学生们送餐，同时也有众多“外卖小哥”被挡在校门口，举着手机打电话通知取餐。不同学校的不同做法，导致了不同的景象，而不同的人群对此的看法也不一样。有从食品安全角度来说的，认为外卖的食品安全是一个大问题，外卖平台对“黑作坊”的监管力度不大，卫生安全存在隐患，而一旦出了问题，学校则难辞其咎。也有从交通和财产安全角度来说的，认为在校园内快速骑行的外卖电动车、随意进出宿舍的“外卖小哥”，一直是校园安全管理的突出隐患，而学校保卫部门与“外卖小哥”因送餐引起的纠纷也时有发生。更有人认为孩子并不会因学习紧张连吃饭都没有时间，大多数都是想偷懒，外卖从某种角度上来说助长了孩子们不良习惯的养成。对于点外卖的同学来说，他们认为外卖的好处简直太多了，首先就是方便，从手机点单到付款，整个过程不到三分钟，接下来就是等待送达。相比较食堂排队打饭，点外卖很方便。而且现在的外卖商家一般要求配送员准时送达，在很大程度上决定了外卖的效率。其次就是外卖种类多样，口味随心。相比较学校食堂千篇一律的菜单，外卖显然可选择性更强。

面对外卖进校园的事情，利弊并存，“进”还是“禁”是个问题。

6. 大学生做微商问题

在互联网迅速发展的过程中，微商就是随着移动互联网的普及而兴起的一种新型商业模式。然而微商发展领域最为兴盛的地点就是在大学校园里。不少在校大学生因为还需要靠家里的资助来完成自己的学业，根本没有独立的经济来源，于是就有勤工俭学的念头。微商正是抓住了不少大学生的心理，借此给他们一个“赚钱”的平台。大学生往往不知道这里面的水有多深，就盲目加入一些私人团队。到底做微商给在校大学生带来的是“创业梦”还是“噩梦”呢？

有人揭秘微商“潜规则”，大多数微商的货源渠道众多，具备自产自销能力的终究是少数，大部分微商只不过是在分销的基础上被强制扣上了微信、微博等帽子，于是成了微商。分销是熟人经济的衍生体，以现有人脉为基础，以口碑传播的形式进行扩散，最终形成交易。如今分销涉及的品类越来越多元化，由一开始的面膜、衣服到如今的各行各业，参与的人员也越来越多，但是能够坚持超过半年以上的连4%都不到。原因很简单：不赚钱。还有很多人利用假冒微商来骗取学生的钱财，所以微商之水太深，大学生还是应远离。

7. 大学强制安装应用软件（APP）问题

2018年11月，不少人的微信朋友圈都被新华社一篇名为《这些APP让大学生很是无奈!》的文章“刷爆”。在校大学生们纷纷力挺该文章，哭诉在大学里被逼无奈下载的无数个APP，门禁系统一个APP，跑步一个APP，记录学分一个APP，上网课一个APP，签到一个APP，就连打热水也得下载APP……

安装如此多APP真是为了方便，还是利益捆绑？是迫不得已，还是本无所谓？学生手机里的APP到底谁做主？大学生的热议远不止于此。

三、调研方法与实施步骤

（一）课题调研的方法

校园文化热点问题调研主要采用的还是以问卷调查为基础的定量研究和以个案访谈为基础的定性研究相结合的研究方法。这主要基于以下考虑：第一，目前关于大学生校园热点话题观点的官方统计资料不足，为此调查者需要从大量的问卷调查中直接获取第一手资料，这是进行问卷调查的原始动力。第二，基于问卷调查方法不可避免的缺陷，调查者通过参与式观察、开放式访谈等方法弥补问卷调查的不足。

此外，在问卷统计中调查者还可以运用比例法、对比法，多层次、多角度通过大量数据体现当代大学生的思想及其真实性。

比例法主要通过对于同一问题不同观点的表述，直观形象地反映出某一问题的真实含义。

对比法通过文理科对比、男女对比等可以忽略其中的一些不确定因素，抑或从其他方面探讨某一问题对不同人群的影响。

将大学生校园热点话题作为校内社会实践调研的主要内容，这既契合思想政治理论课的课程要求，也容易激发学生的兴趣。同时，针对校园热点问题进行进一步的细分，有传统常态性的热点问题，也有时新性的热点问题，两轴相交，体现了变与不变的统一。另外，调查主体和被调查对象都是本校在校大学生，方便调查施行。调查者通过以电子版和纸质版问卷的形式收集整理课题所需数据，尽可能做到准确并使其具有一定的说服力，便于为此类项目研究的工作者提供更多的可参考材料。

（二）课题调研的实施

（1）教师预先布置任务和要求。

（2）各班级按要求进行组队，选定要进行调研的校园文化热点问题，上报给教师。各团队的选题尽量不同，成员的报告要避免雷同。

（3）社会调查需上交三份材料，即社会调查提案、第一手调查资料和调查报告。以团队为单位进行的社会调查，社会调查提案和第一手调查资料可以小组共用。

（4）撰写实践报告要坚持实事求是，报告应结合调研内容，分析现状，总结存在的问题。行文要做到结构严谨、层次清晰、文理通顺。

（5）字数要求 3 000 字以上，上交材料应包括社会调查提案、第一手调查资料和调查报告（调查报告的具体写法与模版可参考第七章）。

大学校园问卷调查分析报告的写法与一般的调查报告基本相同。大学生的生活具有特殊性，其校园生活存在很多共性，因此在调查和分析过程中得出的结论基本差异不大，再加上调查报告的书写有一定的规范性，如若不留心用巧，提交的调查报告就可能存在千人一面的现象，这是要注意避免的问题。因此，大学生应该在撰写校园问卷分析报告中掌握好一些技巧，要知道把哪些地方作为重点内容来写，在对问卷分析完之后，要根据每个学校的不同情况提出合理化的、可行性的建议，让读者印象深刻，在细微处见真章。

四、评价标准与方法

思想政治理论课实践教学分为三种形式：集中实践、课题式实践和自主分散实践。集中实践是指由学校组织学生，组成实践活动小组，在指定的时间内开展课外实践活动。课题式实践是指学生根据课题组要求，领取课题组设计好的调查问卷，自主开展调查研究活动，撰写调查研究报告。学生可以自愿报名参加集中实践或课题式实践。没有参加集中实践或课题式实践的学生都属于自主分散实践。自主分散实践的学生要求自己联系实践单位，开展实践活动。

在校园调研的实践当中，针对不同类型，我们要坚持实事求是的原则，采取不同的方法，但是在评价的尺度上，基本标准是一致的。

（一）评定要求

思想政治理论课的实践教学，直接等同于专业实验、实训和生产实习课，要同加强专业实训管理一样，对思想政治理论课的实践教学提出明确、规范的工作要求。

1. 对任课教师的要求

（1）任课教师在每次实践教学前都要撰写详细的教学方案，主要项目应包括本次实践教学的目的、任务和要求，内容和形式，时间和地点，经费预算，安全注意事项等。

（2）任课教师应认真组织，亲自参加，抓好重点，指导全面，充分发挥学生的主体作用，培养、帮助学生自己组织、自主活动，调动学生参加实践学习的主动性、积极性和创造性。任课教师要确保实践活动真实开展，不走过场。

（3）任课教师要合理合规使用实践教学经费，力争做到少花钱多办事。

（4）在参观学习、社会调查、座谈研讨等活动结束后，任课教师要组织学生进行总结交流，及时评阅学生的调查报告、小论文或实践学习的心得体会，并结合学生在整个实践教学活动中的表现，综合评定每个学生的实践学习成绩，按比例计入该课程的总成绩。

（5）每组织一次实践教学，任课教师都要事前填写实践课程调研论文清单，编写实践教案，事后提交一份总结报告。

2. 对学生的要求

（1）学生应重视实践课的学习，实践学习前要在任课教师指导下选定自己的调研课题，并做必要的研究资料的准备工作。

（2）实践教学活动中，学生应服从教师的统一安排和指挥，遵章守纪。

（3）学生应积极主动、有创造性地参加实践学习，每次实践学习结束时，独立完成一份调查报告或通过实践学习对所学理论加深理解的心得体会。

（4）学生应积极参加分组讨论和班级、系或全院的研讨交流。

（5）实践活动完毕后，学生要认真填写有关记录，完成实践论文（调查报告）的撰写，交任课教师。

（二）成绩评定

综合实践成绩纳入学生平时成绩，学生参加思想政治理论课综合实践的活动情况作为对大学生德育考评的重要指标，作为学生党员发展、学生干部培养和选拔、“三好”评比的重要考察依据。

一般成绩评定采用 5 级记分制度：优、良、中、及格和不及格，分别折合成 90~100 分，80~89 分，70~79 分，60~69 分，60 分以下。如不参加实践，实践部分以零分计。实践成绩以 30%的比例计入期末成绩。

第一次评定不及格者可在毕业前再安排一次评定。思想政治理论课社会实践成绩不合格者不予毕业。

优秀评定标准：学生参与实践，深入实际调查研究，文章理论分析与自己的实践内容紧密结合，有自己的观点和视角，分析深入，逻辑性强，行文语言流畅，论文（调查报告）格式规范，字数在 2 500 字以上。

良好评定标准：学生参与实践，文章理论与实际结合，有自己的观点，语言较流畅，论文（调查报告）格式较规范，字数在 2 000 字以上。

中等评定标准：学生参与实践，文章能结合自己的实践内容撰写，但分析欠深入，文章逻辑性不强，行文语言欠流畅，论文（调查报告）格式欠规范，字数在 1 500 字以上。

及格评定标准：学生参与实践，但文章没有结合自己的实践来开展研究，纯属理论性文章，没有自己的观点，字数在 1 500 字以上。

不及格评定标准：学生没有参与实践，提交的文章明显脱离实践活动的内容，且有明显拼凑或网络下载抄袭痕迹。

以上为成绩评定的总体要求，各课程可以根据实际情况在大纲中进行适当调整。

本章附录一：调查问卷示例

××职业学院校园文化建设调查问卷

您好，非常感谢您参与我们的调查，这是一份针对我校校园文化的问卷调查。校园文化是指以学生为主体，以课外文化活动为主要内容，以校园为主要空间，以校园精神为主要特征的一种群体文化。该问卷答案没有正确与错误之分，您只需根据自己对校园文化的真实看法作答。

1. 您的性别：

A. 男　　B. 女

2. 您的身份：

A. 学生　　B. 教师　　C. 管理人员　　D. 其他人员

3. 您的年级（如第 2 题选择非 A 项则本题跳过）：

A. 一年级　B. 二年级　　C. 三年级　　D. 四年级

4. 您本学期参加或组织了多少次校园活动：

A. 没时间参与　B. 1~2 次　C. 3~4 次　D. 5~10 次　E. 10 次以上

5. 提到校园文化，您最先想到是什么：

A. 学术类　B. 体育类　C. 实践类　D. 文艺类　E. 公益类　F. 其他__________

6. 您认为我们学校的校园文化是什么类型：

A. 严谨　　B. 活跃　　C. 沉闷　　D. 其他____________

7. 从整体上看您认为我们校园文化建设情况：

A. 文化氛围浓厚　B. 一般，有待建设　C. 人文气息淡薄　D. 其他________

8. 从学生活动方面来看您认为我们校园文化建设情况如何：

A. 团委工作开展得丰富多样

B. 学生社团自身发展得很好

C. 一般

D. 很差，几乎没有什么有意义的活动

9. 在学术氛围方面您认为我们校园文化建设情况如何：

A. 很好　　B. 一般　　C. 很差

10. 在教学方面您认为我们校园文化建设情况如何：

A. 好，老师总能让人感兴趣、认真

B. 水准很高

C. 老师作用不大

D. 很差，老师上课很枯燥，让人反感

11. 在师生道德素质建设方面，您认为我们校园文化建设情况如何：
A. 素质很高，能体现高校水准　　B. 素质一般　　C. 道德水准低
12. 在硬件建设方面，您认为我们校园文化建设情况如何：
A. 很好，场馆设施先进，文献资料齐全
B. 一般，基本能满足需求，最好能尽快配备
C. 很差，学习生活中经常遇到难题
13. 在软件建设方面，您认为我们校园文化建设情况如何：
A. 经常有名家大师讲学交流
B. 学生老师自身言谈举止良好
C. 文化活动开展顺利和谐
D. 学校生活民主程度较高
14. 您更喜欢什么形式的校园活动：
A. 专题讲座　B. 晚会表演　C. 比赛竞技　D. 文化娱乐　E. 社会实践
15. 您参加校园活动是由于：
A. 丰富业余生活　B. 增加实践能力　C. 同学邀请　D. 上级要求
E. 其他
16. 您如何看待学生社团与校园文化之间的关系：
A. 学生社团的活动是校园文化建设的主要构成，应加大力度做大做强
B. 学生社团的活动文化内涵丰富，形式多样，应鼓励积极参加
C. 学生社团的活动花费时间太多，应限制开展
D. 学生社团的活动内容繁杂，品味不高，对校园文化建设意义不大
E. 学生社团的活动管理很差，扰乱学生生活秩序，对校园文化起消极影响
17. 您认为校园文化建设与教学的关系是：
A. 很重要，相互积极影响　　B. 重要，但主要是起调剂作用
C. 一般，可有可无　　D. 不重要，文化建设是做表面文章
18. 您认为校园文化活动应该注重哪方面的活动，发挥何种作用：
A. 社会实践、实习活动，以提高学生的社会实践能力为主
B. 生动有趣的娱乐活动，以丰富校园生活、放松身心为主
C. 学术讲座或学术交流，以增长知识为主
D. 特长培训等活动，以拓展能力、提高综合素质为主
19. 您认为我校文化活动的不足在哪里（多选）：
A. 活动场地太少　B. 时间限制太死　C. 活动申请太难
D. 经费支持不够　E. 活动新意不够　F. 活动宣传力度不够
H. 主题不明确，没意义
20. 您认为校园文化对个人的发展有多大的影响：
A. 几乎是决定性的　B. 有一定的影响　C. 基本没影响

21. 如果您是学校领导，现有一笔资金，您会考虑进行哪方面的投入（多选）：
A. 食堂、超市　　B. 体育馆、运动场　　C. 图书馆、教学楼
D. 活动中心　　E. 科研创新团队　　F. 其他 ______
22. 您认为文化活动和教育教学之间的影响如何：
A. 课程安排过多无法参加文化活动
B. 文化活动参与过多影响学习
C. 没有影响，可以同时保证
23. 您本学期参加了几次党日、团日活动：
A. 1~2 次　　B. 3~4 次　　C. 5~6 次
24. 您对我校党日、团日活动的看法是：
A. 能塑造自己的思想精神
B. 能了解到很多党政思想
C. 能学到很多社会热点问题的正确看法
D. 没什么实际意义
25. 您对我校社会实践活动的看法是：
A. 对学生认识社会有积极的意义
B. 组织、管理良好，有力促进了我校学生的全面成长
C. 组织管理工作不是很得力，不明白社会实践有何意义
D. 这是学校的形象工程，走走过场而已，我们不必太认真
26. 您对我校校园文化艺术活动开展情况的看法是：
A. 能很好地培养学生文化素养
B. 能充分营造学校文化艺术氛围
C. 能给有爱好的学生提供一定的平台
D. 没有给予很好的物质支持，缺乏开展的场地与设备
E. 对此类活动不感兴趣，所以没有看法
27. 您对我校志愿服务工作的开展情况的看法是：
A. 该项工作起到了很好的教育意义，有很好的社会影响，
B. 能给青年学生提供很多的志愿服务的机会
C. 没有精力参与此类活动，所以没有看法
D. 没有提供太多机会参与到志愿服务中去
E. 只是一个形象工程，通常被迫参加
F. 活动层次不高，没有很深刻的教育意义
28. 您对我校校园文化建设有哪些建议？

____

____

本章附录二：调查报告示例

××××职业技术学院

思想政治教育实践课

社会实践调查报告

题目：关于外卖进校园的调查报告

专业班级：××××

组长：×××（学号）：负责报告撰写

组员：

×××（学号）：负责问卷题目收集

×××（学号）：负责问卷制作

×××（学号）：负责 PPT 制作

×××（学号）：负责问卷数据分析与导出

指导教师：×××

×年×月×日

关于外卖进校园的调查报告
——外卖进校园问卷报告分析

一、摘要

近年来，学校周边出现了不少餐饮店，学生在就餐方式上也有了更多的选择。同时，随着学生学习和生活节奏的加快等自身情况以及校园内食堂发展情况等诸多变化，在校大学生出现了对外卖服务的大量需求。校园周边餐饮类经营者为在校的大学生提供外卖服务，外卖成为在校学生就餐的选择方式之一。但是外卖的出现不仅会与学校食堂形成竞争，而且外卖的卫生安全还不能得到保证。为了解当前大学生对外卖的依赖性以及外卖的卫生情况，现在对于外卖进入校园问题进行一个问卷调查，形成一份数据再进行数据分析。

二、关键词

外卖　校园　大学生　卫生安全

三、调查目的和意义

目的：了解外卖在大学生中的需求程度、消费观点及习惯；把握校外饭店外卖服务的常规宣传方式与促销方式；分析大学生消费者对外卖的消费行为与消费特点；统计资料，预测外卖市场容量及潜力。

意义：第一，外卖的出现增加了大学生的兼职机会。第二，外卖因为便捷、选择多样等因素，成为当前很多大学生的用餐选择。对于学习和生活节奏快的大学生来说，节省时间的就餐方式绝对是好处颇多的。在天寒地冻的冬季、炎热干燥的夏季，点外卖非常便捷。

四、调查过程

（1）收集资料与问题。
（2）设计问卷。
（3）发放问卷形成调查，调查时间持续一周。
（4）回收问卷。
（5）进行问卷数据结果分析，导出问卷数据。
（6）形成调查结论，撰写调查分析报告。

五、基本情况与分析

通过这次的问卷调查，我们收集了 156 份问卷，同时对这 156 份问卷进行了数据分析。通过对这 156 份问卷的数据分析，我们得知以下一些基本情况。

参与问卷调查的 156 位受访者中，大一学生有 53 人，大二学生有 80 人，大三学生有 23 人；男生有 74 人，女生有 82 人；一般在学校饭堂吃饭的有 82 人，叫外卖的有 47 人，下馆子的有 27 人；有 70 人是很少叫外卖的，有 68 人是经常叫外卖的，只有 18 人会一直叫外卖；因为食堂饭菜不合口味叫外卖的有 61 人，因为食堂人多不想排队叫外卖的有 76 人，因为过了正常用餐时间叫外卖的有 66 人，因为忙碌而无法去食堂叫外卖的有 70 人，受天气影响出不去而叫外卖的有 68 人，因为没人陪吃饭而叫外卖的 53 人，因为食堂吃腻了而叫外卖的有 60 人，因为本身太懒不想去食堂而叫外卖的有 46 人，156 人每个人都有几项叫外卖的原因；有 21 人会在早饭时间段叫外卖，有 81 人会在午饭时间段叫外卖，有 82 人会在晚饭时间段叫外卖，有 48 人会在宵夜时间段叫外卖，有 43 人会在周一到周五工作日的时间段叫外卖，有 67 人会在周末时间段叫外卖，156 人每个人都有几项叫外卖的时间段；有 62 人一般会选择饭类的外卖，有 22 人一般会选择炒类的外卖，有 40 人一般会选择汤粉类的外卖，有 32 人一般会选择汉堡类的外卖；有 17 人能接受价格在 19 元以上的外卖，有 54 人能接受价格在 13~18 元的外卖，有 83 人能接受价格在 7~12 元的外卖，只有 2 人会接受价格在 6 元以下的外卖；有 55 人考虑就近原则选择外卖，有 99 人会考虑外卖的味道，有 87 人会考虑外卖的卫生，有 77 人会考虑外卖的价格，有 76 人会考虑外卖的配送速度，有 55 人会考虑外卖的服务态度，有 47 人会考虑外卖的质与量，有 24 人会考虑外卖的知名度，156 人中每个人都有几项选择因素；有 22 人可以接受外卖在 10 分钟内完成配送，有 50 人可以接受外卖在 20 分钟内完成配送，有 64 人可以接受外卖在 30 分钟内完成配送，有 20 人可以接受外卖在 40 分钟内完成配送；实际上，只有 6 人在 15 分钟内收到外卖，49 人在 16~30 分钟收到外卖，53 人在 31~45 分钟收到外卖，35 人在 46~60 分钟收到外卖，还有 13 人在 60 分钟以上才收到外卖；有 26 人是通过宿舍发传单的方式了解外卖，有 43 人是通过同学介绍的方式了解外卖，有 44 人是通过朋友圈宣传了解外卖，还有 43 人是通过外卖群的方式了解外卖。

关于外卖进入校园的优点，通过了解这 156 位受访者的想法，有 80 人认为食品种类多，有多种菜品可供选择；有 82 人认为可为校内学生提供兼职机会；有 76 人认为可以缓解食堂的用餐压力；有 95 人认为学生点餐用餐便捷；有 42 人认为可以有效刺激学校食堂改善伙食。同样，关于外卖进入校园的缺点，156 位受访者也有不同的看法，有 64 人认为这样会滋生大学生的懒惰习性，有 87 人认为外面食物没有学校食堂食品卫生干净，有 98 人认为外来送餐人员进入校园会对校园造成隐性安全问题，有 73 人认为外卖餐具不环保，有 55 人认为外卖餐具会带来环境卫生问题。

对于如何改善外卖卫生问题，156 位受访者中，有 36 人认为平台应该加强对商户的把关；有 66 人认为有关部门应该加强监督；有 45 人认为消费者自身应重视卫生问题，不吃或者少吃就好；只有 9 人认为应该从其他方面入手。在点外卖遇到卫生问题时，156 位受访者当中，有 68 人认为应该拨打消费者热线举报，有 71 人认为应该向有关部门举报，有 49 人认为可以采取邮件或者信访形式，有 52 人觉得不举报只是嘴里抱怨几句，还有 26 人认为应该有其他做法。

最后对于外卖进校园的问题，156 位受访者中，有 95 人持支持态度，有 23 人持不支持态度，还有 38 人认为无所谓。

六、调查结论

1. 男女比例调查

由附图 8-1 可知，在对大学生叫外卖进校园这一行为的调查分析中，女性受访者占比 52.56%，男性受访者占比 47.44%，男女比例较为均衡，由此可知性别对调查结果的影响不大。因此，我们在调查时可以忽略性别的影响。

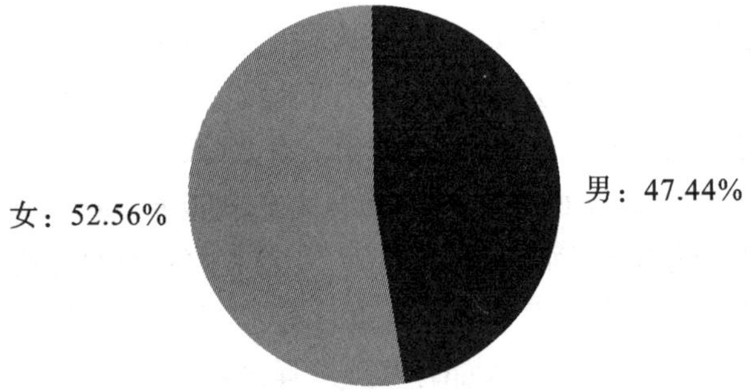

附图 8-1　男女比例

2. 年级分布

由附表 8-1 可知，在叫外卖的群体中大二学生的占比最高，达到了 51.3%，几乎占了叫外卖的群体的一半。这与大学生所处的年级有关，也与大二学生的特性有关，这是因为大二的学生基本都在学校，而且由于已经结束了学校的社团活动，平时的校外活动也不是很多，很多大二学生基本上都待在宿舍中，再加上大学生活养成的惰性让他们不愿意出门买饭，因此他们会大量订购外卖。

附表 8-1　年级分布

选项	比例（%）
大一	34.0
大二	51.3
大三	14.7

其次是大一的学生，占比为34.0%。这是因为大一的学生还有一些外部活动，也还愿意去食堂或者外面买饭，其惰性不强，但是由于大一忙碌的生活逐渐结束，在宿舍的时间也在增多，因此大一学生占比不低。

大三学生的占比为14.7%。这是因为课程逐渐结束，大三学生到了准备论文的阶段了，并且有一部分学生不在学校，所以大三的学生占比会低一点，即叫外卖的人数相对会少一些。

3. 一般在哪里吃饭占比

由附图8-2可知，在学校食堂吃饭的学生占比超过一半，为52.56%，叫外卖的学生占比为30.13%，可见学生普遍还是习惯去学校食堂就餐，其次是叫外卖。占比最低的是下馆子。下馆子主要可能会受到三方面因素的影响，即经济因素、客观因素、主观因素。

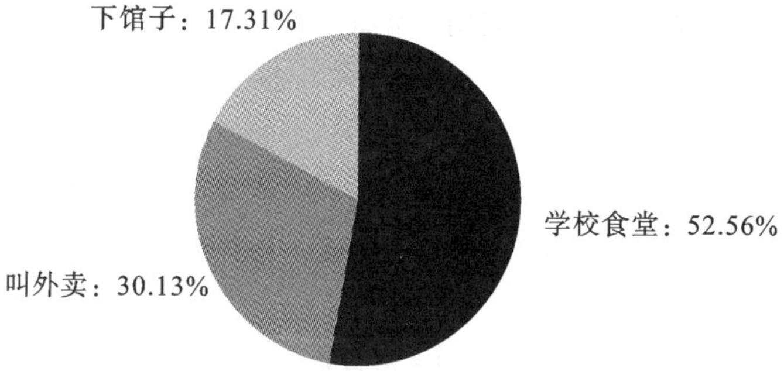

附图8-2　一般在哪里吃饭

4. 叫外卖的频率

由附图8-3可知，很少叫外卖的学生占比仅为44.87%，说明叫外卖在学校内已经是一种很普遍的现象，大家或多或少的会叫外卖。经常叫外卖的学生占比为43.59%，他们是学校外卖行业的固定客源。

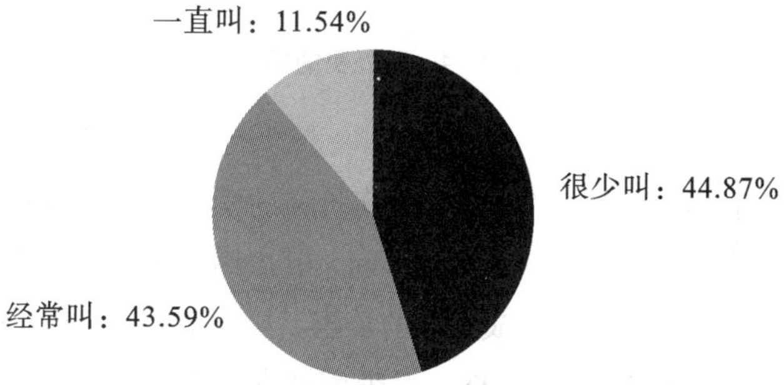

附图8-3　叫外卖的频率

5. 在什么情况下会叫外卖

在调查中我们发现，学习和生活忙碌成了大学生叫外卖的主要原因，由于大一和大二基础课与专业课较多，课业繁重，有时候会错过饭点，或者面临高峰期拥挤的食堂，大部分学生会叫外卖。此外，大学生来自各个地方，各地的口味差别很大，食堂并不能满足不同的需求，大学生已经开始讲究食物质量了，而不仅仅是吃饱，因此校园餐饮模式的单一也成为大学生叫外卖的原因之一。

6. 在什么时间段叫外卖

我们通过调查得知，在周末午饭时间叫外卖的学生所占的比例最高，这是因为在周末待在宿舍的学生很多，尤其是进入夏季后天气变得炎热，愿意正午出去的人更是少之又少。其次是周一至周五的中午时段，因为这时候是买饭的高峰期，叫外卖可以节省排队的时间，也可以避免不必要的拥挤。一般周一至周五都有课，叫外卖可以让学生有更多的休息时间来应对下午的课程。

7. 一般叫什么类型的外卖

由附图 8-4 可知，饭类占比最高，最主要的原因是南方人普遍以米饭为主食，之后是汤粉类、汉堡类、炒类。其原因可能是价格、味道、卫生等因素。

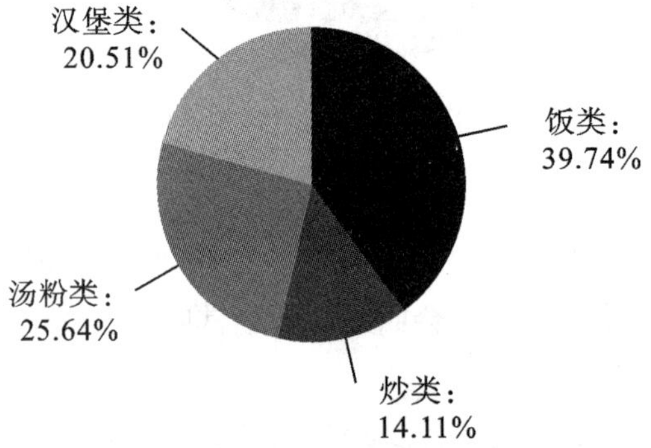

附图 8-4　叫外卖的类型

8. 能接受的外卖价格

由附图 8-5 可以看出，能接受 7~12 元外卖价格的学生所占比例最高，达到 53.21%。这是因为外卖的定价绝大多数都在这个价格区间，其次因为这是大学生普遍可以接受的一顿饭的价格，既可以好吃，又不会造成太大的负担。接下来是能接受 13~18 元外卖价格的学生，占比为 34.61%。13~18 元的价格相对来说稍贵一点，所以能接受这一价格区间的学生比例相对低于能接受 7~12 元价格区间的学生比例。19 元以上的价位相对较高，对学生来说略贵，学生能接受的占比为 10.9%。

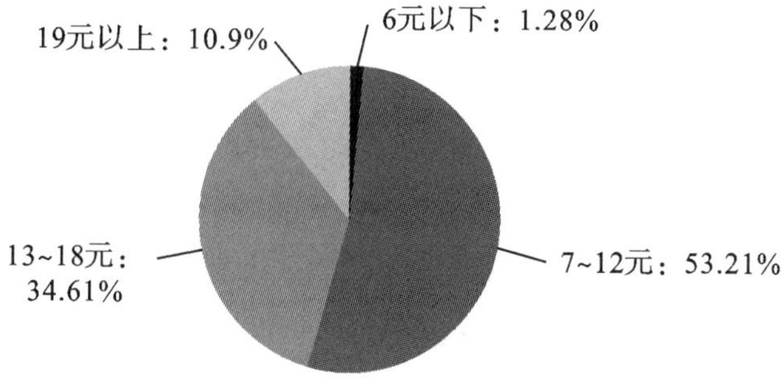

附图 8-5　能接受的外卖价格

9. 一般在选择外卖时会考虑哪些因素

调查结果显示，大学生对外卖的味道最为关注，占比为 63.46%。对于大学生群体来说，味蕾上的满足是首要的，他们对食物的美味程度会给予更多的关注。其次，大学生关注外卖的卫生情况，占比为 55.77%。大学生有一定的修养与知识，对饮食卫生的要求较为苛刻。接下来是价格因素与配送速度因素。所占比例最低的是外卖的知名度。

10. 可以接受的外卖配送时间

由附图 8-6 可知，30 分钟内是大学生最能够接受的送餐时间，占比为 41.03%。在这一时间段内，大学生不必等太久，可以做到随点随吃。其次是 20 分钟内和 10 分钟内。最后是 40 分钟内。我们可以看出，当送餐时间超过 40 分钟的时候，就已经突破了大学生等待时间的底线了。

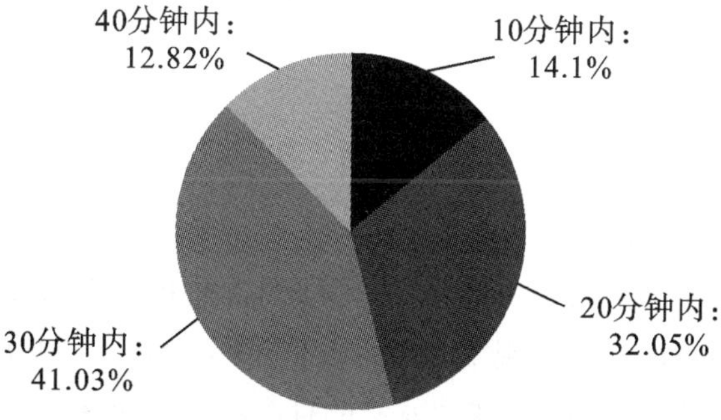

附图 8-6　可以接受的外卖配送时间

11. 实际收到外卖的时间

由附图 8-7 可以看出，实际的送餐时间是 31~45 分钟的占比最高，达 33.97%，其次是 16~30 分钟，占比为 31.41%。

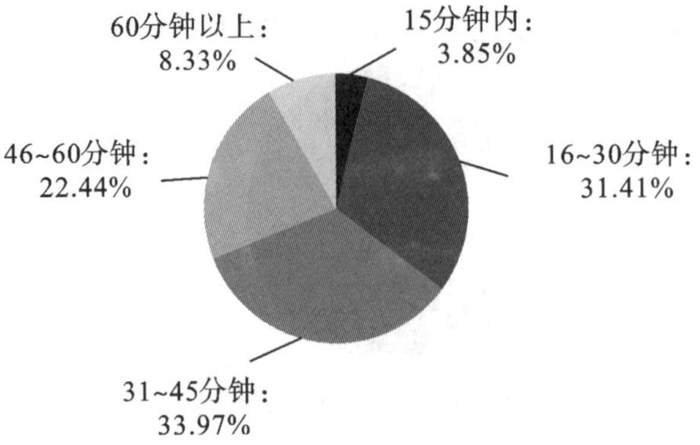

附图 8-7　实际收到外卖的时间

12. 一般是通过什么途径了解外卖

由附图 8-8 可知，四种外卖宣传手段占比相差不大，大学生从各个方面都可以知道外卖的信息，有利于做出自己满意的选择。

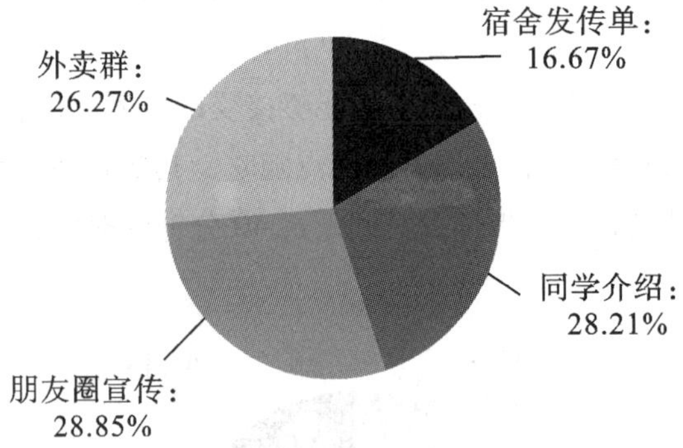

附图 8-8　了解外卖的途径

13. 外卖进入校园有什么优点

调查结果显示，认为“学生点餐用餐便捷”的占比最高，占比为 60.9%，叫外卖可以免去食堂的拥挤，随点随吃，体现了大学生习惯于不受束缚。其次，认为“种类多，有多种菜品可供选择”的占比为 51.28%，外卖的种类很多，大学生对种类的偏好也是有一定的规律的，大学生喜欢的外卖类型是多种多样的。此外，外卖能为大学生提供兼职的机会，大学生能边赚钱边学习。最后叫外卖的原因有想要“刺激学校食堂改善伙食”，不过这种做法好像没有起到多大的作用。

14. 外卖进入校园有什么缺点

调查结果显示，大学生认为“外卖送餐人员进入校园造成隐性安全问题”的占比为 62.82%。大学生认为“外面的食物没有学校食堂的食物卫生”的占比达 55.77%，因为外卖的卫生无法得到保障，而卫生问题是消费者最关心的问题，所以这也是选择去学校食堂就餐比叫外卖人多的原因之一。学校食堂的卫生可以得到保障，每天有食物检测以排除安全隐患。此外，大学生认为“外卖餐具不环保”的占比为46.79%，认为“滋生大学生懒惰习性”的占比为35.26%。叫外卖会导致学生长期待在宿舍，不去接触户外活动，使大学校园的生活平淡无味。

15. 如果点外卖遇到卫生问题会怎么做

调查结果显示，在点外卖遇到卫生问题时，大多数学生会选择官方举报渠道，其中，有45.51%的学生向有关部门举报，有43.59%的学生拨打消费者热线举报，以此来维护自己的消费者权益。此外，学生以邮件或者信访形式反映问题的占31.41%。一般而言，邮件举报较为缓慢，时常得不到回复。选择不举报的占比为33.33%，即不少大学生以不了了之的态度来对待。

16. 是否支持外卖进入校园

由附图8-9可知，支持外卖进入校园的占比为60.9%。外卖进入校园能够方便大学生就餐，能够提供多种就餐方式，其存在有一定的道理。

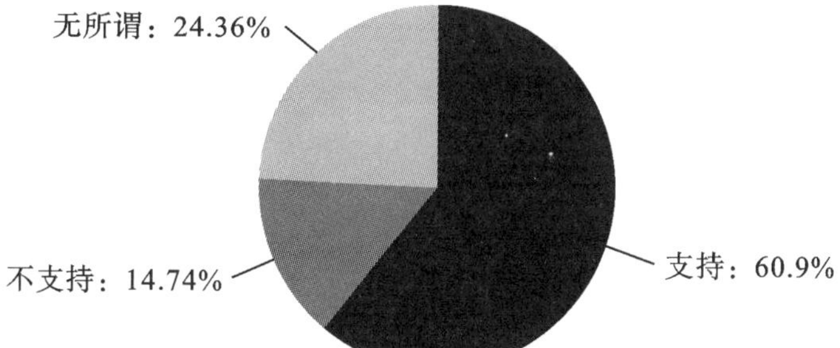

附图8-9　是否支持外卖进入校园

七、评价建议或对策

（1）加强对学生食品安全意识的教育。

（2）在食堂一、二楼各转让一个窗口，让有合法手续的外卖者将加工好的食品出售，接受学校统一管理。

（3）学校食堂要切实改进服务质量，改善菜品质量，提高菜品种类，增加饭菜分量。

附：调查问卷

关于外卖进入校园问题

亲爱的同学，我们是××××职业技术学院的学生调查小组。现我们要对外卖进入校园问题进行问卷调查，希望您能在百忙之中抽出宝贵的时间完成这一份问卷，支持一下我们，同时我们也保证，我们会保护好您的个人信息，绝不外泄，同时对您的支持表示感谢！（直接在选项上打“√”）

1. 您的年级？

A. 大一　　B. 大二　　C. 大三

2. 您的性别？

A. 男　　B. 女

3. 您一般在哪里吃饭？

A. 学校食堂　　B. 叫外卖　　C. 下馆子

4. 您叫外卖吗？

A. 很少叫　　B. 经常叫　　C. 一直叫

5. 您在什么情况下会叫外卖（多选）？

A. 食堂饭菜不合口味

B. 食堂人多不想排队

C. 过了正常用餐时间

D. 因忙碌而无法去食堂

E. 受天气影响出不去

F. 没人陪自已吃饭

G. 食堂吃腻了

H. 太懒，懒得去食堂

6. 您在什么时间段会叫外卖（多选）？

A. 早饭时间

B. 午饭时间

C. 晚饭时间

D. 宵夜时间

E. 周一到周五

F. 周末

7. 您一般叫什么类型的外卖?
A. 饭类
B. 炒类
C. 汤粉类
D. 汉堡类
8. 您一般能接受的外卖价格是多少?
A. 6 元以下
B. 7~12 元
C. 13~18 元
D. 19 元以上
9. 您一般在选择外卖时会考虑哪些因素（多选)?
A. 外卖的就近原则
B. 外卖的味道
C. 外卖的卫生
D. 外卖的价格
E. 外卖的配送速度
F. 外卖的服务态度
G. 外卖的质与量
H. 外卖的知名度
10. 您可以接受的外卖配送时间是多久?
A. 10 分钟内
B. 20 分钟内
C. 30 分钟内
D. 40 分钟内
11. 您实际收到外卖的时间是多久?
A. 15 分钟内
B. 16~30 分钟
C. 31~45 分钟
D. 46~60 分钟
F. 60 分钟以上
12. 您一般是通过什么途径了解外卖的?
A. 宿舍发传单
B. 同学介绍
C. 朋友圈宣传
D. 外卖群

13. 您认为外卖进入校园有什么优点（多选）？
A. 种类多，有多种菜品可供选择
B. 为校内学生提供兼职机会
C. 缓解食堂用餐人员压力
D. 学生点餐用餐便捷
E. 刺激学校食堂改善伙食
14. 您认为外卖进入校园有什么缺点（多选）？
A. 滋生大学生懒惰习性
B. 外面的食物没有学校食堂食物卫生
C. 外来送餐人员进入校园造成的隐性安全问题
D. 外卖餐具不环保
E. 外卖餐具带来的环境卫生问题
15. 您认为该如何改善外卖卫生问题？
A. 平台加强对商户的把关
B. 有关部门加强监督
C. 消费者重视卫生问题，不吃或者少吃
D. 其他
16. 如果点外卖遇到卫生问题，您会怎么做（多选）？
A. 拨打消费者热线举报
B. 向有关部门举报
C. 邮件或者信访形式
D. 不举报只是嘴里抱怨几句
E. 其他
17. 您支持外卖进入校园吗？
A. 支持
B. 不支持
C. 无所谓

第九章 思想政治理论课实践教学体验馆建设与管理

一、思想政治理论课实践教学体验馆建设的背景和要求

思想政治理论课实践教学是高校思想政治理论课教学的重要环节，其地位和作用不容忽视。长期以来，如何加强思想政治理论课的亲和力与针对性，激发大学生的学习兴趣，提高大学生的课堂参与度，以说理代替说教，用“润物无声”代替“满堂漫灌”，是思想政治理论课教学面临的重大课题。思想政治理论课实践教学体验馆的建设为实现“情景模拟”“体验感悟”提供了重要场所和前提条件，是思想政治理论课实现理论性与实践性相统一的重要载体。

（一）思想政治理论课实践教学的必要性

思想政治理论课教学效果的提升以及大学生综合素养的培育，是党和国家领导人重点关注的问题。各级教育主管部门也相继出台了一系列具体措施，对课程改革和建设标准以及增强大学生对思想政治理论课的获得感做了重点要求。

思想政治理论课实践教学就是在理论教学基础上，通过具体实践途径，达到对课堂学习的基本理论知识的理解、吸收、内化目的的一个教学环节。加强实践教学环节，对增强思想政治理论课现实感、吸引力和学生获得感具有重要意义。《教育部关于印发〈高等学校思想政治理论课建设标准〉的通知》（教社科〔2015〕3 号）明确提出，实践教学纳入教学计划，统筹思想政治理论课各门课的实践教学、落实学分（本科 2 学分，专科 1 学分）、教学内容、指导教师和专项经费。实践教学覆盖全体学生，建立相对稳定的校内实践教学基地。《教育部关于印发〈新时代高校思想政治理论课教学工作基本要求〉的通知》（教社科〔2018〕2 号）明确要求，从本科思想政治理论课现有学分中划出 2 个学分、从专科思想政治理论课现有学分中划出 1 个学分，开展本专科思想政治理论课实践教学。

实践教学是增强思想政治理论课教学实效和大学生获得感的有效举措，是破解思想政

治理论课亲和力不够、针对性不强的有效手段。但是长期以来，缺乏统一的规范要求，加之师生比不足导致的组织难度大、风险隐患多等实际问题，导致思想政治理论课实践教学一直难以有效实施，也成为制约思想政治理论课总体教学效果提升的重要因素之一。

实践教学是遵循马克思主义理论实践性原则的必然要求，是思想政治理论课教学改革的必然趋势。实践的观点是马克思主义哲学首要的、基本的观点，它强调理论来自实践并为实践服务。马克思主义的实践性要求思想政治理论课教学必须改革传统的“灌输式”的理论教学方法，切实引入操作性强、推广价值高的实践教学方式。面对当前思想高度活跃的学生群体和日益发展的互联网生态，脱离学生和社会实际的教学方式方法迫切需要改革，鲜活的现实、真切的自我体验，是改革传统教学、增强教学实效的趋势。

思想政治理论课实践教学体验馆的建设，也是克服当前实践教学组织困境的有效措施，这一点对于高职院校而言尤为必要。思想政治理论课实践教学体验馆的建设，通过对教学场所的改造及先进媒介技术的应用，实现多元化的功能展示，既符合思想政治理论课教学的需要，又符合党建活动、教学技能展示、学术交流、学生风采大赛等多功能实践教学活动的开展要求。同时，我们可以将红色革命文化、中华优秀传统文化、社会主义先进文化教学资源融入思想政治理论课实践教学之中，促进对大学生的文化自觉、文化自信、文化自强教育。

思想政治理论课实践教学体验馆建成后，学生不出校门就可以获得相应的主题教育，既节省时间又节约经费，还可以扩大实践教学的受众面，是校内思想政治理论课实践教学的有效拓展。

（二）思想政治理论课实践教学体验馆建设的基本要求

思想政治理论课实践教学体验馆以提高思想政治理论课教学实效、增强大学生获得感为目标，主要服务于学校思想政治理论课教学，按照互动性、实操性的要求，实现教学做一体化，开展虚拟实践教学、情景教学、举办人文类学术讲座，开展思想政治类学生社团活动等，不受专业局限，可覆盖全体学生，每次可同时容纳 120 人开展虚拟实践教学体验。

涉及的建设项目主要包括：一是充分利用墙面资源，进行全面设计，添加实践教学主题内容；二是通过安装三维（3D）虚拟影音设备，通过图像和音响的展现，使之和教学融为一体；三是通过文字、图片、展板和电子多媒体设备等途径来展示多种教学资源。

效果图如图 9-1～图 9-3 所示。

图 9-1　效果图 1

图 9-2　效果图 2

图 9-3　效果图 3

1. 总体要求

思想政治理论课实践教学体验馆的建设，总体上应实现以下目标：其一，突破传统讲解灌输，整合灵活多样的体验形式；其二，打破形式说教，结合生活体验，探索践行规律；其三，通过游戏互动、知识竞赛、互感体验多种体验形式增强学生参与度；其四，强化知识和理论的普及性与生活性，寓学于乐，使大众喜闻乐见。

（1）利用思想政治理论课实践教学体验馆，弘扬中华优秀传统文化，促进文化自觉、文化自信、文化自强，实现优秀传统文化资源融入思想政治理论课实践教学；利用虚拟教学资源库，将红色革命文化、社会主义先进文化等教学资源融入思想政治理论课实践教学中，实现理论与实践的结合。

（2）通过对教学场所的改造及先进媒介技术的应用，使该场馆成为性能多元化，既符合思想政治理论课教学的需要，又符合党建活动、思想政治类学生社团活动、学术交流、师生风采展示等多功能于一体的智慧场馆。

（3）通过资源库的设计开发和教学活动的开展，使之成为价值体系、学术传承、特色优势明显的思想政治教育和人文素质教育实践教学基地，促进学生积极参与教学过程，充分发挥学生的积极性、主动性和创造性。

（4）思想政治理论课实践教学体验馆的建设，围绕内容丰富、功能多元、互动性强的要求，建成后将成为学生学习、体验、参与活动的重要场所，有效解决思想政治理论课实践教学难以落地的问题，助力实现教育部《高等学校思想政治理论课建设标准》中关于“实践教学覆盖全体学生”的要求。

2. 实践教学资源要求

（1）可用三维投影展现的包含党的十九大精神、红色文化、民族复兴、爱岗敬业、校园文化五大主题的实践教学资源库应结合职业院校人才培养定位和学校特色进行相关资源的定制。

（2）可用国学互感一体机呈现的包含中华优秀传统文化内容（包括社会主义核心价值观、家风家训、传统礼仪、传统节日、传统戏曲、传统服饰）的资源库应结合岭南文化特点定制相应内容。

（3）实现国学知识资源检索和阅读，借助智慧电子翻书系统，实现传统经典读物的翻书阅读和大屏投影。

3. 体验效果要求

互动式迎宾大屏幕显示屏能实现虚拟迎宾，主要应用三维动画、人机交互感应、大屏显示等技术，体验者走到感应区域时，屏幕根据不同国学主题展示相应的迎宾内容。

智慧电子翻书系统能实现摄像机动作捕捉和红外人体感应，将人体感应的动作传输给计算机，实现左右挥手既可以实现左右翻书，能实现多本书的管理、选择，可以通过触屏点击动作实现书目的选择，并适时将选择命令传输给翻书的计算机。

三维融合系统可以实现三维教学资源的播放。国学互感一体机（含国学资源）可将中华优秀传统文化资源库的内容进行呈现，并可以实现部分内容的互动参与和体验。

二、思想政治理论课实践教学体验馆的建设

（一）主要建设内容

围绕虚拟实践教学功能的体现，思想政治理论课实践教学体验馆应重点开发建设相关资源库资源，通过人机互动、视听体验、游戏体验等方式增强师生对中华传统优秀文化资源的感悟。

思想政治理论课实践教学体验馆具体建设内容主要围绕硬件设施和软件资源展开。一是充分利用墙面资源，进行全面设计，从装修风格、宣传展板、实物展架等方面全面填加实践教学主题内容，以文字、图片、展板等方式呈现教学内容；二是通过安装三维虚拟影音设备，为体验式教学提供硬件支撑，具体设备包括国学互感一体机、互动式迎宾大屏幕显示屏、智慧电子翻书系统、三维融合、三维工程投影机、三维金属幕布、立体眼镜、立体眼镜发射、虚拟现实技术（VR）服务器、调音台、专业功放、环绕式音箱、无线话筒、智能控制系统等；三是调用或定制软件资源，通过图像和音响的展现，使之与教学融为一体，以电子多媒体设备等途径来展示多种教学资源。

1. 硬件设施

（1）墙面与吊顶。墙面采用青砖墙纸，包含国学元素，吊顶、窗帘、讲台、座椅等均体现优秀传统文化元素。墙面设计宣传展板，围绕社会主义核心价值观、国学经典、岭南文化进行主题设计，增强环境文化熏陶效果。

（2）文化长廊。在体验馆外部走廊，根据思想政治理论课实际需求，结合思想政治理论课课程内容进行文化景观设计，突出国学文化元素设计风格，以实木为基材，融入岭南风格木雕、玻璃窗设计，制作包含社会主义核心价值观、传统经典名篇、岭南传统文化名片、中华民族传统美德、法治与德治教育等内容的宣传展板。

（3）设备器材。可支持资源库功能实现的硬件设备包括国学互感一体机、互动式迎宾大屏幕显示屏、智慧电子翻书系统、三维融合、三维工程投影机、三维金属幕布、立体眼镜、立体眼镜发射、虚拟现实技术（VR）服务器、调音台、专业功放、环绕式音箱、无线话筒、智能控制系统。

2. 软件资源

（1）思想政治理论课实践教学资源库。体验馆固定选取及个性化定制五大主题模块实践教学资源库，包括党的十九大精神、红色文化、民族复兴、爱岗敬业、校园文化五大主题。

①党的十九大精神主题库。党的十九大精神主题库将党的十九大的主题引入学生的学习中，通过虚拟参观主题展览馆的方式，对文字、图片和视频资料进行学习，通过答题过关巩固知识，使学生理解中国共产党第十九次全国代表大会的主题、议程、意义等信息，鼓励学生贯彻落实党的十九大精神。

②红色文化主题库。红色文化主题库围绕党的发展历程，以时间为轴线，以重大历史阶段为分段，以各个历史事件为突出点进行介绍，表现出中国共产党是历史的必然选择，使学生了解党、热爱党、拥护党。红色文化主题库分为不同的分馆：党的孕育和诞生馆、新民主主义革命馆（党的诞生展厅、大革命展厅、土地革命展厅、抗日战争展厅、解放战争展厅）、社会主义革命和建设馆（社会主义改造基本完成时期展厅、开始全面建设社会主义时期展厅）、改革开放和社会主义现代化建设馆（政治建设展厅、经济建设展厅、外交建设展厅、思想文化建设展厅）。

③民族复兴主题库。民族复兴主题库围绕爱国主题，划分为几大板块，分别为民族起源馆、历史辉煌馆、勿忘国耻馆和复兴腾飞馆。通过对民族复兴主题库的体验和学习，学生将了解体验到祖国辉煌与困难交织的历史、不可忘却的历史事件、灿烂的文化和发展进步的迅速，培养学生的爱国主义精神。

④爱岗敬业主题库。爱岗敬业主题库中的大国工匠主题馆包含政策与职业认知展厅、自我认知与成长展厅、技能竞赛馆和名师名匠馆。大国工匠主题馆专注于学生在职业方面的自我素养，探讨如何在职业教育中弘扬大国工匠精神，激励学生爱岗敬业。

⑤校园文化主题库。校园文化主题库包括校史及荣誉馆、校园文化与生活馆、特色专业馆和安全教育展厅几大板块，从不同角度介绍广东交通职业技术学院，不仅使学生更加了解学校，热爱学校，增强自豪感与主人翁意识，还能有助于学校宣传。

（2）中华优秀传统文化资源库。

①了解践行社会主义核心价值观。社会主义核心价值观体验课程在内容设置上紧紧围绕“人民有信仰”“民族有希望”“国家有力量”三个层面，通过游戏互动、知识展示、视频体验、知行合一等模式对社会主义核心价值观“倡导富强、民主、文明、和谐，倡导自由、平等、公正、法治，倡导爱国、敬业、诚信、友善”进行了深刻有趣的创意解读和情感升华。在体验中，凝聚核心价值、巩固共同理想、培育精神文明，为广大受众进一步理解和践行社会主义核心价值观提供很好的学习模式。

②弘扬良好家风家训资源库。家风、家训、和谐家庭体验课程围绕习近平总书记“注重家庭、注重家教、注重家风”的重要论述展开。课程在板块设置上分为“爱家庭，我自检”“好家风，我体验”“传家训，我践行”“家国情，我唱响”四个部分，每一部分均设有丰富的体验环节和体验项目。学习者通过游戏互动、知识展示、视频体验、体验分享、知行合一的体验模式，感受和谐家庭文化、领悟家庭文化内涵、践行文明优良家风。

③体验传统礼仪文化。著名国学大师钱穆曾经说过，中国传统文化的核心思想就是

“礼”，人无礼不立，事无礼不成，国无礼不宁。中国素有“礼仪之邦”的美誉。礼仪文化体验课程根据受教育对象的年龄和职业特征，提供情景沉浸、游戏互动等学习模式，层次分明、内容丰富、形式活泼，让体验者通过体验切身感受传统礼仪蕴含的人文内涵，从而知礼懂礼，践行为人处世之道。

④传统节日文化体验。传统节日作为中华优秀传统文化的重要组成部分，体现了民族文化传承的意识形态。体验课程涵盖了春节、清明节、端午节、七夕节、中秋节、重阳节等传统民族节日，每个节日下设“节日我体验”和“节日我知道”两个环节，通过生动有趣的游戏互动和形式多样的知识展示，让体验者在节日文化体验中，掌握节日知识，体验节日情境，领悟传统节日的精神内涵。

⑤传统戏曲文化体验。戏曲是中国传统艺术之一，具有悠久的历史，京剧更是中国的国粹，是中华优秀文化的重要组成部分。粤剧是岭南地域文化的典型代表，是世界非物质文化遗产项目。戏曲文化体验课程包含粤剧、京剧、越剧、黄梅戏、评剧、豫剧、昆曲等七大剧种，其内容主要由“剧种我知道”和“戏曲我体验”两个部分组成，其中含有丰富的人机交互体验环节，体验者可以在趣味体验中自主学习，获得戏曲知识，了解优秀传统文化。

⑥传统服饰文化体验。传统服饰文化是中华文明的重要组成部分，既是物质文明的结晶，又具有精神文明的含义。传统服饰体验课程迎合体验者对中国服饰文化的喜爱，将服饰知识和设计体验融入每个互动环节中，让体验者穿越千年历史，围绕秦汉、魏晋、南北朝、隋唐、宋、元、明、清、民国不同时期进行换装体验，在体验中领略华夏服饰之美，感悟传统服饰之韵，并设计出自己独特的服装作品。

（二）基本建设流程

思想政治理论课实践教学体验馆从申请立项到组织验收，严格按照学校实训室建设流程和招标流程规范操作实施。

1. 申请立项

体验馆根据学校实训室建设总体规划和年度实施方案，及时向学校申报立项，获取立项支持。

2. 编制方案

体验馆结合实际，编制建设项目论证方案、实施方案（包括项目简介、建设内容、平面布局、设备明细等），依次提交部门、学校，组织校级论证。

3. 招标发布

体验馆委托政府采购代理机构，发布招标公告，组织开标、评标及定标工作，确定中标单位，签订政府采购合同。

4. 项目建设

体验馆确保在规定期限内完成设备的供货、安装、调试，并交付正常使用。待装修工程完工、设备全部到货后，体验馆内各设备进行初步安装调试。

5. 项目验收

体验馆根据约定的要求，验收应在采购人和中标人双方共同参加下进行。体验馆按照技术、服务、安全标准组织对中标人履约情况进行验收。为此，体验馆先组建部门验收小组，按期组织验收工作。各方对照思想政治理论课实践教学体验馆合同，对产品的品牌、规格、型号、配置（性能参数）、数量等，逐一对标进行检查验收，如发现存在与合同不符或功能尚未完善的问题，要求建设方补充完善，组织第二轮验收。除硬件设施和设备考虑布局优化合理外，资源库内容是否完备、能否达到定制化要求、综合展现功能是否优化，应作为考量重点，如有问题应及时充分和建设方沟通，以便及时完善。整改完成后，项目建设部门、资金管理部门、资产管理部门安排相关人员，组成校级验收小组，进行联合验收。

（三）教学组织实施

1. 主题资源库的使用举例

党的十九大精神的学习贯彻是贯穿整个思想政治理论课课程体系的教学任务。实践教学体验馆中党的十九大精神主题库的内容可以有效帮助学生全面系统地加深对党的十九大精神的了解，并让学生在增强学习的参与体验中得到启发。在完成形势与政策课关于党的十九大内容的专题讲座后，或者思想道德修养与法律基础课、毛泽东思想和中国特色社会主义概论课相关教学专题后，教师可以组织学生到体验馆开展专题实践教学活动。

党的十九大精神主题库围绕党的十九大的主题、议程、报告、意义等内容，通过文字、图片和视频展示的方式，呈现具体的学习资料。教师引导学生就座后，打开电脑、影音设备和投影后，点击进入党的十九大精神主题库，通过操作电脑键盘和鼠标依次进入各展区，学生通过教室前面的投影大屏或两侧墙壁的一体机屏幕进行观看，教师同时担任操作员和讲解员角色。

学生的学习体验过程类似于参观展厅，图片和影像资料增强了相关知识的可观赏性，同时每一展区结束后进入下一展区时，会有过关测验，学生必须答对问题后方可获得“开锁钥匙”。通过答题过关巩固知识，学生更容易理解党的十九大的主题、议程、意义等信息和知识。

除党的十九大精神主题库外，红色文化、民族复兴、爱岗敬业、校园文化等相关主题库的内容也可单独或在整合后开展一次实践教学体验活动。教师需要深入学习了解主题库中的内容，并组织开展主题库内容与教学内容的融合研讨活动，以确定两者的契合点以及组织实践教学的顺序。

2. 国学互感一体机的使用

国学互感一体机是可触摸屏操作、可人机互动的一体化设备，即可实现单人在机器前操作体验，也可通过数据连接投屏，实现单人操作和多人参与的集体体验。

一体机的资源内容包括社会主义核心价值观、良好家风家训、传统礼仪文化、传统节日文化、传统戏曲文化、传统服饰文化六大板块，主要聚焦中华优秀传统文化资源。国学一体机制的使用可以为各门思想政治理论课中涉及社会主义核心价值观教育、文化自信培育、文化产业发展、文化强国建设等课堂教学专题提供实践教学活动。

一体机的资源形式包括文字、图片、影像，互动方式包括古装自拍、游戏过关、答题闯关等。由于体验馆同时存在投影屏、智慧翻书系统、宣传栏、文化长廊等，因此一体机的使用方式可以分为两种情况，一是教师或学生代表到一体机前选取感兴趣的模块进行学习和互动体验，通过投影屏向全体学生展示；二是学生根据兴趣选择自己喜欢的区域体验学习，让一体机成为轮流参与体验的设备。

3. 三维投影设备的使用

体验馆的设备可支持三维视频资源的播放和观赏，通过三维投影主机和三维眼镜实现。三维资源围绕爱国主义影片和视频、实践教学基地游览视频等，教师根据具体教学需要，选取合适的三维视频资源，让学生享受更好的观赏效果。

三、思想政治理论课实践教学体验馆管理与维护

（一）使用与管理

为确保思想政治理论课实践教学体验馆中设备使用效果良好，操作流程必须规范，因此制定严格的管理规章制度非常必要。针对思想政治理论课实践教学体验馆的功能定位和具体要求，我们制定了专门的管理规则，严格规范管理；制定了使用守则，对教师和学生的行为做了规范。同时，组织进行了多场次培训，邀请设备供应厂商专业技术人员对教师们进行业务培训，熟悉开闭馆流程和操作程序。

1. 思想政治理论课实践教学体验馆管理规则

（1）体验馆安全管理和使用必须严格遵守国家的法律、法规和学校的规章制度。

（2）体验馆要落实安全管理责任，按“谁管理，谁负责”“谁使用，谁负责”的原则，指定工作人员负责对体验馆安全与环保等工作的日常管理进行监督和检查，做好相应记录。非体验馆工作人员，未经允许，不得进入体验馆。

（3）体验馆要保持安静、卫生、整洁，不得在馆内吃东西、吐痰、丢杂物、大声喧哗、嬉戏。体验馆内严禁抽烟。

（4）体验馆工作人员要加强岗位责任制，经常检查、维护仪器设备，使之处于正常状

态。仪器设备应摆放整齐有序，并做好防尘、防潮、防火等工作。仪器设备、工具一般不得外借或挪作他用。

（5）使用仪器设备，师生应严格遵守操作规程。仪器设备如有损坏，工作人员要及时报告登记。一旦发生事故，工作人员应立即采取措施，迅速如实向管理部门报告，并保护现场，认真分析事故原因。

（6）体验馆必须重视安全工作，加强对易燃易爆等危险物品的管理，配备消防器材。实践教学结束后，工作人员应做好整理工作，关闭电源、水源等，关好门窗。

2. 思想政治理论课实践教学体验馆使用守则

（1）上课前，指导教师必须做好各项准备工作，了解实践教学目的、内容、要求、方法、步骤及注意事项等，准时进入体验馆。学生必须按时进入体验馆，不得迟到、早退。

（2）学生进入体验馆后，必须服从指导教师的安排和指导，不得在体验馆内谈笑、嬉戏、用餐；严禁随意触摸电源开关，不许乱动与上课无关的仪器设备。

（3）指导教师必须对学生进行安全教育，强调安全注意事项、操作规程以及应急措施，并做好“实训日志”的记录。学生必须严格遵守各种规章制度和操作规程，所有设备须经指导教师或体验馆管理人员检查后方可开始实际操作。

（4）上课过程中，体验馆内保持整洁，严禁吸烟、随地吐痰、乱扔纸屑杂物。师生必须爱护公物，未经允许体验馆内物品不得私自带离体验馆，如有损坏或丢失，应及时报告，并按规定赔偿。

（5）上课结束后，学生协助指导教师整理用品，关好门窗、水电、设备，经指导教师清点检查后方可离开。

（6）凡设备损坏丢失或发生其他事故，由当事人提交书面报告，说明原因，经体验馆管理部门证实后，按学院相关规定处理。

3. 思想政治理论课教学体验馆开馆流程

（1）打开电源箱总开关，各部分电源将陆续供给，机柜中一些设备将自动启动，融合处理器（机柜最底部）与调音台、专业功放、VR（虚拟现实技术）服务器（讲台电脑）需自行启动。

（2）长按中控面板中的总开关按键，待中控面板发出“滴”的响声之后，按下面板中的“上下课”按键，三台投影机将自动开启，待投影机正常工作之后，再将融合处理器开启。

（3）按下中控面板中的“电脑总开关”，迎宾系统、智慧电子翻书系统、国学互感一体机所属的电脑将会自动开启。

（4）将VR服务器开启之后，双击打开“BlendOneManagerV3”软件，无需改动任何参数，直接点击“OK”按钮。

（5）进入软件界面，在“视频信号”中的“RGB信号”选择“2D”，将其拖至右方，大屏即为当前讲台电脑实时的界面。若教师需要播放三维视频或者相关资源软件，可将“3D”拖至右方。当选择完信号之后，教师可使用切换器选择上墙的信号源。

（6）教师可以到“媒体信号”中选择需要的视频，如需添加新的视频，可在“信号列表”方框内，单击右键，选择上传文件，在打开的任务窗口中选择需要上传的视频，点击“打开”，视频将自动上传到列表中。如上传的视频源是三维格式，需右键单击刚刚上传的文件，选择“立体信号设置”，在弹开的窗口将“3D 立体信号”打钩，选择相对应的布局。

（7）教师若需调整视频的播放进度，可点击上方的视频，此时下方将出现一个进度条，调整进度条即可调整播放进度。

4. 思想政治理论课教学体验馆闭馆流程

（1）在“BlendOneManager3”软件中，点击“编辑”选项，在下拉列表中选择“关闭融合器”。

（2）点击中控面板上的“电脑开关机”按键，迎宾系统、智慧电子翻书系统、国学互感一体机、电脑将会自动关闭。

（3）点击中控面板上的“翻书投影机开关”，翻书投影机将会自动关闭。

（4）点击中控面板上的“上下课”按键，待面板发出“嘀”一声之后，三维投影机将会自动关闭，待 3~5 分钟之后，再按下“总开关”。

（5）如有开启机柜中的调音台、专业功放等，需手动将其关闭。

（6）将所有设备、空调、灯光关闭之后，将总电源关闭。

5. 思想政治理论课教学体验馆设备操作规程

（1）开启多媒体设备。

①打开墙上电源箱总开关，机柜将会处于通电状态，待 30 秒后，按住中控面板的“上下课”按键 2~4 秒，所有设备将自动开启（若在电源总闸未关闭情况下，先按住中控面板的“总开关”，再按下中控面板上“上下课”按键，所有设备将自动开启）。

②手动开启“讲台电脑”与“融合服务器”（位于机柜最底端）以及后方的两台显示器。

③将“讲台电脑”开启之后，双击打开“BlendOneManagerV3”软件，无需改动任何参数，直接点击“OK”按钮。

④进入软件界面，在“视频信号”中的“RGB 信号”选择“3D”，将其拖至右方，大屏将显示需上墙画面的即时画面。当选择完信号之后，教师可以使用切换器选择上墙的信号源。

⑤如需播放相关设备的声音，在调音台将对应通道的“推杆”适当推高。如需调节总体音量大小，将“总音量”旋钮适当调节。

（2）关闭多媒体设备。

①在“BlendOneManagerV3”软件中，点击“编辑”选项，在下拉列表中选择“关闭融合器”。

②按住中控面板“总开关”按键 2~4 秒，等待指示灯熄灭之后，所有设备将在 4 分钟内自动关闭（在关闭过程中，请勿再按中控面板上的任何按键），否则将导致某些设备重新开启。

③确认所有设备关闭之后，关闭所有灯光，方可离开教室。

6. 思想政治理论课教学体验馆注意事项

（1）请勿触碰、移动投影机，若移动，融合处理器需重新使用软件调整校正。

（2）使用中控面板开关投影机或电脑时，每次需间隔 5 分钟，否则系统将多次发送执行命令，造成设备使用不正常。

（3）在关闭讲台电脑前，需登录“BlendOneManagerV3”软件关闭融合处理器后，再将讲台电脑关闭，否则需用键盘与鼠标关闭融合处理器。

（4）请勿轻易插拔机柜背部的任何线材。

（5）在按下中控面板中的“上下课”按钮之后，需等待 3~5 分钟，待投影机指示灯缓慢闪烁后再按下“总开关”按键。若指示灯还处于快速闪烁状态时就按下面板中“总开关”或者断开投影机电源，在下次开机时，投影机将启用“检查修复”功能，指示灯为红色，需等到红色灯消失、蓝色指示灯缓慢闪烁时才可正常开机。

（6）每次离开教室之前，务必断开教室的电源，某些设备不能连续工作 24 小时。

（二）设备维护与故障排除

1. 电脑开机不能正常启动

（1）重启相对应的电脑。

（2）系统不能正常启动，需要通过引导系统进行修复。这种情况可能是由于电脑非正常关机（如突然中断电源）引起，必须由专业技术人员操作。

2. 投影机已开启没信号

（1）检查电脑是否开启正常。

（2）若开启正常时，查看投影机的信号来源是否为“DVI”，若不是，请使用遥控器将信号源切换为“DVI”。

（3）若前两项均正常，则使用键盘鼠标连接融合处理器，按下键盘中的 按键，若幕布上可显示 Windows 窗口，则为正常状态。

3. 投影机不能开启（投影机没有光线射出）

（1）看电源指示灯处有无蓝色指示灯（如正常显示电源指示灯，单独用中控或者遥控器开启投影机）。

（2）电源指示灯显示蓝色但是有其他报警灯频闪（可能是上次关机时没有正常关机，投影机内部启动检查修复功能，状态为红蓝交替闪烁），等待检查修复后蓝色指示灯闪烁，投影机将自动启动。若还未能正常开机，使用中控设备或遥控器进行启动。

（3）若还未能有光线射出，则可能原因如下：

①灯泡故障，出现爆裂。

②排风系统故障，拆除散热处的隔尘网格，清除灰尘。

③投影机内部出现故障，需要返厂维修。

4. 信号切换器不能切换上墙信号

（1）检查切换器“Output”处的HDMI线两端是否松动掉落，若是，手动将其插紧。

（2）检查4个“Input”处的HDMI线是否松动掉落，若是，手动将其插紧。

（3）因有4个“Input”信号源，3个固定使用的分别为国学互感一体机、讲台电脑、智慧电子翻书系统，此外还有一个是个人笔记本电脑，通常状态下此信号源为空，需切换到下一个信号源。

5. 迎宾系统无法进行感应

（1）检查是否将感应器的电源插头拔下，若是，手动将其插上。

（2）由于程序设定，在感应点覆盖的范围内（入门处到屏风处再到第一排最右边桌子处）为触发状态，所以若出现屏幕上有箭头在闪烁，证明此范围内还处于感应点感应位置，不会回到“欢迎”界面，不会进行二次触发。

（3）重启迎宾系统相关设备。

（4）若前三项均未能恢复，则可能是硬件或者软件程序问题，与软件公司进行联系。

6. 智慧电子翻书系统无法进行联动

（1）智慧电子翻书系统要进行联动有两个条件，国学互感一体机需先于智慧电子翻书系统开启，需点击国学互感一体机中的书籍才能进行联动。若两项中有任何一项不满足，无法进行联动，需重启智慧电子翻书系统。

（2）连接两个设备之间的网线是否松动掉落，若是，手动将其插紧。

7. 智慧电子翻书系统无法进行翻书操作

（1）检查桌子下方两个感应设备是否处于亮灯状态，若是熄灭状态，则可能是串口分配器连接线或者电源线松动，手动将其插紧。

（2）将智慧电子翻书系统与国学互感一体机系统相关设备进行重启。

后记

思想政治理论课承担着对大学生进行系统的马克思主义理论教育的任务，是巩固马克思主义在高校意识形态领域指导地位、坚持社会主义办学方向的重要阵地，是全面贯彻党的教育方针、落实立德树人根本任务的主干渠道和核心课程。实践教学作为课堂教学的延伸拓展，重在帮助学生巩固课堂学习效果，深化对教学重点、难点问题的理解和掌握，对于加强新时代学生学习思想政治理论课“获得感”具有重要意义。

为深入贯彻落实《教育部关于印发〈新时代高校思想政治理论课教学工作基本要求〉的通知》(教社科〔2018〕2号) 等文件的精神，总结广东交通职业技术学院多年来思想政治理论课实践教学的经验，我们组织编写了《思想政治理论课实践教程》(高职高专版)。长期以来，高职院校思想政治理论课实践教学存在操作不规范、流于形式等顽疾，本书作为广东交通职业技术学院开设思想政治教育实践课的教材，其主要作用是科学、规范、系统引导师生开展思想政治理论课实践教学，提升实践教学的实效性，并探索具有高职院校特色的实践教学方式方法。

本书是广东交通职业技术学院马克思主义学院探索思想政治理论课实践教学经验的集体成果。本书大纲由张文风主持拟定。具体编写分工如下：张文风负责编写绪论和第四章；肖仁龙负责编写第五章、第六章和第九章；殷鑫负责编写第二章和第三章；魏航负责编写第七章和第八章；贵芳负责编写第一章。全书最后由张文风统稿。

本书大纲拟定的原则是：严格以党的十八大以来的文件内容、习近平新时代中国特色社会主义思想、习近平总书记系列重要讲话精神、中宣部和教育部出台的一系列引领新时代高校思想政治理论课建设的纲领性文件为指导。本书的编写过程中，编者参阅了同类教材和广大同仁关于思想政治理论课实践教学的最新学术研究成果，在此一并致以诚挚的谢意！

由于知识水平有限，书中不免存在缺陷和不足，敬请同行、学生与读者提出宝贵意见！

编者

2020年1月于广州